듀이 실험학교와 우리 혁신학교의
이론적 연결 뿌리

혁신교육
존 듀이에게
묻다

혁신교육
존 듀이에게 묻다

초판 1쇄 발행 2012년 10월 5일
초판 4쇄 발행 2022년 5월 15일

지은이 서용선
펴낸이 김승희
펴낸곳 도서출판 살림터

기획 정광일
편집 조현주 · 송승호
북디자인 시아

인쇄·제본 (주)신화프린팅
종이 (주)명동지류

주소 서울시 양천구 목동동로 293 2215-1호
전화 02-3141-6553
팩스 02-3141-6555
출판등록 2008년 3월 18일 제313-1990-12호
이메일 gwang80@hanmail.net
블로그 http://blog.naver.com/dkffk1020

ISBN 978-89-94445-30-4 03370

듀이 실험학교와 우리 혁신학교의
이론적 연결 뿌리

혁신교육
존 듀이에게
묻다

살림터

*일러두기
존 듀이의 저작 인용은 약호를 통해 제시한다.
EW The Early Works(1882~1898)
MW The Middle Works(1899~1924)
LW The Later Works(1925~1953)

감사의 말

몇 년이 흐르고 얼마 정도의 노력이 더해져야 세상에 좋은 글을 내놓을 수 있을까? 사람마다 시대마다 다르겠지만, 이 책은 길게는 7년 이상의 세월을 거쳤고, 방대한 듀이 전집과 시민성교육 자료를 훑어가며 이루어졌다. 교육의 변화를 위해 나름 칼날 같은 주제를 잡는 데만 2~3년은 족히 걸렸다. 이때 파헤쳤던 사상가들이 하버마스, 아렌트, 그리고 듀이였다. 이들 모두 공통적으로 현 시대의 인간과 교육의 지향점을 이론과 실천에서 깊이 밝혀주고 있다는 생각에서였다.

이러한 노력으로 세상에 좋은 글을 내놓았다고 큰소리칠 일만은 아니다. 칼날 같다고 보는 나의 견해에 동의하지 않을 사람도 많을 것이다. 나의 관심과 다른 사람의 관심이 다르고, 교육 변화의 방향과 속도에 대해서도 천지 차이만큼이나 다양하기 때문이다. '왜 꼭 듀이John Dewey인가'에 대해서도 설왕설래할 것이다. 여기에는 이런 믿음이 깔려 있다.

"교육이 아동의 삶과 역동적으로 만나고, 그들이 살아가는 사회와 만나면서 생활 속 변화를 추구하는 창조적 민주주의로 나아가는 길은 지름길처럼 중요하다."

이를 선보이기 위해서는 듀이의 방대한 사상을 의미 있게 꿰매야 한다. 그렇게만 된다면 우리 교육에서 중요한 길잡이가 되리라고 본다.

이 책이 만들어지기까지 몸과 마음 모두에서 오롯이 감사를 드려야 할 사람이 많다. 나의 아내 동연은 어린 두 아이를 키우면서 앞선 세월을 여유 있는 미소로 받아주었고, 한 자 한 자 꼼꼼히 글을 살펴주었다. 어느덧 초등학생과 유치원생이 된 정이와 원이에게도 가까운 미래에 이런 교육의 꿈이 점차 현실로 다가와줬으면 한다. 멀리서 정신적으로 위로와 힘을 불어넣어준 부모님은 무엇으로도 바꿀 수 없는 존재이다. 가까이에서 함께해준 동은 처형과 장인 장모님은 세상에 둘도 없는 든든한 기둥이었다.

지도교수이자 인생의 멘토인 손병노 교수님은 글을 구체적으로 만드는 데까지 지대한 영향을 미쳤다. 글을 처음 볼 때부터 끝까지 올곧은 길잡이 역할을 해주신 광주교대 양은주 교수님에게는 지적인 빚을 많이 졌다. 한영욱 선생님은 지속적인 대화로 힘을 불어넣어주었고, 글을 고치는 데까지 적잖은 도움을 주었다. 한국교원대학교 일반사회교육과 교수님들과 대학원생들은 책 전반을 함께 읽고 아낌없는 조언을 해주셨다.

끝으로 내가 몸담고 있는 의정부여자중학교는 혁신학교로서 의미 있는 교육을 실천하고 있다. 이곳에 계시는 교장, 교감 선생님과 동료 교사들, 그리고 사랑하는 학생들 모두에게 이 책이 담고 있는 정신과 가치를 온전히 바치고 싶다. 특히, 사진 게재를 동의

해주신 여러 선생님들과 학생 및 학부모님들께도 감사의 말을 전하고 싶다. 책 출판에 대한 의견을 피력했을 때 선뜻 허락해주신 살림터 사장님께도 큰 감사의 말씀을 드리지 않을 수 없다.

부족한 이 한 편의 글이 누군가에게 한 줄기 시원한 빗물이었으면 한다.

2012년 9월 깊은 가을을 기다리며

서용선

"엄마가 그러시는데, 장례식장에서는 우는 거 아니래!"

수업시간 내내 화장을 하던 중학교 3학년 한 여학생이 던진 말이다. 작년 수업혁신 차원에서 이루어진 학년별 공개 수업이 거의 끝날 무렵, 카메라로 촬영하던 나는 잠시도 쉬지 않고 거울 속 얼굴에 파우더를 찍어대는 한 여학생을 보았다. 한창 꾸미고 싶은 사춘기의 마음은 이해했지만, 그래도 수업시간인데 '너무 심하다'는 생각을 하고 있었다.

도덕 수업이었던 그 수업의 주제는 다른 학생들도 이해하기 어려운 '안락사'였고, 수업은 모둠별 토론수업으로 진행되고 있었다. 이때 모둠 친구들은 한참 죽음에 대해 이야기하다가 장례식장의 경험을 나누고 있던 중이었다. 그런데 갑자기 그 여학생이 화장을 멈추더니 모여 앉은 아이들에게 불쑥 "엄마가 그러시는데, 장례식장에서는 우는 거 아니래!"라는 말을 꺼낸 것이다. 수업 공개가 일상화되고 입체화되어 수업혁신으로 나아가고 있는 우리 학교에서 벌어진 '나만이 알고 있는 일대 교육사건'이 된 것이다.

우리는 묻는다. '교육은 어떤 것이어야 하는가?' 좀 더 구체적으로 '학교는 어떤 곳이어야 하는가?' 그렇다면 뒤이어 이런 질문이 뒤따라 나오게 된다. '교사는 어떤 존재여야 하는가?' 그리고 '학생은?', '학부모는?' 위에서 언급한 사례로 말하자면, '이 학생은 어떤 존재여야 하고, 어떤 삶을 살아야 하는가?', '학교는 이 학생에게 어떤 학교여야 하고, 어떤 교육을 해야 하는가?' 아니면 솔직히 '학교와 교사는 이런 학생을 포기해야 하는가?' 질문은 꼬리에 꼬리를 물고 이어진다.

사실 '교육은 어떤 것이어야 하는가?'라는 질문에 이은 '학교는 어떤 곳이어야 하는가?'조차 중간에 너무 많은 이야기가 들어 있기에 이를 쉽게 설명하기는 불가능하다. 공교육은 근대 산업 모델로 대중화되면서 지금까지 쉼 없이 힘차게 달려왔다. 우리나라가 짧은 시간에 급속히 산업화·정보화 사회가 된 것처럼, 우리들의 학교 역시 너무 짧은 시간에 '거대 공교육화'가 되어버렸다. 문제는 시간이 가면 갈수록 우리 공교육의 모습이 교육의 본질에서 점점 멀어지고 있다는 암울한 생각이 든다는 것이다. 학교 붕괴는 물론 탈학교나 홈스쿨링이 어색하지 않은 현실이 된 것은 이를 잘 말해준다.

오래전, 조금 더 정확히 말하자면, 100여 년 전에 학교를 '교육과 사회의 연속성' 상에서 보고자 했던 이가 있었다. 물론 그 전후에도 교육과 사회를 긴밀하게 본 사람은 많았지만, 이를 철학적으로 심리학적으로, 나아가 정치학과 사회학의 관점으로 깊게 본 사람은 드물었다. 당대 그가 주도했던 학파는 세계 최고의 학파를 이루기도 하였다. 세계철학회장을 지낸 로티Richard Rorty는 이 사람을

20세기 최고의 철학자의 반열에 올려놓기도 했다.

그렇다고 그가 미친 듯이 학문에만 몰두했던 그런 사람만은 아니다. 직접 교사가 되어 가르쳐보기도 하고, 교장이 되어 학교도 경영하였다. 유수의 대학을 거치면서 교육학적인 다양한 시도를 끊임없이 전개하였다. 교육과 복지운동을 통해 학생과 노동자, 어려운 시민들의 삶을 바꾸기 위해서도 혼신의 노력을 다하였다. 나아가 정치를 바꿔야 한다고 시민단체와 정치운동은 물론 정당 활동에도 깊게 관여하였다. 전 세계를 누비며 강의와 컨설팅도 했다. 현재 우리나라나 아시아에서 폭발적 잠재력을 가지고 울려 퍼지고 있는 '배움의 공동체' 철학의 이면에도 그가 깊숙이 자리 잡고 있다. 그 사람이 바로 우리가 만날 사상가 '존 듀이John Dewey'이다.

이 글을 쓰면서 나는 듀이에게 '아까 그 여학생을 어떻게 하면 좋겠냐?'고 지속적으로 묻고 있다. 그 여학생의 장래가 밝아질지는 제쳐두고라도, 수업시간에 화장을 하고 있는 지금 이 상황을 어떻게 이해해야 하는지, 조금 더 멀리 봐서 고등학교, 대학교에는 잘 진학할지, 결국 사회에선 어떤 모습으로 살아가게 될지 등등.

이 책을 통해 이런 여러 물음에 대한 연결고리이자 핵심적 교육 목적으로서 '시민성citizenship'을 고민해보고자 한다. 듀이의 사상 가운데 시민성교육이 어떻게 자리 잡고 있고, 어떤 관련 이론과 실천이 있는지 살펴보고자 하는 것이다. 아마도 듀이는 이미 그 학생을 두고 '시민'이라고 말할지 모르겠다. 왜냐하면 학교가 이미 '작은 사회micro society'이기 때문이다. 좋건 싫건 학교 안에 머무르고 있는 학생들은 이미 시민인 것이다. 이것은 흔히 우리가 생각하는 '학생 다음에 시민'이라는 생각부터 잘못되었음을 지적하는 것이기도 하다. 결국 '학교 졸업 후에 사회에 진출한다'는 말 자체가 성립이 되지 않는다. 학교라는 작은 사회에서 살고 있는 아직은 미성숙한 시민이 앞으로 펼쳐질 넓고 복잡한 사회로 나아가는 것일 뿐이다. 여기에서 '미성숙'하다는 것을 부정적으로 받아들이면 안 된다. 듀이에게 미성숙은 성장으로 가는 매우 중요한 계기이자 수단이기 때문이다.

우리나라도 이미 가장 큰 교육의 목적을 '민주 시민성 육성'으로 잡고 있다. 이미 1990년대 초, 제6차 교육과정에서 민주 시민성 육성이 강조되면서부터 지금까지 이 흐름을 유지하고 있다. 이는 세계의 시대적 흐름에 부합하는 것이기도 하고, 민주주의 교육의 흐름상 가장 적합한 것이기도 하다. 특히, 교과로서 사회과 교육의 경우에, 시민성을 핵심적인 교육 목적으로 삼아 교육과정을 구성하고 있다. 물론 이에 대한 군건한 합의나 내용, 실천이 충분치 않을 뿐이다.

그렇다면 어떻게 시민성을 이해하고 받아들여야 하는가? 막연하기 그지없다. 실제 이론상으로도 관련 연구가 충분히 이루어졌다고 보기 어렵다. 듀이는 우선 교육 장면에서 학생들에게 자신의 경험을 말하게 하고, 이를 함께 재구성하여 보다 더 가치 있고 의미 있는 경험으로 발전시켜가라고 주문한다. 학생들의 경험 속에 녹아 있는 학교와 사회의 문제를 수업과 교육과정을 통해 지속적으로 다루게 된다면, 언젠가는 학교와 사회도 바뀔 수 있다는 것이다. 이러한 듀이의 생각은 내가 근무하는 혁신학교에서의 실천 속에서 느끼고 있는 대목이다.

물론 이것은 기존에 알고 있는 우리나라의 교육적인 상식과는 다소 거리가 있다. 좋은 대학에 가야 하고, 이를 위해 수능을 열심히 준비해야 한다. 이를 위해 EBS 교재를 열심히 봐야 하고 사교육도 받아야 한다. 교사들 역시 성적과 진학에 초점을 두고 가르쳐야 하고, 학교는 이를 확실히 보장하기 위해 물리적인 모든 시간들을 할애해야 한다. 이런 현실적인 상황에서 어떻게 위와 같은 교육이 가능할까?

현재 전국적으로 진행되고 있는 새로운 학교들은 조금 다른 길, 아니 제대로 된 길을 가고 있다. 혁신학교, 행복더하기학교, 무지개학교 등 명칭은 다양하지만 수업혁신이나 교육과정혁신 등을 추진하면서 학교를 바꾸는 새로운 교육을 실천하고 있다. 이를 위해 교사들의 업무혁신은 물론 학교 조직혁신과 학생들의 자치활동이나 동아리 혁신까지 기존에는 찾아볼 수 없었던 많은 변화를 일궈내고 있다. 찬찬히 그 속 내용을 살펴보면, 새로운 교육의 방향, 즉 진정한 민주주의 교육으로 그 방향을 잡고 있는 듯하다. 100여 년 전 듀이의 실험학교처럼 말이다.

구십 평생 긴 세월 동안 방대한 저서를 남긴 듀이로부터 찾은 나의 해답은 '학생들이 생활 속에서 갖게 된 경험으로부터 탐구하면서 창조적 민주주의를 지향한다'는 것이다. 이것이 바로 그가 말하고자 한 시민성교육의 로드맵이자 액션플랜이다. 실제 그의 경험 이론과 탐구 이론은 '문제 해결 학습'이나 '프로젝트법', '반성적 사고'나 '반성적 탐구' 등으로 우리에게도 잘 알려져 있다. 하지만 그동안 이것이 어디를 지향하는지는 명확하게 드러나지 않았다. 그의 주저 《민주주의와 교육》에서는 큰 방향이 제시될 뿐 명확한 해답을 찾기 어렵다. 아니 그동안 이 책에 대한 엄밀한 재해석과 그리고 그 이전 및 이후의 이론적 연관성을 차분히 살피지 않았다고 해야 정확할 것이다.

이를 위해서 이 글은 듀이의 사상 전체를 시민성의 관점에서 바라보고 교육적으로 재구성하고자 하였다. 먼저 1장부터 6장은 듀이가 누구인지 파악하면서, 왜 그가 시민성교육을 강조하는지 다양한 지점에서 확인하고 있다. 여기에서 만날 텍스트가 《민주주의와 교육》과 〈1916년 사회과 보고서〉이다. 또한 시민성 개념과 연계된 인간성, 도덕성, 사회성, 정치성 개념을 유기적으로 제시하고 있다. 7장부터 9장에서는 듀이 시민성교육의 사상적 저변인 프래그머티즘pragmatism을 고전 시기부터 현대까지 검토하고 있다. 여기에서는 프래그머티즘의 완성자로서 듀이에게 영향을 미친 이와 현재 그의 영향으로 형성된 다양한 프래그머티즘을 확인해볼 것이다.

이후부터는 '경험 이론'과 '탐구 이론'과 '민주주의 이론'을 시민성교육의 관점에서 유기적으로 살펴보는 데 초점이 맞추어져 있다. 이를 위해 시민성의 속성, '질적 직접성qualitative immediacy', '사회적 지성social intelligence', '정치적 창조성political creativity'이 제시된다. 이 가운데 특히나 듀이의 민주주의 이론은 시민성교육의 방향을 잡는 데 매우 중요한 역할을 한다. '윤리적 이상으로서의 민주주의', '생활양식으로서의 민주주의', '창조적 민주주의'로 이어지는 맥락이 바로 그것이다. 이것은 듀이 사상의 역사적인 맥락이면서 동시에 이론적인 변화의 맥락이기도 하다. 또한 경험 이론과 탐구 이론이 어디로 가야 할지 주요한 끌개 역할을 한다. 결국 마지막에서는 이상을 종합하여 교육적으로 입체화하면서 여기에서 제시되는 다양한 교육적 메시지를 전하고 있다.

억지 춘향이겠지만, 이상에서 제시한 것을 맨 앞에 언급한 여학생의 말에 붙여서 생각해보자. "엄마가 그러시는데, 장례식장에서는 우는 거 아니래!" 이렇게 말하고 있는 이 여학생의 경험 속에는 그 학생만의 질적이면서도 직접적인 경험이 시민성으로 묻어 있다. 그렇다면 이 지점에서 교육은 무엇을 할 수 있을까? 진정한 배움을 추구하는 교육의 장면이라면, 수업을 진행하는 교사나 함께 공부하는 학생들은 바로 이점을 포착해주고 격려해줄 수 있을 것이다. 그렇게 된다면 이 학생은 친구들과 함께 협동할 것이고, 나아가 교사에게 진중한 질문도 던질 수도 있을 것이다. 이는 곧, 너와 나의 작은 경험과 생각 하나하나를 공동으로 탐구하면서 사회적인 지성을 만들어가는 계기가 될 수 있다. 장기적으로는 학교라는 일상생활 속에서 이 여학생이 자신의 자유와 개성을 적극적으로 발휘하면서, 무언가를 새롭게 만들어나가는 사람으로 변모할 수도 있을 것이다. 이 모든 게 허황된 이야기처럼 들릴 수도 있겠지만, 앞서 논의된 것처럼 연결만 될 수 있다면, 그리고 이를 위해 학교와 교사가 변화되어 있다면, 이 여학생은 우리나라 장례문화의 폐해를 극복하고 강점을 보다 강화하는 대안을 생각하면서, 수업시간에 발표하거나 더 멀게는 장래에 진로와도 연결시킬 수 있을지도 모른다. 그렇게 될지 누가 알겠는가?

듀이의 사상과 이를 통해 운영했던 실험학교는 바로 이러한 흐름을 가지고 있었다. 학생들의 경험을 교과서 삼아서 일상 속의 여러 문제들을 함께 생각하고 지성을 키워나갔다. 학교와 사회의 경계를 두지 않고 학생과 학교와 세상의 변화를 위한 일상적인 실천을 중시하였다. 초등학교 저학년에서 모래놀이로 시작한 수업이 로켓을 공부하는 것으로 이어지고, 결국 시카고 대학교의 핵물리학자가 초등학교에 와서 직접 초등학생들을 대상으로 강의해준 것은 본 글의 맥락을 축약해서 보여주는 이야기이다.

이 글은 나의 박사학위논문과 몇 편의 학술논문을 재구성하여 작성되었다. 그 일들이 이론에 집중했던 터라 실천 사례보다는 논리적인 문장 구성으로 되어 있어 독자들이 보기에 딱딱할 수 있다. 하지만 중등교육에 종사하면서 겪어온 많은 실천과 고민들이 이론 속에 내재되어 있고, 현재 혁신학교에 몸담고 있으면서 실천하고 있는 이야기들이 글 속에 보이지 않게 녹아 있다. 또한 크게 봐서 현재 우리나라의 교육문제를 고민하는 많은 사람들에게 다양한 실천과 더불어 의미 있는 이론적인 시선이 병행되어야 함도 더불어 강조하고 싶은 마음이다.

특히, 우리 교육이 혁신교육으로 시대적 전환기를 맞이할 수 있다고 보고, 이를 뒷받침하는 다양한 교육사상 가운데 듀이의 교육론이 제대로 조명되기를 기대해본다. 나아가 듀이의 사상이 현대 교육철학의 최전선에 놓여 있는 '복잡성교육complexity education'과 조우하고 있는데, 이 지점에 대한 다양한 논의가 현대적 감각에 맞게 풍성하게 펼쳐지기를 소원해본다.

차례

1. 듀이는 누구인가?

듀이를 이해한다는 것

어느 한 사상가 혹은 한 실천가를 처음부터 끝까지 완벽하게 이해한다는 것은 사실상 불가능하다. 같은 지점을 보더라도 누가 어디를 어떻게 보느냐에 따라 상당히 달라지기 때문이다. 이것이 생애 전부를 낱낱이 검토한다 하더라도 서로 다르게 진술되는 이유일 것이다.

실제 듀이만큼 제대로 조망하기 어렵고, 오해를 많이 받은 인물도 드물다. 조망하기 어려운 이유를 들자면, 먼저 당대에도 보기 드물게 1859년부터 1952년까지 거의 한 세기를 살았다는 점이다. 그가 대학을 16세에 들어갔다는 점을 생각하면, 전 생애에 걸쳐 어떤 일이 어떻게 벌어지고, 그의 생각과 실천이 어떻게 표출되었는지 물리적으로도 가늠하기가 만만치 않음을 알 수 있다. 그의 전집이 전기[1882~1898]와 중기[1899~1924]와 후기[1925~1953]로 나뉘게 된 이유조차도 다양한 생각들이 펼쳐질 수 있는 대목이다.

또한 듀이가 다작에다가 난해한 철학적 글쓰기로 정평이 나 있어 전체 글에 접근하고 글을 읽는 데 어려움을 가중시킨다. 그의 전집은 37권에 이른다. 40여 권의 저서와 700여 편의 논문은 그의 왕성한 학문 활동과 글쓰기를 웅변한다. 짧은 글과 긴 글, 논평과 주장 글, 차원을 달리하는 글 등이 같은 해에도 수십 편씩 쏟아져 나왔다는 점은 그의 생각을 정연하게 따라가기 어렵게 만드는 가장 중요한 이유 가운데 하나일 것이다. 게다가 그는 대부분의 글에 구체적인 인용자와 인용 내용을 달지 않은데다 친절한 소제목도 찾기 어렵다. 문장의 흐름은 당시 화법과 듀이의 철학적 어법이 섞여 있어 읽기 쉬운 대중적인 글을 애당초 기대하기 어렵다. 설상가상인 점은 글쓰기의 내용이 심리학, 논리학, 철학, 교육학, 정치학, 사회학, 미학 등 다방면에 걸쳐 있다는 것이다.

흔히 교육계에서는 그의 저서 《민주주의와 교육》[1916a]과 실험학교 운동 덕분에 그를 '진보주의 교육이론 및 운동가'나 '경험중심 교육과정 주창자' 혹은 '실험학교의 창시자' 수준으로 이해하곤 한다. 하지만 이 대목이 충분히 대중적으로 깊게 전해지지 않으면서 받게 되는 가장 큰 오해는 지식과 학문을 경시하는 '가벼운 경험주의자' 혹은 '흥미 위주의 교육가'로 받아들인다는 점이다. 실험학교 같은 경우에도, 당시 대학 교수였던 그가 진보주의 교육운동 가운데 일부 사례로서 몇 년 동안 초등학교를 운영해보았다는 정도로만 받아들일 때도 있다. '프래그머티즘pragmatism'이라는 용어에 대한 오해로 '실용적인 교육'만을 강조한 철학자로 보기도 한다. 이는 더 나아가 유럽 대륙과 독립된 프래그머티즘 철학의 탄생과 연결시켜 '미국만의 철학'이라고 부르거나 심지어 '자본주의 사상의 대변자'로 완전히 오해하는 지경에 이르기도 한다.

종교적인 공격이나 정치적인 성향에 대한 공격에 비하면, 이런 평가는 그나마 나아 보이긴 하지만, 제대로 된 듀이 교육철학의 이해에는 턱없이 미치지 못한다. 미리 말하건대, 그의 교육을 이해하기 위해서는 철학, 심리학, 미학, 정치학, 사회학을 폭넓게 인식하고, 그가 살아온 삶과 그 속에서 펼쳐진 교육사상과 실천을 충실히 따라가지 않으면 안 된다. 이미 그는 이런 각 학문의 영역에서조차 주요 인물로 꼽히고 있기 때문이다. 예를 들면, 미학에서 바라본 듀이의 저작, 《경험으로서의 예술》[1934]은 새로운 예술론의 지평을 열었다는 평가를 받는다. 이런 상황은 그의 교육이론과 사상 그리고 그에 따른 실천이 그리 간단치 않음을 보여주는 대목이다. 또한 그에 대한 연구와 제대로 된 소개가 앞으로도 열정적으로 그리고 꾸준히 이루어져야 할 부분임을 우리에게 말하고 있다. 일본만 해도 듀이 전집이 번역되면서 상당수 연구자와 독자층이 있음을 감안할 때, 우리나라 연구자들에게는 많은 과제가 부여되고 있다.

어떤 시대에 누구와 살았나?

듀이가 어떤 시대에 살았고, 누구와 영향을 주고받았는지를 아는 것은 그를 이해하는 첫걸음일 것이다. 듀이가 살았던 시대는 한마디로 말하면, '전환기의 시대'였다. 19세기에서 20세기로 넘어가고 있었고, 본격적인 산업화로 미국 자본주의가 만개하고 있었으며, 2차 이민자의 유입과 파업으로 사회의 큰 변화가 있었다. 이와중에 제1차, 2차 세계대전을 겪으면서 미국과 세계와의 관계가 재정립되는 시기였다. 교육에서는 진보주의 교육운동으로 근대 공교육에 매우 큰 변화가 진행되고 있었다.

자유와 활력이 넘치고 청교도적인 가치가 묻어나는 북부 버몬트 주 벌링턴의 중산층 가정에서 태어난 듀이는 소심한 성격에 책을 좋아하였고 생각이 많은 아이였다. 식료품상이었던 아버지 일을 도와 용돈을 받았을 때, 그가 가장 하고 싶었던 일은 책을 사서 보는 것이었다. 후에 이를 가장 즐거운 일이었다고 회고하기도 하였다. 그는 뜨거운 교육열과 열린 종교관을 지녔던 어머니의 영향도 크게 받았는데, 이런 분위기는 개방적인 부모 밑에서 열린 사고와 경험을 갖게 하였고, 이른 나이에 버몬트 대학에서 공부하게 된 계기가 되었다.

그의 성장기에서 교육철학과 관련해 특별하게 바라보아야 할 일은 그가 대학을 졸업하고 고향에 돌아와 교사로 재직했다는 점이다. 이때 근무한 학교가 바로 펜실베이니아 오일시티 고등학교와 사르로레 초등학교였다. 초등학교와 고등학교에서 다양한 과목을 가르치면서 기쁨, 열정, 보람, 절망 등을 느꼈던 이 시기가 듀이에게는 교육과 철학을 실천적으로 결합하여 고민하기 시작한 때라고 보아도 좋을 것이다. 이런 지적인 고민 때문에 이후 본격적으로 철학을 공부하게 되었고, 퍼스Charles Sanders Peirce가 있었던 존스 홉킨스 대학교 대학원에 들어가 학문 연마의 길로 이어졌다. 당시 존스 홉킨스 대학은 지적인 열정이 넘쳐났고, 이런 분위기는 듀이에게 지적으로 큰 영향을 미쳤다고 볼 수 있다. 그때 만난 스승이 헤겔 철학의 대가 모리스George Sylvester Morris였고, 여기서 쓴 박사학위 논문이 〈칸트의 심리학〉[1884]이었다.

이후 미시간 대학교, 미네소타 대학교, 시카고 대학교, 컬럼비아 대학교를 거치면서 철학을 중심으로 정치학과 교육학이 연계된 학과에서 교수 생활을 지속하였다. 연구를 하고 가르치면서 많은 사람에게 이와 관련된 영향을 받고 함께 실천하기도 하였다. 듀이 초기에 가장 많은 영향을 미친 사상가를 들자면, 대륙철학과 변증법의 대가 헤겔Georg Wilhelm Friedrich Hegel, 프래그머티즘[1]의 선구자 퍼스와 제임스William James 등을 꼽을 수 있다. 여기에 사회에 대한 새로운 생각은 사회학자 콩트Auguste Comte와 스펜서Herbert Spencer 등에게 적잖은 영향을 받았다.

시카고학파를 주도했던 상징적 상호작용론자였던 미드George Herbert Mead나 사회복지운동의 선구자 애덤스Jane Addams 등은 동시대를 살아가면서 듀이와 함께 시대를 변화시키려고 했던 매우 가까운 인물들이다. 진보주의 교육운동과 관련해서는 진보교육운동의 아버지라고 불리는 파커Francis W. Parker와 시카고 대학 초대 총장인 하퍼William Rainey Harper의 영향도 아주 컸다. 최근 포스트모더니스트들은 물론 주요 근대철학, 정치학, 사회학, 교육학에서도 주목받는 로티Richard Rorty, 하버마스Jürgen Habermas, 아렌트Hannah Arendt, 피터스Richard Stanley Peters 등은 직간접적으로 혹은 후대에 듀이 사상과 교류하며 영향을 주고받았다.

---

1 듀이의 프래그머티즘과 그 영향에 대해서는 7~9장에서 자세히 다룬다.

시카고 대학과 실험학교

듀이에게 가장 중요한 시기는 역시 시카고학파가 형성된 시카고 대학교와 실험학교를 만들고 운영했던 1894년부터 1904년이었다. 1894년에 시카고 대학교 초대 총장인 하퍼는 철학과 심리학이 함께 있는 교육학과의 학과장으로 듀이를 초빙하였다. 창조적인 분위기의 시카고와 창조적인 교육에 기대를 가지고 있는 지역사회와 학부모에 부응하기 위해 만들어진 '실험학교'는 새로운 교육과 새로운 학교의 탄생을 세상에 알려주었다. 교육학을 철학과 심리학과 연결하여 교육의 이상을 추구하려 했던 듀이는 이와 같은 분위기의 시카고 대학을 최적지로 받아들였다. 이 시기는 듀이에게 '통합과 정체성의 탐구' 시대였다고 말할 수 있다.^{박영만, 1992}

이 시기 실험학교에는 그의 '실험실 정신'이 사상적으로 실천적으로 그대로 녹아들어 있다고 해도 과언이 아니다. 1896년 개교 당시 6~9세까지 16명의 학생과 2명의 교사가 함께 시작한 실험학교는, 이후 세 차례 학교를 옮기면서 더욱 확장되어 1903년에는 교사가 16명, 학생은 100명으로 늘어났다. 이 7년 동안의 학교 운영을 통해 듀이는 철학과 심리학에 기반한 다양한 교육문제를 다룰 수 있었다. 시카고 대학교 부설로 설립된 고등학교까지의 모든 실험학교들은 듀이의 초창기 실험학교의 영향을 지대하게 받으면서 함께 커나갔다.

이때 교육적으로 등장한 것이 '문제 해결problem solving' 학습과 '프로젝트법project method'이다. 이러한 내용은 가장 혈기 왕성한 37세에 쓴 〈나의 교육 신조〉^{1896a}로부터 《학교와 사회》¹⁸⁹⁹, 《아동과 교육과정》[1902]이라는 글에 잘 드러나 있다. 실험학교를 그만둔 이후에도 많은 어려움이 있었지만, 《사고하는 방법》[1910]과 《민주주의와 교육》[1916a]에서 그의 교육철학은 절정을 이룬다. 그때 그의 나이가 50대 중반이었다. 안타까운 것은 이후 70세가 훌쩍 넘은 듀이 후기에 이르러서야 이러한 흐름이 《교육과 사회 변화》[1937c]와 《경험과 교육》[1938b]으로 등장하게 되었다는 점이다. 사실 이것이 이 책에서 그의 교육철학을 다른 사상들과 결합하여 재구성해보려고 하는 지점이기도 하다.

듀이 실험학교의 정신과 가치는 이론상으로 처음에는 진화론적 생물학과 기능주의 심리학을 기반으로 하여 헤겔의 실험주의적 관념론에 기초한 것이었다. 즉, 교육을 지속적인 성장과 통합의 관점에서 변증법적인 실험과 탐구를 통해 나아가는 것으로 바라본 것이다. 이것이야말로 교육이론의 갈등을 해소하고 실질적인 교육문제를 해결하는 것이라 믿었고, 이러한 실천은 많은 호응을 얻게 되었다. 이후 듀이는 지속적인 변화를 거듭하면서 헤겔의 논리학을 재구성과 재건의 범주에서 새롭게 해석하고, 퍼스와 제임스, 그리고 미드의 사상을 받아들이면서 프래그머티즘의 완성과 더불어 실험학교의 철학을 정립해나갔다. 퍼스로부터는 '탐구의 과정'을, 제임스로부터는 '다양한 경험과 의식의 흐름'을, 미드로부터는 민주주의와 연관된 '사회적 자아' 개념을 받아들이면서 교육 논리와 실천을 이어나간 것이다. 이러한 흐름은 독일학파와 맞서는 시카고학파의 탄생에 크게 기여하면서, 당대 사상가로부터 극찬을 받았다.

당시 교육개혁은 시카고 지역의 핵심 주제였고, 듀이의 실험학교는 이론과 실천 모두에서 새로운 학교를 만들어가는 선구자 역할을 하였다. 교육개혁을 상징하는 파커[2]의 진보주의 교육운동과 교육문제에 대해 논쟁적인 분위기를 주도해나간 애덤스의 헐 하우스는 실험학교 운동을 전 사회적으로 확산시키는 데 크게 이바지하였다. 그렇게 보면, 실험학교는 당시 시대 상황과 사회사상 및 사회과학의 발달을 토대로 새로운 교육을 위한 진원지 역할을 담당했다고 해도 손색이 없을 것이다. 재정적인 이유와 합병 과정에서 발생한 문제로 인해 듀이가 사임하면서 실험학교의 실험도 끝나게 되었지만, 지금도 그 속에 담긴 교육적인 가치와 정신은 공교육이 나가야 할 지향점으로 눈여겨보아야 할 것이다. '혁신학교'라는 이름으로 진행되고 있는 우리나라의 혁신교육운동 또한 다양한 철학 속에서도 듀이가 추구하고자 했던 공교육의 이상과 실천을 시대적 감각에 맞게 다시금 재해석해볼 필요성이 충분히 있다.

다양한 사회개혁 운동

앞에서도 잠시 언급했지만, 듀이는 실험학교 운동을 통한 교육 이론 정립과 실천에만 머무르지 않았다. 사회 각 방면의 개혁을 위해 글을 쓰고 직접 실천하는 등 자기주장을 펼치고, 다양한 사회

2 파커는 듀이의 〈나의 교육 신조My Pedagogy Creed〉를 보고, 이것이야말로 내 인생을 다 바쳐 실천에 옮기려고 투쟁해온 바로 그 신조라고 말하였다. 하지만 파커의 교육적인 아이디어가 그대로 듀이의 실험학교의 정신과 밀접하게 연관되어 있다고 볼 수는 없다. 박영만, 1992

개혁 운동에까지 적극적으로 관여하였다.

　1904년 시카고를 떠나 컬럼비아 대학교로 옮긴 듀이는 1930년 은퇴 후 90세가 넘을 때까지도 학문 활동을 지속하였다. 이를 말해주는 놀라운 사건은, 듀이가 93세로 뉴욕에서 사망하기 3년 전인 90세에《아는 것과 알려진 것Knowing and Known》[1949]을 발간했다는 사실이다. 이런 왕성한 학술 활동 이외에도, 실천적으로 애덤스의 헐 하우스 운동을 함께하며 도시 노동자와 농민을 위해 고민하고 싸웠다. 또한 전 세계를 돌며 강연을 통해 그의 사상과 실천을 공유해나갔다. 이때 거친 국가들을 순서대로 보면, 중국[1919], 일본[1919], 터키[1924], 소련[1928], 영국[1929] 등이다. 이런 가운데 영국에서는 에딘버러 대학교 기포드 강좌를 맡아 유명한 강의로 널리 알려지기도 하였다.

　듀이는 다양한 조직을 만들거나 이끌었는데, 열거하자면 다음과 같다.

　제3의 급진 정당, 시민참여연대People's Lobby, 독립정치참여연대 League for Independent Political Action, 사회연구를 위한 뉴스쿨, 미국대학교수협회, 진보주의교육협회, 전국교육협의회National Educational Association, 미국교사연맹American Federation of Teachers⋯⋯. 심지어 77세에는 자유당 명예 부총재를 맡았고, 78세에는 '스탈린에 의한 트로츠키 고발에 대한 조사위원회' 의장을 맡아 멕시코까지 가서 조사 활동을 하는 등 1952년 세상을 떠나기 직전까지 혼신을 다해 전환기의 삶을 살았다.

교육이론과 실천의 통합자

이처럼 듀이를 단순히 철학자로 부르거나 학교를 설립해서 운영했던 교육가로만 보아서는 안 된다. 철학과 이론을 교육적으로 정립하기 위해 평생을 노력했고, 이를 실천 속에서 구현해내고자 노력한 이가 바로 듀이이다. 교육 분야에서뿐만 아니라 정치나 사회 복지 등에서 지속적으로 실천을 해온 인물이라는 점은 우리에게 교육에 대한 새로운 시각을 안겨준다.

엄밀히 말하자면, 그는 이론과 실천을 구분하는 것 자체에 대해 증오에 가까운 인식을 가지고 있었다. 이론과 실천의 구분 자체를 사회 계급 혹은 계층을 나누는 시발점으로 본 것이다. 이러한 측면은 그의 사상을 이해할 때, 이론과 실천 양자 모두에 대한 검토가 철저히 이루어져야 함을 반증한다.

그렇다면 교육은 결코 교육 홀로 존재하는 것이 아니라 사회에 존재하는 모든 영역과 유기적으로 맺어져 있다고 보아야 한다. 듀이는 교육을 이런 연계된 시선으로 바라볼 것을 주문한다. 이는 교육학이 원시적이면서도 동시에 종합적인 영역임을 삶 속에서 그대로 드러내는 것이다. 세분해서 말하자면, 듀이의 심리학과 논리학은 인간 존재의 의식과 인식의 조건과 연계되어 있어 학습자의 지식 구성 및 성장 발달에 직접적인 연관성을 갖는다. 한편, 그의 철학과 정치학은 교육 그 자체를 철학으로 받아들이고, 민주주의와 등가로 놓는 작업과 연결되어 있다. 나아가 그의 과학과 미학은 수업 그 자체가 예술이면서 과학임을 밝히는 증거가 된다.

이를 종합해보면, 그에 대한 전적인 이해는 여러 층위에 걸친 면밀한 검토를 통해서만 가능하다. 이를 유기적으로 잘 엮고 그 안에서 등장할 수 있는 새로운 영역을 발굴해야 한다. 어느 한 주제를 말하고자 할 때도 시간의 연속선, 공간의 변화, 이론의 통합과 조준점, 실천의 국면 모두를 살펴보아야 한다는 말이다.

2. 교육의 진정한 방향, 시민성교육

학교는 하나의 사회

교육의 목적에 대해 말할 때, 교육자들은 그들의 수만큼 다양한 의견을 제시한다. 교육을 통한 개인의 발달을 말하기도 하고, 사회의 변화를 언급하기도 한다. 하지만 듀이는 개인이냐 사회냐를 넘어서 개인과 사회가 결합되고 상호 관계 맺음 속에서 교육적으로 성장하는 시민을 상정한다. 다시 말해 '시민성교육'을 교육의 목적으로 두는 것이다.

그가 교육의 목적으로 시민성교육을 말하고 있는 지점은 '자연적 발달'과 '교양' 육성에 대해 비판하면서 '사회적 효율성'을 들 때이다. 학교를 사회와는 동떨어진 별개의 속성과 내용으로 조직된 체계로 보는 것이 아니라 하나의 작은 사회로 보고, 가장 인간적이면서 민주적인 운영이 교육적으로 이루어지는 조직체로 간주한 것이다. 즉, 학교와 사회를 거의 등가로 놓는다. 이는 학생을 시민 이전의 다른 존재가 아니라 '학교라는 사회'의 '시민 그 자체'로 본다는 말이다. 듀이가 말하는 학교를 '지역사회 학교' 혹은 '민주주의

학교'로 보는 것도 같은 맥락이다. 이는 현재 우리나라 교육과정에서 교육의 목적을 '시민성 육성'에 두는 것과도 무관하지 않다.

하지만 근대적 소산이라 할 수 있는 '시민성' 개념은 그 적용 범위가 넓고, 해석 또한 다양하게 이루어져왔다. 따라서 시민성을 교육 목적으로 삼고 있는 학교교육이나 평생교육에서도 시민성이 무엇인지, 어떻게 해야 하는지에 대해 막연하게 느끼는 것이 사실이다. 그러다 보니 시민성이라는 개념 자체가 충실하지 못하면서 시민성교육에서도 한계가 드러나고 있다. 이론적으로도 사회학, 정치학, 철학, 심리학 등 개별 학문의 영역에 시민성 개념이 구성되어 있지만, 교육학적 결합이 느슨한 상태인 것은 분명하다.

패러독스와 같은 시민성 개념

시민성이라는 개념은 현재 패러독스 상태에 놓여 있다. 시민성을 교육 목적으로 하는 사회과만 보더라도 정체성 자체가 '교육적 수수께끼'로 이해되고 있어 일종의 모호성, 비일관성, 모순 등이 시민성 개념 속에 드러나고 있다.^{Barr, Barth, & Shermis, 1977; Stanley, 2001} 교육의 대상과 과정에 있어서 상반되거나 모순되는 요소를 가지고 있으면서도, 이를 아우르는 더 높은 상태의 종합이 없다.^{Clark, 2002} 그래서 시민성 개념이 뚜렷하지 않은 상태로 교육 목적을 또다시 시민성에서 찾고 있다. 또한 전혀 다른 접근과 노선이 있음에도 불구하고, 이 모든 것들이 시민성 안에 함께 존재하고 있다. 이런 점들은 일종의 패러독스라 할 만하다. 사회과의 역사를 간파했던 이론가들이 시민성의 이런 흔적을 이미 확인한 바 있다.[Barr, Barth, & Shermis, 1977; Hertzberg, 1981; Saxe, 1991; Evans, 2004]

패러독스가 나타나는 이유를 두 가지로 생각해볼 수 있다. 우선 교육 목적으로서 시민성에 합의할 때, 긍정적인 부분과 부정적인 부분이 모두 포함된 채 '전이'되었다는 점이다. 합의는 되었지만, 시민성에 대해 서로 모순되고 대립되는 주장이나 명제가 동등한 타당성을 부여받은 채 지속되어온 것이다. 설령 노선이 반대인 경우라 할지라도, 모두 시민성 개념으로 포장되고 교육으로 전환되어도 시민성교육으로 간주된다. 바·바스·셔미스[1977]가 제시한 사회과의 세 가지 전통을 보더라도, 이 모두가 시민성을 목적으로 제시하지만, 실제에 있어서는 전혀 다른 노선에 있다.

다른 하나의 이유는 '이율배반'으로서, 시민성이 갖는 기본 조건에 상관없이 어떤 것이든 수용하지만 결국에는 상호 충돌한다는 것이다. 1916년 사회과의 탄생기에 시민성 개념에 대한 찬성과 반대의 경계가 뚜렷했다. 이로 인해 〈1916년 사회과 보고서〉에 제시된 '좋은 시민성good citizenship'은 추상적이고 포괄적인 것이 되어버렸다.[Dunn, 1916] 당시에는 교육 목적으로서 '좋은 시민성'을 제시했지만, 어떤 시민성이 보다 바람직하고, 그에 따른 시민성교육은 어떤 모습이어야 하는지에 대한 지속적인 물음과 그에 따른 실천이 부족했다. 초창기인지라 교과의 확산을 위해서 시민성이라는 넓은 '우산' 아래 모일 필요는 있었을 것이다. 하지만 이로 인해 그 아래에서 서로 강하게 충돌하기도 하였다.

이로 인해 보다 선명해져야 할 시민성 개념과 그에 따라 풍요로워야 할 시민성교육이 실제로는 약화되고 있다. 점점 극단의 논리가 팽배해지고 있다. 찬성의 극단에서 보면, 이미 "시민성 함양이라는 목적에 합의했기 때문에, 이는 더 이상 변할 수 없다."고 말한다. 시민성이란 개념에 대한 논쟁보다는 시민성교육을 더욱 합리화하는 데 주안점을 두는 모습이다. 하지만 이렇게 접근하면, 시민성개념을 다르게 해석하고 적용하는 경우가 점점 많아지는 오류를 극복하지 못하게 된다. 반대의 극단에서 보면, "시민성은 실제로 없다."는 주장이 제기된다. 합의가 되었다 하더라도, 인식과 관점이 너무 다르고 내용에 대한 공유도 충분치 못하기 때문에, 그 실체는 없다는 것이다. 이런 주장은 극단적인 분과주의자에게서 나오는 것이긴 하지만 나름의 설득력을 갖추고 있는 게 현실이다.

시민성을 교육 목적으로 내세운 듀이

잘 알려진 듀이의 《민주주의와 교육》[1916a]은 플라톤의 《국가론》 이후 최고의 교육 명저로 꼽힌다. 그는 여기서 시민성이라는 개념으로 '사회적 효율성social efficiency' 혹은 '시민적 효율성civic efficiency'을 정연하게 언급하고 있다.[118-121] 듀이 이후의 연구자들도 경험과 민주주의와 교육을 연계시켜 '활동적 시민성active citizenship' 혹은 '생동적 시민성living citizenship' 개념을 제시하고 있다. 특히 청소년의 시민참여 교육의 중요성을 강조하는 데 활용되고 있다.[Hildreth, 2005] 이는 참여민주주의 수준에서 실천적인 면을 부각하는 데 초점을 두고 있다. 또한 그의 시민성을 '비판적 시민성critical citizenship'으로 강조하면서 공동체 사회봉사 학습에 기여하고

있는 연구도 있다.^{Saltmarsh, 1995}

그동안 다른 연구에서도 교육철학, 반성적 사고, 사회개혁론 등으로 시민성을 지속적으로 언급해왔다.^{정덕희, 1997; 노진호, 1996; 이주한, 2000} 물론 여기서도 깊이 있는 시민성 개념의 논의에는 미흡하지만, 민주주의를 간접적으로 연결하거나 교육 수준에서 시민성을 얕게 해석하는 경향을 보여주었다. 사회과 교육계에서도 〈1916년 사회과 보고서〉나 쟁점중심교육 노선을 지지하면서 듀이를 언급하고, 보다 구체적으로는 문제 해결 학습이나 반성적 사고 중심의 수업 실천을 제시해왔다. 듀이의 실험학교에서 사회과 교육과 시민성이 어떻게 다루어졌는지 검토한 연구^{이흥렬, 2008}는 눈여겨볼 만한 연구에 속한다.

실제 듀이의 시민성 개념을 자세히 살펴보면, 이것이 그의 '민주주의' 개념과 직결되어 있음을 알 수 있다. 문제는 그동안 듀이가 말하는 '참여민주주의'와 '심의민주주의'의 차이를 구별하지 못했고, '생활양식으로서의 민주주의'에 대해서도 심화된 해석이 결여되어 있었다는 점이다. 더불어 새롭게 재조명하고 있는 '자유민주주의'나 '민주적 사회주의'에 대한 내용도 빠져 있는 경우가 많았다.

듀이의 시민성 개념을 이해하고자 한다면, 민주주의 이론과 연계된 '경험 이론'을 눈여겨보아야 한다. 실제 그의 사상 전반은 프래머티즘을 기반으로 한 경험 이론이라고 해도 과언이 아니다. 문제는 그동안 경험 이론이 시민성 개념과 연계되어 긴밀하게 논의되지 못했다는 점이다. 듀이가 말하는 '자연주의적 경험론 naturalistic empiricism'이 시민성 개념과 어떻게 결합될 수 있는지, 생애 초기부터 후기에 이르기까지 경험 이론이 어떻게 사상적으로 발전하며 정교화되었는지 해명하는 일은 시민성 개념을 재구성하는 출발점이 된다.

시민성 개념을 거론할 때 또 하나의 중요한 맥락이 '탐구 이론'이다. 이는 경험 이론 안에 포함된 것이지만, 방법론적 차원에서도 주목할 가치가 있다. 경험 이론이 형이상학적 존재론이라면, 탐구 이론은 논리학과 인식론의 문제이기 때문이다. 역시 지금까지 듀이의 탐구 이론이 시민성 개념과 어떻게 연결되어왔는지 검토된 사례를 찾기 힘들다. 실제 그가 말하는 '반성적 사고'와 '문제 해결'의 탐구 과정은 교수학습방법의 수준에서 중요한 것이지만, 내용 중심으로 흐르는 시민성 개념이 갖는 한계를 극복할 수 있는 계기도 될 수 있다.

이를 시민성교육으로 끌고 가려면 듀이가 말한 '성장과 재구성으로서의 교육원리'를 주목할 필요가 있다. 실제 시민성이 개념적으로 이해가 되었다고 해서 자연스럽게 시민성교육으로 연결되지는 않는다. 기존에는 사회학이나 정치학을 통해서 시민성 개념을 제시하고, 이를 교육에 적용하는 경우가 많았다. 하지만 '철학은 교육의 일반이론'[MW9: 338]이라는 언명에서 드러나듯이, 듀이는 철학과 교육 양자 사이에서 고도의 상호작용을 통해 이루어져야 함을 역설하고 있다. 듀이로부터 나타난 시민성 개념이 교육적으로 역동성 있게 펼쳐지려면, 배경 이론들이 교육원리에 맞는 의미를 잘 담아낼 수 있어야 한다. 더불어 학교와 사회, 학교와 교과를 유기적으로 바라보는 시각이 반드시 필요하다.

듀이 시민성 개념의 역사적 맥락

듀이 철학에 나타난 시민성 개념을 교육적으로 재해석하는 데에는 그가 언급한 역사적 맥락도 존재한다. 시민교육의 기원으로 알려진 고대 그리스의 플라톤과 아리스토텔레스의 관점에서 보면, 듀이는 후자에 근접해 있다. 두 사상가 모두 기원전 4세기 아테네의 쇠락기에 시민교육을 고민하였는데, 접근 방식과 내용에 있어서는 상이했다. 플라톤은 이상 사회를 건설하고 교육을 통해 이를 유지하고자 했기에, 완전한 시민을 상정한 정치 엘리트 교육을 지향하였다. 반면에 아리스토텔레스가 중시한 것은 전쟁 등으로 불안정한 현실 속에서 폴리스라는 도시 공동체에 살고 있는 시민을 위한 현실적인 교육이었다. 그래서 합리적인 이성을 계발하는 교육과 더불어 습관에 대한 교육도 함께 주장했다.

듀이가 말하는 '경험의 재구성'이나 '반성적 사고', '생활양식으로서의 민주주의'는 아리스토텔레스가 바라보던 인간관 및 사회관과 유사하다. 듀이가 살았던 미국의 상황도 고대 그리스 못지않게 변화무쌍했기 때문이다. 산업화, 이민, 민주화, 세계대전, 냉전 등 거대하고도 복잡한 사회 상황을 거치면서, 듀이는 불확실한 교육에 대해 고민하였던 것이다.

지금 우리의 상황 역시 급속하게 이루어진 산업화, 정보화로 인해 사회적 가치가 혼재되어 있고, 좌우의 이념 갈등이 심화되는 등 혼돈에 처해 있다. 수입된 민주주의를 넘어 우리의 민주주의를 만들어가야 하는 시점이기도 하다. 이런 상황에서 시민들은 어떤 모습으로 살아야 하는지, 시민성교육은 어떤 모습으로 구성되어야

하는지에 대해 듀이가 모종의 이론적·실천적 열쇠를 쥐고 있을지
도 모르겠다.

3. 시민성을 보는 네 가지 렌즈

시민성, 다층적인 연계

듀이는 그의 사상 전반에서 시민성과 관련된 내용을 언급하고 있지만, 아쉽게도 직접적으로 이를 체계화시키고 있지는 않다. 이를 보다 구체화하여 보여줄 수 있는 개념 기반을 볼 수밖에 없는데, 그것이 바로 듀이가 직접 언급한 '인간성humanity', '도덕성morality', '사회성sociality', '정치성the political' 개념이다. 시민성 개념을 이들의 통합 개념으로 본다면 이에 대한 검토가 요구된다.

물론 듀이가 적시한 이 개념들은 이론의 대상과 차원에서 다르게 서술되고 있는 면이 없지 않다. 다만 시민성 개념을 구축하고자 할 때, 경험의 유기적 통일이 계속성의 원리나 상호작용의 원리[3]를 통해 통합해가는 듀이의 프래그머티즘을 상기하면 유의미한 이유

---

3 계속성의 원리와 상호작용의 원리는 《경험과 교육》[1938]에 등장하는 것으로 경험의 가치를 판단하고 경험을 설명하는 원리로서 어떤 경험이 교육적인 가치가 있는지를 평가하는 척도가 된다. 이는 각각 경험의 종적인 측면과 횡적인 측면을 담당한다.[LW13: 25-26]

를 발견할 수도 있다. 왜냐하면 이 개념들은 시민성을 동일 수준에서 풍부하게 재해석해줄 수 있는 것들이기 때문이다. 또한 듀이의 말을 빌리면, "전체는 부분이 고립된 상태에서 지니고 있는 성질의 총합보다 더 큰 것이고, 이전의 상황은 이후의 다른 상황으로 연결되어 경험은 세련되고 내적으로 충만해지기 때문이다".^{LW13: 17:}

Shusterman, 김광명·김진엽 역, 2009: 39

시민으로서 겪거나 당하는 경험은 인간적 존재이든 사회적·정치적 존재이든 서로에게 열려 있고, 안과 밖의 조건하에 이루어지는 교섭 속에 연결되어 있다. 기계적 결합이 아닌 갈수록 새로운 질성quality을 제시하는 조합이 되어가기 때문이다. 그의 말을 빌려서 새로 표현하자면, 네 가지 개념이 충분히 결합되지 않을 때, 시민성과 관련된 사유와 지각은 고정되고 미리 결정된 통로를 따라 길들여질 수밖에 없다.^{LW10: 229-230에서 재구성} 결국 이는 기존에 한정된 시민성 개념을 제시했던 한계를 넘어서고자 하는 시도라고 볼 수 있다.

시민의 경험이라는 것이 "전체 생물을 가장 생동케 하는 경험"이기 때문에, 이런 통합적 관점은 "아주 다양한 상태에 있는 요소들로부터 하나의 전체를 만들고, 경험의 주체에게 세계 속에서의 통일과 질서에 대해 한층 더 거대한 느낌을 제공하게 된다.^{LW10: 199,} ²⁷⁸ 자아와 세계의 본유적이고도 다층적인 연계성을 강조하면서 새로운 경험론의 지평을 열 수 있는 것이다.^{정순복, 2007: 1020-1021} 이와 같은 이유로 재해석의 핵심 개념으로서 다음의 네 가지를 들고자 한다.

사회적 행위로서의 '인간성'

시민의 경험은 원초적으로 인간성이라는 개념으로부터 시작된다. 듀이는 인간성을 일종의 '행위'로 바라보았다. 여기에는 모든 존재를 변화와 과정 속의 '사건an event'으로 보고자 하는 그의 형이상학이나 인간의 경험을 자연과의 관계 속에서 파악하려는 자연주의 심리학의 입장이 스며들어 있다. 이는 흔히 말해 '인간성이 좋다'라는 말 속에 들어 있는 도덕적인 측면과의 등가성을 부인하는 것이다. 오히려 인간을 일련의 사건 속에서 행위하는 존재로 바라보면서, 행위 속에서 정상적이면서 자유로운 생활을 영위하도록 하는 데 무게 중심이 더 가 있다.^{김성수, 1993: 114}

환경 속에서 발생하는 여러 사건과의 상호작용 과정에서 재적응하는 모습은 행위로서의 인간성이 사회적인 측면을 드러내는 부분이다. '환경'이라든가 '분위기'라는 말은 단순히 개인을 둘러싸고 있는 주위의 사물을 가리키는 것이 아니라 그 이상의 것을 나타내기 때문이다.^{MW9: 14-20} 아무리 개별 인간에게만 있을 법한 사건이라 하더라도, 사건을 둘러싼 환경 속에서 일정한 분위기를 갖게 되고, 이 분위기가 점차 개인의 마음속에서 모종의 행동과 성향을 만들어내게 된다. 시민성이 주로 개인과 사회의 관계에서 형성된다는 점을 감안하면, 다른 사람과 어울려서 활동하는 인간이라는 존재는 사회적 환경 속에서 사회적 행위를 할 수밖에 없다. 결국 개인들은 사회적 환경을 통해 마음속에서 행위의 지적·정서적 성향을 형성하게 되고, 개인들이 가지고 있는 특정한 충동을 일으키게 되며, 어떤 목적을 가지고서 결과를 초래하는 활동에 참여하게 된다.

《인간성과 행위》[1922]는 바로 이러한 특징을 철학의 근저에서 밝힌 듀이의 연구에 해당한다. 여기에서 그는 인간성의 요소로서 '습관habit', '충동impulse', '지성intelligence'을 제시한다. '행위의 단위unit of behavior'로서 이 세 가지가 하나의 오케스트라 연주처럼 유기적인 연관 운동을 한다고 본 것이다. 그 가운데 먼저 '습관'을 살펴보자. 듀이는 습관을 행위를 둘러싼 '건축 블록building block'으로 비유한다. 인간에게 습관은 행위를 통해 구축된 기존의 성향disposition인데, 이는 새로운 환경에 적응하거나 재적응하는 과정에서 습관이 형성되기 때문이다. 사회적 환경 속에서 형성된 습관은 인간에게 수동적인 도구라기보다는 오히려 능동적이며 지배적인 수단이 된다. 듀이는 다음과 같이 말한다.

우리는 습관을 궤짝 속의 도구처럼 의식적인 결의를 통해 사용해주기를 기다리는 수단이라고 여긴다. 하지만 습관은 오히려 그것 이상이다. 즉, 습관은 능동적인 수단이요, 자신 스스로를 드러내는 수단이다. 강력한 행동방식을 가지고 있어서 역동적이라 할 수 있다.MW14: 26

습관과 달리 '충동'은 사실상 2차적이고 종속적이지만, 보다 성숙한 사람들로부터 지식과 기술을 흡수하는 출발점이 된다. 듀이에 따르면, 충동을 통해 활동을 재조직하게 되면서 일정한 방향을 부여받는 등 일종의 전환점을 맞게 된다. 즉, 충동은 낡은 습관이 가지고 있는 성질을 변화시켜 새로운 방향을 부여하기도 한다.같은 글, 88 물론 맹목적이고 비지성적이어서 그냥 폭발하거나 반대로 무

조건 억제되는 충동도 있을 수 있다. 하지만 인간의 본성으로 승화되기만 하면, 충동은 질적인 경험을 가능케 한다. 특히 다른 충동과 조화를 이루어나간다면 연속적인 행위 방식이 된다. 그의 말대로, "분노의 감정은 사회적 관심에 대한 수동적인 확신을 능동적이고 행동적인 지지로 바꿀 수 있다."같은 글, 146 또한 "낡은 것을 새로운 방법으로 행하고, 새로운 목적과 수단을 세울 수 있는 기회를 갖게 한다."같은 글, 151 이처럼 충동은 인간의 행위에 대해 매개 역할을 함으로써 인간성의 성향을 변화시키고 습관까지도 바꾸어나가게 된다. 인간성을 형성하는 방법으로서 반성하고 상상할 수 있는 기회를 충동이 제공해주는 셈이다.

이러한 충동은 자연스럽게 '사고'와 밀접한 관계를 맺는다. 충동을 통해 사고가 발생하고, 사고와 행위의 계속적인 상승효과가 결국 '성장'으로 나아간다. 바로 이 지점에 '지성'의 요소가 들어오게 된다. 지성은 습관과 충동의 긍정적인 상호작용 속에서 드러나는 그 어떤 것이 된다. 듀이는 그 모습을 다음과 같이 그리고 있다.

> 습관이 새로운 충동에 의해 움직이면서 습관은 수정되고 새로운 방향을 취하게 된다. 조직된 습관이 전개되면서 혼란스러운 사태는 정리되어간다. 과정이 대상이 되어가는 것이다Processes become objects.MW14: 170

지성은 습관과 충동을 통해 새로운 방향을 취하면서 '성찰deliberation'하는 기능을 갖게 된다. 생활 속에서 일어나는 문제에 대해 다방면으로 고민하면서 이를 해결하고자 하는 모습을 띠게 된다. 지성이 문제를 해결하는 일종의 도구이자 목적이 되는 셈이다. 습관과 충동으로부터 도출된 다양한 요소들이 지성을 통해 여러 방식으로 결합하고, 이를 실행하면서 어떤 결과가 나타날지 알게 되는 것이다. 듀이가 말하는 '방법'도 지성에 토대를 둔 실험적 탐구가 되고, '사고'라는 것도 지성이라는 행동의 과정이 된다.[이군천, 2003: 57] 즉, 지성은 성찰을 통해 일종의 방법을 완성시키는 반성적 탐구의 과정인 것이다.[LW4: 160] 문제가 사회적인 성격을 띤다면, 지성 역시 실험실에서 벌어지는 것이 아니라 사회 속에서 이루어지는 것도 당연하다.

질적인 경험으로서의 '도덕성'

덕목 혹은 성향으로 상정했던 시민성의 전통을 생각하면, 도덕성은 시민성 개념과 가장 밀접한 관련을 갖는다. 듀이는 이에 대해 일부 수긍하면서도 약간 상이한 측면으로 바라본다. 그것은 도덕성을 프래그머티즘의 관점에서 인간이 겪거나 당하는 경험의 시선으로 바라보는 것이다. 즉, 듀이 프래그머티즘의 규범적 제안은 도덕적 경험 안에 있다는 말이 바로 그것이다.[Pappas, 2008: 81-87] '어떻게 살아야 하느냐'의 문제에 대해, 그는 우선 인간의 경험과 환경의 상호작용 속에서 고민해야 한다고 본다. 도덕성이 개인의 영역이나 선험적인 영역에 한정되지 않고, 환경이라는 조건 안에서 사회적 관계에 포함되는 것으로 판단하는 것이다.

이는 기존의 윤리학에서 접근했던 도덕성 개념이 협소하고 환원론적인 관점에 갇혀 있음을 지적한 것이다. 듀이가 강하게 비판한 것도 바로 이 점이다. 도덕성에 대한 이원론적인 접근이 도덕성을 왜곡시켰다고 본다. 어떤 한 인간의 내적인 마음 상태와 외적인 행위나 결과를 분리해놓고, 도덕성을 그 가운데 어느 한쪽과 동일한 것으로 규정해왔다고 지적한 것이다.[MW9: 356-360] 한쪽에서는 칸트 철학의 '선의지善意志'에서 보는 바와 같이, 이상理想을 내적으로 간직하고 그 자체의 의미만을 도덕성의 본질이라고 본다. 하지만 다른 한쪽에서는 공리주의에서 보는 바와 같이, 행위에 대한 결과와 그에 따른 변화를 도덕성의 유일한 척도로 본다. 도덕성과 관련된 일종의 패러독스 현상이 불가피하게 벌어지고 있음을 알 수 있는 대목이다.

듀이는 이러한 '내적인 도덕성'과 '외적인 도덕성'은 분리되어 있지 않다고 본다. 오히려 포괄적인 인간의 경험 속에 모두 머무르고 있고, 그 안에서 이루어지는 습관의 재조정이나 행위가 따라야 할 원리 혹은 활동의 연속성 상에서 도덕성을 바라보아야 한다고 주장한다. 이렇게 '통합'의 관점에서 보아야 도덕성과 관련된 지식의 내용과 방법이 들어오고, 도덕적인 성장 사이의 유기적 관련성을 맺게 된다.[같은 글. 370] 이는 행위의 표준과 규칙을 대대로 내려오는 선조의 습관에 두는 '관습적인 도덕'으로부터 경험을 통해 어우러지는 양심, 이성, 사고를 요구하는 어떤 원리에 호소하는 '반성적인 도덕'으로의 변화이다.[MW5: 187] 이것이 듀이가 말한 '사회적이면서도 질적인 경험으로서의 도덕성'이다.

'반성적인 도덕'은 관습적인 도덕과는 달리 개인적인 성향을 구성하는 요인들에 대한 사상을 포괄적으로 파악한다. 즉, 다른 사람과의 관계에 대한 행동 전체를 포괄하면서 대안적인 가능성이 있는 모든 활동을 다룰 수 있도록 하는 것이다. 특히, 공동체에서의 상호작용과 의사소통과 관련된 습관, 관계, 방식의 조건을 갖추게 한다.^{Pappas, 2008: 78} 이에 따라 도덕적 원리는 공동체 생활의 조건과 능력으로, 그리고 개체의 충동과 습관으로 해석이 이루어지게 된다.^{1909: 58}

반성적인 도덕이 '질적인 경험 혹은 행위로서의 도덕성'이 되면서, 여기에 두 가지 측면이 있음을 알 수 있다. 하나는 행위의 '내적 측면'에서 행위의 주체인 행위자이고, 또 하나는 행위의 '외적 측면'에서 자연과 인간사회를 둘러싼 환경이다. 듀이에 따르면, 전자는 행위의 방법how에 관한 심리적 원리가 되고, 후자는 행위의 내용what에 관한 사회적 원리가 된다.^{Stevenson, 1908: ix} '심리적 윤리학'은 행위자와 관련하여 행위의 형식이 일어나고 작용하는 방식을, '사회적 윤리학'은 실제적인 상황과 관련된 행위를 논의하게 된다. 도덕성으로서의 시민성이 시민의 경험 속에 얽힌 심리적인 측면과 사회적인 측면을 모두 포괄하는 것이라 할 수 있다.

의사소통하는 '사회성'

인간성과 도덕성이 기존의 관념을 크게 수정하여 제시한 개념이라면, 사회성은 이 두 가지를 통해 드러나는 개념으로 볼 수 있다. 사회성과 관련된 듀이의 주장은 경험과 행위의 속성 자체에 사회성이 내재해 있고, 실천적으로 이루고자 한 교육의 국면에 사회성이 드러난다고 보고 있다.

누구나 겪고 당하는 경험과 행위는 사회적이고, 듀이가 바라본 인간성과 도덕성은 그 자체로 사회성을 띤다. 여기에서 중요한 점은 이런 경험이 인간마다 모두 같을 수 없기에 사회 속에서 '교섭적인 생활양식a mode of associated living'으로 나타난다는 것이다. '교섭적'이라는 말 속에는 '공동체 속에서 함께 학습해간다'는 의미가 내포되어 있다. 듀이가 개인과 사회에 대해 한 말은 이 같은 면모를 잘 보여주고 있다.

'숲' 주제통합 기행에서 나무열매 반지로 만든 손가락 별.
"학생들은 공동체 속에서 함께 학습해간다."

'개인'이라는 것은 한 사물이 아니고, 특수한 반응, 습관, 기질, 역량이 나타나는 무한한 다양성이다. '사회적'이라는 말도 연합된 생활의 영향하에서 확인된 용어이다. 즉, 사회란 한 단어지만 무한히 많은 사물을 포함한다. 사람이 서로 교제함으로써 경험을 공유하고 공통적인 관심과 목적을 구성하는 모든 양식을 포함한다.^{MW12: 194}

개인과 사회의 관계에서 가장 먼저 파악되는 사회성은 개인이 가지고 있는 '개성individuality'의 측면이다. "개성은 개인을 창조하기 위한 수단이고, 사회적·도덕적 의미에서 개성은 이루어져야 할 어떤 것이기 때문이다."^{같은 글 194} 개성을 애당초 주어진 것이 아니라 상호 연합적인 생활 속에서 창조되고 공동체의 모든 제도에 관한 탐구의 출발점으로 삼고 있다.

공동체 속에서 드러나는 개성은 자아실현을 하고, 적극적인 자유를 누리면서 공동체와 민주주의를 위한 '의사소통communication'으로 나아간다. 의사소통의 구체적인 모습이라고 할 수 있는 "논의, 토론, 설득의 방법과 조건의 개선은 민주주의에 있어 본질적인 요소이기 때문이다".^{LW2: 365} 일상적인 생활에서 보면, 통제되지 않은 그날의 뉴스에 대해 주변의 이웃들이 자유롭게 거리에 모여 토론을 주고받거나, 집이나 아파트 거실에서 친구들이 자유롭게 모여 서로 담화를 나누는 것은 민주주의를 보장하는 핵심적이고도 최종적인 것이다.[7]^{LW14: 22} 참여와 공유를 통해 나타나는 의사소통의 면모는 다음과 같은 듀이의 사회관에서 잘 드러난다.

사회는 전수에 '의해서', 의사소통에 '의해서' 존속할 뿐만 아니라 보다 정확하게 말하자면, 전수 '속에서', 의사소통 '속에서' 존속한다. '공동common', '공동체community', '의사소통communication' 등과 같은 단어들은 순전히 문자상의 유사성 그 이상의 연관성을 갖고 있다. 사람들이 '공동체'에서 살아가는 것은 그들이 무엇인가를 '공동'으로 갖고 있기 때문이며, '의사소통'은 그 '공동'의 것을 가지게 되는 과정이다. 사람들이 사회를 이루기 위해 공동으로 가지고 있어야 하는 것은 목적, 신념, 포부, 지식, 공동의 이해, 또는 사회학자들이 말하는 공동의 마음가짐like-mindedness이라고 하는 것이다. 의사소통, 그리고 그것으로 인한 공동의 이해에의 참여, 이것이야말로 사람들로 하여금 유사한 정서적·지적 성향을 갖게 해주며, 기대와 요구조건에 대하여 유사한 방식으로 반응할 수 있도록 해준다.MW14: 4

이상에서 듀이가 말한 의사소통으로서 사회성은 어떤 제도의 가치를 판단하는 궁극적인 준거가 된다.LW1: 145-146 모든 사건들은 의사소통을 통해 제고되고 수정될 수밖에 없기 때문이다. 언어 또한 단지 사물이나 사상을 표현하는 데 그치지 않고, 여러 사람이 공동으로 참여하는 활동에서 그리고 각자의 활동이 참여에 의해 수정되고 조절되는 그러한 활동에서 참가자들의 상호 협동을 확고히 하는 수단이 된다.

민주주의를 창조하는 '정치성'

듀이의 정치성 개념은 시민들이 실제 정치 현실에 눈을 뜨고, 권력과 지배가 시민에게로 돌아오며, 민주주의가 회복되는 그 지점에 놓여 있다. 그의 말대로, "남자와 여자, 어린이, 그리고 아직 태어나지 않은 아이에 이르기까지 모든 시민들에게 미래의 정치적 생활보다 더 중요한 것은 없기 때문이다".LW11: 274

그가 말한 '생활양식으로서의 민주주의democracy as a way of life'라는 말은 바로 일상생활에서 작은 경험들이 생활양식이 되는 그런 민주주의로서 일종의 정치성을 강조한 것이다.O'Connor, 1999: 50-62 여기에는 두 가지 요소가 들어 있다. 첫째, 사회 구성원이 공유하는 공동의 '관심사'의 수가 많고, 그 종류가 다양해야 하며, 상호 관심사의 인정을 사회 통제의 방법으로서 더욱 중요하게 여겨야 한다. 둘째, 여러 사회 집단 사이의 상호작용이 더욱 자유로워야 할 뿐만 아니라 사회적 습관이 변화해야 한다.MW9: 92 이처럼 민주주의와 결합시킨 듀이의 정치성 개념은 다음과 같은 포괄성을 갖고 있다.

진실을 믿고 실제를 믿고 시민들을 믿는다. 인간성으로 얻은 어떤 것이라도 함께 공유하려는 시민들의 변화는 단지 정치적인 수단에 의해서 이루질 수 있는 게 아니다. 더군다나 정부나 정치의 지원에 의해서 이루어지는 것도 아니다. 다른 사람들과의 접촉과 상호 교섭을 하면서 새로우면서도 보다 인간적이어야 한다. 정당하면서도 보다 지성적인 질서를 촉진시켜야 한다. 즉, 사회의 민주적인 변화를 위해서 새로운 종류의 정치, 정치에 대한 새로운

종류의 도덕적 개념, 그리고 정부에 부여된 권력의 새로운 조정
과 조직이 반드시 필요하다.[LW11: 281]

이러한 표명은 정치성이 권력의 문제는 물론이고 현실과 이상,
나아가 도덕성과 인간성 등 모든 문제들을 포괄하면서 새롭게
접근하고자 하는 듀이의 프래그머티즘 사상을 그대로 보여준다.
이와 같은 접근이야말로 민주주의라는 정치성을 발전시키고, 정
치성에 민주적인 '사고'와 민주적인 '이상'과 '결과'를 반영할 수
있게 한다.[LW2: 85]

듀이가 제시한 생활양식으로서의 민주주의 출발은 사실상 1880
년대 말의 민주주의의 윤리학으로부터 비롯된 것이다.[4] 이때 〈민주
주의 윤리학〉[1888]이라는 논문이 발표되는데, 여기에서는 사회 안에
서 모든 개인들이 권력과 능력의 조화로운 진전을 통해 개인과 사
회 모두를 완성해가는 '윤리적 이상으로서의 민주주의democracy as
an ethical ideal'를 지향하였다. 듀이는 다음과 같이 말한다.

> 한마디로 민주주의는 사회적이고 윤리적인 개념이다. …… 민주
> 주의가 도덕적·정신적 연합의 형태이기 때문에 정부 형태가 되
> 는 것이다. …… 한마디로, 민주주의는 인격의 최초이자 최종의
> 실재personality is first and final reality이다. 인격이 갖는 충만한 의의

---

4 이 시기는 스승인 모리스George Morris로부터 벗어나 신혜겔주의를 탐구하면서
연구의 중심을 형이상학에서 윤리학으로 옮긴 때이다. 그의 조교인 터프츠James
Tufts와 미드 및 로이드Alfred Lloyd와의 연구를 통해 윤리학과 정치철학에 집중하
게 된다.

는 유일하게 개인에 의해 배울 수 있는데, 이는 사회 안의 개인이 이미 객관적인 형태로 제시되기 때문이다. 그리고 인격의 실현에 대한 주요한 자극과 용기는 사회로부터 나온다. 그럼에도 불구하고, 인격은 어떤 하나를 위해서 획득될 수 없다.[EW1: 240-244]

윤리학과 결합된 민주주의는 인격과 민주주의를 연결시키면서 사회 속에서 시민 개인의 '자아실현self-realization'과 '적극적 자유positive freedom'를 중요한 가치로 갖게 된다. 개인과 공동체의 변증법적인 관계에서 자아실현과 적극적 자유가 실천으로 확산되면서 공동체 속에서 '해야 한다ought'는 명제를 강조하게 된다.[Westbrook, 1991: 44] 여기에서 인격을 통한 창조성이 등장한다.

자연스럽게 듀이의 정치성 개념은 생활양식으로서의 민주주의를 거쳐 '창조적 민주주의'로 이어진다. 창조적 민주주의는 사실상 '생활양식a way of life'이라는 말을 풀어서 '개인 생활의 인격적 양식으로서의 민주주의democracy as a personal way of individual life'로 본 것이다. 이러한 주장은 민주주의의 기본 이념인 자유와 평등도 창조적인 관점에서 재구성하는 것이다. 그에 따르면, 자유란 "하나의 관념이나 추상적인 원리가 아니라 어떤 특정한 활동을 할 수 있는 적극적인 능력"[LW11: 360]이 된다. 평등은 "고정된 질서가 아니라 각 개인이 공헌할 수 있는 것이 무엇이든지 간에 공헌할 기회에 대한 믿음"이 된다.[LW11: 220]

이러한 접근은 관리를 잘 선출하고 관리자의 행동을 통제하는 실천에 머물렀던 기존의 민주주의와는 다르다. 선거와 다수결에 의한 정치나 그에 따른 의회 및 정부 구성 등은 시류에 따라 고안

된 장치로서, 이는 현실적인 필요를 충족시키는 목적에 봉사하는 것일 뿐이다. 오히려 여기에는 교묘하고도 정교한 억압정치의 한 형태로서 '참여의 배제'가 가로놓여 있다.[LW2: 325] 창조적 민주주의로서 정치적 민주주의가 발달하려면, 소수가 다수를 위로부터 강제적으로 복종시키는 방법을 상호 간의 협의를 통해 자발적인 동의를 이끌어내는 방법으로 대체하는 것이 필요하다.[L11: 218-219] 시민 개개인의 정치 참여를 보장하고, 사회정책을 결정하며, 각 개인의 이익이나 이해를 반드시 심사숙고하여 반영해야 정치성이 살아나게 된다.

듀이의 시민성: 네 가지 개념의 유기적 결합

위에서 검토한 네 가지 개념은 뒤에서 제시할 프래그머티즘이라는 렌즈 속에서 다시금 공통의 흐름을 갖게 된다. 듀이의 인간성과 도덕성은 사회적인 측면을 강하게 가지고 있다. 또한 사회성이든 정치성이든 시민의 경험 속에 심리적이면서 윤리적인 기제를 내포하고 있다. 이렇게 프래그머티즘 사상을 기저로 한 그의 시민성은 앞서 밝힌 네 가지 개념들의 유기적인 결합이라 할 수 있다. 이해를 위해 그 결합의 대략적 구도를 살펴보면 **그림** 1과 같이 표현해볼 수 있다.

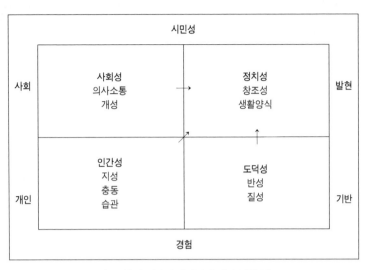

그림 1 듀이 시민성 개념의 유기적 결합 구도

그림 1의 흐름에서도 보았지만, 이 네 가지 개념은 순차적이거나 기계적인 결합이 아니다. 기본적으로 시민이 겪거나 당하는 경험은 변화와 과정 속에서 각 개념들의 요소가 상호작용 혹은 상호 침투하면서 유기적인 결합으로 나타난 것이다. 시민 개인과 사회의 관계 혹은 주관적 자아와 객관적 세계 속에서 경험 혹은 행위를 통해 마주하는 사회적 환경 혹은 분위기에 내재된 사건 혹은 문제가 시민성 개념으로 다가오는 것이다.

앞서 살펴본 대로 시민성 개념의 출발점으로서 인간성은 사회적 행위이기 때문에 본래 선하다거나 악하다고 말할 수 없다. 사회적 여건에 따라 습관, 충동, 지성이 작용하여 어떻게 행위로 나타나느냐가 중요하고, 요소들 간의 통합과 역동적 관계는 결국 지성에 의한 성찰을 통해 선으로도 악으로도 형성될 수 있다. 인간성이 그렇듯이, 시민성도 자연과 사회 환경의 상호작용 속에서 나타나는 사회적 행위에 의해 조우한다는 점은 명백하다.

시민성 개념의 기반, 인간성과 도덕성

밀접하게 연관되어 있는 인간성과 도덕성은 시민성의 존재론적 측면에서 간접적인 결합의 모습을 보여준다. 듀이가 말하고자 하는 시민성 개념에 대해 일종의 '기반' 역할이라 할 수 있다. 우선, 습관과 충동과 지성으로 이어지는 행위의 요소로서 인간성은 질적인 경험을 통해 반성적인 도덕성을 지향한다. 기존의 단순하고 기계적인 사회적 관계 속에서 형성되는 얇은 의미의 시민성이나 관습적이고 규범적인 덕목 위주의 시민성으로만 국한시켜 보기에는 한계가 있음을 알 수 있는 대목이다. 간접적이지만 일종의 토대로서 시민들이 갖는 습관적이고도 충동적인 행위가 문제나 방법 혹은 탐구나 사고의 지성과 만나면서 사회적 행위로서의 시민성 개념을 갖게 된다.[Pappas, 2008: 81] 그래서 도덕성을 지닌 시민은 인간으로서 관용적이면서 개방적인 정신과 폭넓은 시야를 갖게 된다. 듀이가 말하는 인간성과 도덕성의 관계를 살펴보면 아래와 같이 볼 수 있다.

인간성의 격을 낮춤으로써 도덕의 지위를 올리려는 그러한 도덕 원리는 결과적으로 자살행위를 범하는 것이나 마찬가지이다. 또한 그러한 도덕 원리는 인간성을 끊임없이 내란으로 몰아넣고,

서로 모순된 세력 간의 희망 없는 혼란 같은 것으로 인간성을 취급한다. …… 차라리 인간성을 다른 어떤 것으로 대치시킬 수 있으면 좋겠다.^{MW14: 1-2}

듀이의 말처럼, 도덕성과 인간성을 분리하는 순간 시민성과의 연결선도 끊어진다. 또한 도덕성과 인간성을 연결하면 필연적으로 생기는 결론 가운데 하나가 '도덕은 사회적'이라는 것이다. 이것이 바로 인간성과 도덕성이 사회성과 연결되는 국면이다. 다른 사람과의 관계 속에서 인간 행위 전체를 포괄하는 도덕성은 "비록 행동을 할 당시에 그 행동의 사회적 관련성을 생각하지 않고 하는 행동이라 하더라도, 우리의 모든 행동은 잠재적인 도덕적 행동이라고 보아야 한다."^{MW9: 367} 이런 도덕의 사회적 측면을 듀이는 세 가지로 나누어 설명한다. 첫째 인간의 행위 그 자체가 사회적이고, 둘째 도덕적인 판단이 사회적 산물이며, 셋째 도덕적 책임이라는 것도 사회 환경에 의하여 마음속에서 형성되는 당위 의식이라는 것이다.^{김태길, 1990: 126} 그는 다음과 같이 말한다.

행위의 사회적 측면과 도덕적 측면은 서로 동일하다. …… 사회의 운영을 위협하는 큰 위험은 사회정신이 사회의 구석구석에 스며들도록 하는 조건이 결여되어 있다는 것이며, 이것이 또한 효과적인 도덕교육의 큰 적이다.^{MW9: 368}

시민성 개념과 맞닿아 있는 사회성과 정치성

이렇게 인간성을 거친 도덕성은 직접적으로 시민성 개념과 맞닿아 있는 사회성과 정치성 개념에서 '발현'된다. 우선, 사회성과 관련된 도덕적 원리는 개체의 충동과 습관으로 출발하여 공동체 생활의 조건과 능력으로 확대해가며 해석할 필요가 있다. 인간과 인간의 관계에 관한 행동 전체를 포괄하는 도덕성이기 때문에, 그 안에서 등장하는 시민 개개인의 개성과 관계를 상징하는 의사소통은 도덕성과 마주하게 된다. 듀이가 말한 개인의 성장 과정, 즉 행위와 지성의 '합리적 수준'에서 관계 중심의 '사회적 수준'으로, 그리고 최종적으로 '도덕적 수준'으로 성장한다고 말한 점도 같은 맥락에서 볼 수 있다.^{MW5: 15-17}

듀이가 지향하는 민주주의 사회는 자유로운 교환과 의사소통의 기회가 최대한으로 보장되어 있는 사회이다. 사회 구성원들 간의 의사소통이 단절되어 있다면, 그 사회는 비민주적이라는 것이다. 가정, 학교, 공장, 국가 등 모든 사회 조직이 더 안정되려면 자유로운 참여와 상호작용, 의사소통에 기초한 민주적인 공동생활이 반드시 필요하다. 이는 개념상 구분하기 어려운 사회성과 정치성의 결합을 보여준다. 사실 듀이 프래그머티즘 철학의 핵심이면서 오늘날 시대 상황과 가장 깊은 관련성을 맺고 있는 민주주의, 자유, 공동체, 개인과 사회의 지성이라는 주제가 바로 여기에 들어있다.^{Stuhr, 1998: 83}

그 가운데 이상적인 도덕적 공동체로서 민주주의를 상정했다는 점은 인간성, 도덕성, 사회성 모두 생활양식으로서의 민주주의라는 정치성을 통해 시민성 개념이 재현된다는 점을 보여준다.[Pappas, 2008: 217] 다른 말로 하면, 생활양식의 수준으로 민주주의가 만들어지려면, 가장 먼저 인간의 행동에 대한 도덕적 표준이 제공되어야 한다. 웨스트브룩Robert. Westbrook[1991]은 듀이가 말하는 도덕적인 의미에서의 민주주의가 "각 개인의 선이 곧 모두의 선이며, 모두의 선이 바로 각 개인의 선"이 된다고 하였다.[248-249]

민주주의 = 철학 = 교육?

민주주의와 철학과 교육은 같을 수 있을까? 세 가지 모두 철학적 사고를 요한다는 점에서 일단의 공통점이 있다 하더라도, 현실에서 이 세 가지가 등가가 된다는 것은 쉽게 이해되는 일은 아니다. 하지만 듀이는 이 세 가지가 같아야 하고, 같을수록 교육이 바람직한 방향을 갖는다고 본다. 그의 주저 가운데 하나인《민주주의와 교육》[1916a]은 이러한 과정을 지적으로 밝히면서 시민성 개념의 방향을 폭넓게 제시한 문헌이다. '교육철학 개론'이라는 저서의 부제에서도 알 수 있듯이 민주주의, 철학, 교육의 연장선상에서 시민성 개념을 제시하고 있다. 그러한 면모는 서문에 잘 나타나 있다.

이 책은 민주 사회에 작용하는 이념을 추출하여 그 이념을 교육의 실제 문제에 적용해보려는 노력의 결과이다. …… 이 책에 진술된 철학이란 민주주의의 성장을 과학의 실험적 방법, 생물학적 진화론, 그리고 산업의 재조직과 관련된 것으로 보고, 이러한 방면의 발달이 교육의 내용과 방법에 어떤 변화를 가져오는가를 지적하는 데 관심을 둔다. [MW9: 3]

서문을 보면 프래그머티즘이라는 철학적 논점으로부터 민주주의를 바라보고, 이를 교육에 접목시키려는 의도를 엿볼 수 있다. 이 문헌은 듀이가 20여 년 동안 민주주의론과 교육론에 대해 연구하고 실험하고 경험했던 산물이다. 《학교와 사회》[1899], 《아동과 교육과정》[1902], 《미래의 학교》[1915] 등에서 제시된 교육이론과 1896년부터 1904년까지 실천한 시카고 대학 내의 실험학교는 듀이 교육철학의 실질적인 근간을 이룬다. 더불어 다양한 형태의 사회 활동을 통해 민주주의에 대한 강한 신념을 가져왔다.[5] 여기에 실험주의, 다원주의, 효율성 등을 강조하는 프래그머티즘 사상이 그대로 녹아들어 있다.

문제는 《민주주의와 교육》의 독해가 난해하고, 어떤 관점과 비중을 두느냐에 따라 다양한 해석이 가능하다는 데 있다. 예를 들면, 전반부에 교육에 대해 논의하다가 후반부에 '노동과 여가[19장]'나 '개인과 세계[22장]' 등 교육과는 별개라고 여겨지는 일반적인 내용이 제시된다. 또한 전반부가 '교육론'이라면, 중후반부는 경험 이론으로부터 도출한 교육방법론 및 교과론으로 나아가면서 변화의

---

5 듀이의 민주주의에 대한 신념을 시기별로 나누어보면 다음과 같다. 1882~1904년의 '사회적 복음' 시기, 1904~1918년의 '진보적 민주주의' 시기, 1918~1929년의 '위대한 공동체 지향' 시기, 1929~1952년의 '민주주의자로서의 명예교수' 시기가 그것이다. [Westbrook, 1991]

폭이 크다. 시민성의 관점에서 유사한 내용을 묶어 《민주주의와 교육》을 구조화해보면 표 1과 같이 정리할 수 있다.

장	구분	내용
1~4	교육의 개념적 특징	삶의 필연성으로서의 교육 사회적 기능으로서의 교육 지도로서의 교육 성장으로서의 교육
5~7	교육의 비판적 재구성	준비설, 발현설, 형식도야설 ⇔ 성장으로서의 교육 형성, 반복설, 과거지향 교육 ⇔ 재구성으로서의 교육 플라톤 교육 18세기 개인주의 교육 ⇔ 민주주의로서의 교육 19세기 독일 교육
8~9	교육의 목적	자연적 발달 사회적 효율성 교양
10~13	교육의 방법	흥미와 도야 경험과 사고 교육에서의 사고 방법의 성격
14~18	교과와 교육과정	교과의 성격 교육과정에서의 일과 놀이 지리와 역사의 의의 교과로서의 과학 교육적 가치
19~23	교육 현실의 문제	노동과 여가 이론적 교과와 실제적 교과 자연과와 사회과 개인과 세계 :자연주의와 인문주의 교육의 직업적 측면
24~26	결론	교육철학 지식의 이론 도덕의 이론

표 1 《민주주의와 교육》의 구조화

구조화를 통해 알 수 있는 것은 듀이가 민주주의를 중심으로 시민성을 논하고 있다는 점이다. 민주주의 교육을 부각시키기 위해서 듀이의 입장과 대치되는 주장이나 이론을 비판하면서 재구성하고 있는 점도 특징적이다. 5~7장을 보면, 기존의 '준비설, 발현설, 형식도야설'을 비판하면서 "교육적인 과정의 결과는 그 이상 더 교육받을 능력을 가지게 되는 데 있다".MW9: 73는 '성장으로서의 교육'을 피력한다. '형성, 반복설, 과거지향 교육'도 경험의 계속적인 '재구성으로서의 교육'에 비춰 비판이 이루어지고 있다. 전통적으로

60

강조되어온 교육의 관점을 넘어 새로운 사회집단의 차원에서 민주주의 교육을 제시하고 있다.

여기에서 그는 민주주의를 '생활양식으로서의 민주주의democracy as a way of life'라고 말한다. 이것을 두고 "단순한 정부형태가 아닌 보다 근본적으로 공동생활associated living의 양식이고, 경험을 전달하고 공유하는 방식conjoint communicated experience"^{같은 글, 87}이라고 한다. 흔히 알고 있는 선거를 통한 정부의 구성이나 법을 제정하고 정부가 행정을 집행하는 방식보다 민주주의에 대해 훨씬 광범위하고 깊게 접근하고 있다.^{LW11: 217}

자세히 보면, '생활양식'을 말하면서 '공동생활'과 '경험의 전달과 공유'라는 말이 같이 등장한다. 상식적인 수준에서 인간의 삶이란 공동체 속에서 함께하는 삶이고, 그 속에서 수많은 개인들의 다양한 경험이 상호작용하기 마련이다. 듀이는 '공동생활'에 대해 "이것은 대체할 수 있는 하나의 대안이 아니라 더불어 함께하는 '사회생활 그 자체'에 대한 관념^{LW2: 328}"이라고 말한다. '경험의 전달과 공유'에 대해서는 그의 경험 이론을 통해 제시된 계속성과 상호작용 등의 원리와 연관된 의미를 부여하고 있다. 생활양식이 다른 대체물이 있는 것이 아니라 생활과 경험을 본위에 두고 있음을 강조한 것으로 볼 수 있다.

이처럼 생활양식은 민주주의 개념과 밀접하다 못해 동일하게 사용되고 있다. 더불어 생활하는 것도, 경험을 전달하고 공유하는 것도, 그리고 개인이 개별적으로 움직이는 것도 모두가 민주적인 것이라고 본다. 민주적이어야 이런 것들이 가능하다는 판단이다. 앞서 제시한 민주주의의 기준에 대해 제시한 두 가지 요소를 다시 살펴보자.

첫째, 사회 구성원이 공유하는 공동의 '관심사'의 수가 많고, 그 종류가 다양해야 하며, 상호 관심사의 인정을 사회 통제의 방법으로서 더욱 중요하게 여겨야 한다. 둘째, 여러 사회 집단 사이의 상호작용이 더욱 자유로워야 할 뿐만 아니라 사회적 습관이 변화해야 한다. 즉, 다양한 교섭에 의해 만들어진 새로운 상황을 통해 지속적으로 재적응해야 한다.[MW2: 92]

두 가지 핵심 개념인 '관심interest'과 '상호작용interaction'은 생활양식과 민주주의의 방향을 말하고 있다. 관심은 '공동의 관심사'여야 하고, 그 '양과 질'이 담보되어야 하며, '사회 통제의 방식'으로 더 많이 의존해야 민주적이라는 것이다. 상호작용은 '집단 간에 자유'로우면서 '상호 변화'를 가져와야 민주적이라고 보고 있다.

민주주의의 세 가지 원칙

〈생활양식으로서의 민주주의〉라는 논문을 쓴 오코너[1999]의 경우, 듀이의 민주주의에는 세 가지 원칙이 있다고 말한다.[167-172] 첫째, '인간 본성에 대한 신념'이 들어 있다. 듀이는 전체주의만이 민주주의의 위협이 되는 것이 아니라 대중사회가 되면서 우리 안의 개별적인 태도나 외적으로 부가된 제도나 권위에 의해서도 언제든지 민주주의는 위협을 받을 수 있다고 말한다. 모든 개별적인 일상인으로부터 진리가 아닌 신념으로서의 민주주의에 대한 희망을 찾아야 한다고 주장한다.

둘째, '개인이 누릴 자유의 가치'가 들어 있다. 물론 자유의 이념은 자유주의 전통에 있는 것이지만, 원리가 아닌 신념 속에서 소극적인 자유에서 벗어난 적극적인 자유를 강조한다. 지속적으로 변화하는 세계에서 진정한 자유는 인간의 잠재력을 실현하는 것으로, 이를 가능하게 하기 위해서는 생활양식으로서의 민주주의가 요구된다는 것이다.

셋째, '자치self-rule에 대한 인식'이 들어 있다. 일상생활을 살아가는 한 사람 한 사람이 경험을 통해 스스로 통치에 참여하는 자치에 대한 인식을 갖는 것은 민주주의에서 가장 중요한 일이다. 이는 기존의 정치적 권위에 대한 존재론적 토대를 거부한 듀이의 모습에서도 알 수 있다. 민주주의는 어떤 철학적인 정당화로 지지되는 것이 아니고, 설령 그렇게 된다 하더라도 파시즘이나 전체주의를 극복할 수 없다고 말한다.

《민주주의와 교육》에 나타난 생활양식으로서의 민주주의는 프래그머티즘 철학을 통해 민주주의의 이상 자체가 철학적인 지위를 획득한 것으로 평가받는다. 개별 사상가들의 정치적 관점과 행동의 차원이 아닌 민주주의 이상의 가장 심층적인 곳에까지 상응해가는 세계관과 인간관이 프래그머티즘 철학 속에서 체계화되어 있다.Joas, 신진욱 역, 2002: 25-27 듀이 말대로, 인간이라는 중대성 속에 민주주의의 이상이 우리에게 모종의 참조 틀을 제공하고 있는 것이다.LW11: 416 다음과 같은 진술이 이를 밝히고 있다.

민주주의의 아이디어와 의미는 지속적이고도 새롭게 탐색되어야 한다. 이것은 영원히 발견·재발견되어야 하고, 재건·재조직되어야 한다. 새로운 요구의 발전 속에서 혹은 이러한 요구를 만족시키기 위한 인간 및 새로운 자원 속에서, 진행되는 변화와 마주하기 위해서는 민주주의를 담고 있는 정치, 경제, 사회 제도가 재건·재조직되어야 한다.^{LW11: 182}

시민성 개념의 등장, 사회적 효율성

《민주주의와 교육》^{1916a}을 살펴보다 보면, 시민성 개념과 유사한 용어들이 등장한다. 특히 교육 장면에서 언급된 시민성 관련 개념들은 보다 명료한 모습을 띤다. 9장 '교육 목적으로서의 자연적 발달과 사회적 효율성'과 18장 '교육적 가치'가 그것이다. 9장이 직접적이라면, 18장은 간접적이다.

먼저 18장 '교육적 가치'에서 듀이는 교육 목적educational aims 과 교육적 관심educational interests이 같은 맥락이라고 말하면서, '교육적 가치'를 통해 교과를 근거로 삼고 정당화하려고 한다.^{같은 글. 240} 이는 시민성을 교육 목적으로 하는 교과에 중요한 참조 틀이 되고, 그 가치를 파악하는 것은 시민성 개념을 규명하는 데 시사점을 제공해준다고 볼 수 있다. '학교 공부가 어떤 경험에 기여하는가?'라는 질문에 대한 답변을 재구성한 **표 2**는 이를 잘 말해준다.

구분	내용
효율성	자원을 사용하고 장애를 처리하는 일을 유능하게 수행하는 것
사교성	다른 사람과의 직접적인 교우에 관심을 가지는 것
심미적 취향	적어도 몇몇 고전 형식의 훌륭한 예술을 감상하는 능력
훈련된 지적 방법	몇몇 양식의 과학적 업적에 관심을 가지는 것
민감성	다른 사람의 권리와 요구에 주의와 관심을 기울이는 것

MW9: 252-253에서 재구성

표 2 '학교 공부가 어떤 경험에 기여하는가?'에 대한 분류

듀이는 이것들이 내재적 가치인지 수단적 가치인지 따지기보다 교과를 통해 경험의 즉각적인 의의를 인식하고 형성할 것을 주문한다. 교육적 가치들이 별도의 가치로 고립되어서는 안 된다는 점을 강조한 것이다. 잠정적인 타당성만을 가질 수밖에 없다 하더라도, 이런 교육적 가치들을 통해 현재 학교교육의 내용과 방법을 조사하고 비판하고 조직하는 데 유용할 수 있다고 본 것이다.[같은 글. 252-253] 또한 이것들이 교육적 가치이면서도 교육 목적이기에 시민성과도 연결될 수 있다고 본다.

위에서 제시한 분류 가운데 '효율성efficiency' 개념은 《민주주의와 교육》 9장에서 심층적으로 언급된다. 듀이는 일반적인 교육목적으로 '자연적 발달', '사회적 효율성', '교양'을 든다.[같은 글. 118-130] 루소Jean-Jacques Rousseau 가 제시한 자발적이고 생득적인 발달을 추구하는 '자연적 발달'은 사회와 대립되는 교육 목적이다. 여기에서는 아동의 건강한 몸과 개인차에 대한 존중, 그리고 호기심과 흥미가 강조된다. '사회적 효율성'은 자연이 보장할 수 없는 것을 교육이 제공해야 한다는 입장에서 공동생활의 활동과 사회적으로 의미 있는 일을 추구하는 방향을 갖는다. 마지막으로 '교양'은 자

연적 발달과는 반대로 개인의 인격과 개성 속에서 학문과 예술 등의 고귀하고 세련된 태도를 갖도록 한다.

그 가운데 '사회적 효율성' 개념은 듀이가 말하는 시민성과 가장 밀접하게 관련되어 있다. 듀이가 바라보는 사회적 효율성은 기존의 학교교육에서 강조하던 사회적 효율성이라는 목표가 매우 편협하다고 판단하고, 이를 비판하고 재구성의 맥락에서 다시 제시한 개념이다. 그래서 듀이는 사회적 효율성에 대한 일정한 범위를 설정하면서 시작한다.

> 사회적 효율성은 소극적인 억제에 의해서 얻어지는 것이 아니라 사회적으로 의미 있는 일에 개인의 타고난 능력을 적극적으로 활용하는 데서 얻어진다. 그렇게 인식되었을 때, 사회적 효율성을 위한 교육은 적절한 것이 된다.[MW9: 125]

이 인용문에서는 '복종subordination'이 아닌 '활용utilization'의 개념으로 사회적 효율성을 바라보는 점이 눈에 띈다. 개인 능력을 어떻게 활용하느냐에 따라 공동생활의 활동이 달라진다는 논조가 엿보인다.

사회적 효율성의 또 다른 이름, 산업적 효율성과 시민적 효율성

사회적 효율성을 보다 구체화된 목적으로 제시한 것이 바로 '산업적 효율성industrial efficiency' 개념이다. 산업적 효율성에 대해서 듀이는 "만약 산업에서 나온 생산물을 올바르게 사용하는 방법을 훈련받지 못한다면, 부富가 어떤 수단을 변화시킬 때, 다시는 스스로 적응할 능력을 갖지 못하게 된다."같은 글, 126는 말로 설명한다. 즉, 유용한 방식으로 경제적 자원을 관리하는 능력을 크게 강조한 것이다. 하지만 이와 동시에 "경제적 상황과 표준을 궁극적인 것으로 받아들이는 것은 위험하다."같은 글, 126고도 말한다. 선택의 능력을 길러주고, 개인의 판단에 맡기는 민주주의의 원리에 위배된다는 것이다.

이와 같은 흐름에서 듀이는 사회적 효율성은 산업적 효율성이 아닌 '시민적 효율성civic efficiency' 혹은 '좋은 시민성good citizenship'으로 나아가야 한다고 강조한다. 이것은 산업에 종사할 수 있는 능력과는 달리 포괄적인 자질에 초점을 맞추고 있다.

> 시민성에는 '친구로서 사귀고 싶은 사람'이라는 자질에서 출발하여 정치적인 의미의 시민성에 이르는 모든 특성이 포함된다. 또한 그것은 사람과 물건의 가치를 현명하게 판단하는 능력과 법률을 만들고 준수하는 데 결정적인 역할을 하는 능력 등을 의미한다. …… 사회적 효율성은 자신의 경험을 다른 사람에게 가치 있는 것으로 만든다. 그리고 다른 사람의 가치 있는 경험에 보다 풍요롭게 참여할 수 있도록 한다. 예술 작품을 제작하고 감상하는 능력, 오락을 즐기는 능력, 여가를 의미 있게 활용하는 능력 등은 통상적으로 인정되는 것 이상으로 시민성에 중요한 요소가 된다.MW9: 127

시민적 효율성의 범위에 '친구와의 교제'와 같은 인간적인 측면부터 정치적인 측면까지, '가치 판단'의 도덕적인 측면부터 '법률 제정 및 준수'의 사회적인 측면까지 거의 모든 영역을 포함시키고 있다. 심지어 '예술 작품의 감상'과 '오락과 여가에 대한 능력'까지도 들어와 있다. 생활양식으로서의 민주주의에서 밝힌 바대로 사람들의 다양한 경험이 생활 속에서 펼쳐지고 있는 형국이다.

더욱 주목할 점은 시민적 효율성을 '수행 능력competency'이 아니라 '자질capacity' 혹은 '능력ability'으로 보고 있다는 것이다. 수행 능력은 사회적 효율성에서 '활용'과 연관된 것으로 자질과 능력을 강조하는 시민적 효율성과는 대조된다. 가시적인 결과보다는 과정을, 구체적인 형식보다는 내용을, 그리고 겉으로 드러나는 것보다는 안으로 잠재되어 있는 어떤 것을 시민적 효율성으로 상정하고 있다. 단순한 산업적 수행 능력이나 직업 능력보다 폭이 넓고, 교육활동 차원에서도 시민으로서의 성장 가능성이 크게 부각된다.

'자연적 발달' 또는 '교양'과의 결합에서도 시민적 효율성은 의미를 갖는다. 조잡한 자연과 세련된 교양은 시민적 효율성과 연속선상에서, 전자는 "생득적 활동의 사용을 통해 양육되고", 후자는 "의미 지각의 범위와 정확성을 확장하고 향상시킨다".[같은 글, 130] 따라서 자연은 시민적 효율성에 원초적인 힘을 제공하고, 교양은 사회적 효율성에 자유로운 공동체 활동의 만개를 예견해준다.

산업적 효율성과 시민적 효율성의 모호성

문제는 산업적 효율성과 시민적 효율성의 구분이 모호하다는 것이다. 시민적 효율성을 좁게 이해하지 않도록 당부한 듀이의 주장에 따르면, 산업적 효율성도 시민적 효율성에 포함될 수 있다. 듀이가 산업적 효율성에 대해 결코 부정하지 않은 상황에서 "산업적 능력industrial competency과 좋은 시민성으로서의 자질capacity in good citizenship을 분리해서 생각하는 데는 무리가 있다".같은 글. 125 따라서 양자의 관계 문제는 더욱 모호한 모습으로 나타난다.

더불어 듀이가 바라본 사회적 효율성 개념이 산업적 효율성과 시민적 효율성을 포괄하고 있다는 점도 모호성을 배가시킨다. 산업적 효율성에 대한 긍정과 부정은 사회적 효율성에 포함되기도 하고, 그렇지 않기도 하기 때문이다. 이러한 경향은 시민적 효율성에 대한 진술 이후에 '마음의 사회화'나 '사회봉사'에 대한 설명에서도 유사한 모습이 나타난다.

가장 넓은 의미에서 보면, 사회적 효율성은 다름이 아니라, 경험을 나누어 가질 수 있도록 사람의 마음을 적극적으로 사회화하는 것, 그리고 사람들로 하여금 다른 사람들의 이익과 관심에 둔감하게 만드는 사회계층의 장벽을 허물어뜨리는 것, 바로 그것이다. MW9: 127

사회적 효율성을 좁게, 외형적인 행동에 의해 다른 사람에게 봉사한다는 뜻으로 해석한다면, 가장 중요한 요소로서 지적 공감intelligent sympathy과 선의good will가 제외되게 된다. 인간의 바람직한 특징으로서, 어떤 공감은 단순한 감정에 그치는 것이 아니라 인간이 공통으로 가지고 있는 것에 대한 세련된 상상력, 그리고 인간을 서로 불필요하게 갈라놓는 모든 것에 대한 저항을 의미한다.^{MW9: 127-128}

마음의 사회화와 사회봉사

이처럼 '마음의 사회화'나 '사회봉사'를 사회적 효율성이나 시민적 효율성으로 보는 데는 무리가 없는데, 과연 산업적 효율성인가에 대해서는 논란을 불러일으킨다. 듀이의 입장을 살펴보면, 산업적 효율성을 어떻게 자리매김해야 하는지 구체적이지 않다. 상식적으로 경제적 관점에서 민주주의를 벗어나 극단에서 작동할 때 배제된다고밖에 볼 수 없다.

듀이는 《민주주의와 교육》의 다른 곳에서 마음의 사회화와 사회봉사에 대해 다음과 같이 말하고 있다.

사회화된 마음은 공동의 집단 상황에서 사물이 어떤 용도로 사용되는가를 이해하는 힘이다. 그리고 마음을 이런 뜻으로 해석하면, 마음은 곧 사회 통제의 방법이다.^{MW9: 38}

만약 개인들에게 각각 다른 관심과 이익을 준다는 사실에 대해 적극적으로 인정을 하지 않는다면, 개인의 선택이 지성적으로 이루어지는 것이 사회 전체를 위해 유용하다는 확신을 하지 않는다면, 사회봉사라고 하는 것은 경직된 금속과 같은 것이 되고

70

만다.^{MW9: 128}

결국 사회적 효율성이 시민적 효율성은 물론 산업적 효율성과도 만나지 않을 이유가 없어진다. 산업적 효율성이 다른 관심과 이익에 대해 적극적으로 인정을 하지 않는다고 말할 수 없고, 지성적이지도 사회 전체에 유용하지도 않다고 말할 수도 없다. 오히려 듀이가 사회적 효율성 개념을 제시하면서 던진 의미가 모호한 상태를 벗어나지 못하게 하는 측면이 있음을 주시해서 볼 필요가 있다. 이러한 모호성에도 불구하고, 민주주의와 철학과 교육을 시민성, 즉 사회적 효율성으로 수렴하면서, 이를 산업적 효율성과 시민적 효율성으로 확장시켜 마음의 사회화와 사회봉사로 연계시키고 있는 점은 교육의 방향 설정에서 주목할 대목이다.

5. 교육에서 성장과 재구성이란?

교육, 성장 그 자체

듀이가 말하는 교육을 짚어보기 위해서는 또 하나의 맥락을 살펴보아야 한다. 이것은 '성장으로서의 교육'과 '재구성으로서의 교육'이다. 이는 듀이 교육론에서 교육 목적으로 혹은 교육원리로 강조되는 것들이다. 물론 이것들은 일반론적인 교육의 관점에 해당한다. 하지만 《민주주의와 교육》[1916a]을 보면, 사회집단에서의 교육을 언급하면서 '민주주의 교육'으로 연결하고 있기 때문에, 시민성교육을 말할 때도 이는 적합하다. 그런 면에서 이 두 가지는 시민성교육에 지대한 영향을 미칠 수밖에 없는 원리가 된다.

《민주주의와 교육》[1916a]을 자세히 보면, '성장'과 '재구성'으로서의 교육 이외에도 '삶의 필연성', '사회적 기능', '지도'로서의 교육도 등장한다. 그런데 이들은 전반적으로 사회적 기능과 필요에 대한 교육의 일반적인 특징을 위주로 서술한 것들이다. 논리의 흐름을 따라가 보면, 듀이의 교육원리는 성장 혹은 재구성으로서의 교육으로 모아진다. 준비설, 발현설, 형식도야설 등 일련의 보수적인 교육 논리와 대립각을 세우면서 성장과 재구성의 교육 논리가 보다 더 강하게 제시된다.[같은 글. 321] 이러한 이유 때문에 듀이를 통해 시민성교육의 방향을 설정하고자 할 때도, 이 범주를 벗어나지 않는 것으로 판단된다.

듀이는 "교육은 발달이다."라고 말한다. 이런 단도직입적인 언명 이후 발달이 무엇인지 결론적으로 밝힌 내용이 바로 "생활이 발달이요, 발달 또는 성장이 생활이다.[MW9: 54]"라는 것이다. 민주주의와 교육과 철학처럼, 생활과 발달과 성장을 거의 등가물로 놓으면서 이를 교육에 비추어 말하고 있다. 이에 대해 듀이가 한 말을 살펴보면 다음과 같다.

> 이것을 교육적인 등가물로 바꿔서 말하면, (i) 교육의 과정은 그 자체 이외의 다른 목적을 가지지 않고, 교육 그 자체가 목적이라는 것과, (ii) 교육의 과정은 계속적인 재조직, 재구성, 변형의 과정이라는 것이다.[MW9: 55]

다시 말하면 생활과 발달은 물론 성장과 재구성 그 자체가 교육이고 교육의 과정이라는 것이다. 특히, 성장은 "육체적일 뿐만 아니라 지적·도덕적으로 발전하고 성장하고 있는 것[LW13: 9]"이라고 주장한다. 이미 성장한 것이 중요한 것이 아니라 성장해가는 것이 중요하다고 본다. 여기에서 주목할 점은 성장을 어떤 도달한 상태로 보지 않고 도달해야 할 과정으로 보기 때문에, 그 과정을 지도하고 방향감을 제시하는 역할이 필요하게 된다.

교육 목적으로서 잘 알려진 '성장growth'의 개념은 뒤에서 논의할 경험의 두 가지 원리인 계속성의 원리, 상호작용의 원리[6]와 밀접한 관련성을 갖는다. 이 두 원리가 바로 성장의 기준이 되기 때문이다. 특정한 방향으로 이루어진 발달은 그것이 계속적인 성장에 기여할 수 있을 때, 성장으로서의 교육이라는 준거에 부합하게 된다.[LW13: 19] 또한 객관적인 조건과 내적인 조건의 결합·조화·유지가 제대로 되었을 때, 성장이 이루어진다.

사회적 과정으로서의 성장

듀이가 말하는 성장은 루소 등이 주장하는 통제받지 않는 자연 상태의 발달이 아닌, 더 많은 통제가 있는 사회적 과정으로서의 성장을 의미한다. 그에 따르면, 심지어 식물이 자라날 때도 수많은 통제를 받고 자란다고 한다. 다음과 같은 말은 이를 잘 대변해준다.

> 만약 유기체와 환경의 간격이 너무 넓으면, 생명체는 죽을 수밖에 없다. 만약 생명체의 활동이 일시적인 고립에 의해 촉진되지 않는다면, 그것은 그냥 존속만 하는 것이다. 일시적인 불화가 유기체의 에너지와 유기체가 살아가는 주변 조건들 사이에서 폭넓게 균형을 이루었을 때, 생명은 성장하는 것이다.[LW10: 19-20]

6 경험과 관련된 계속성의 원리와 상호작용의 원리는 11장 듀이의 경험 이론 가운데 '질적 직접성'에서 자세히 언급된다.

듀이의 성장 개념에는 다윈의 '진화' 개념이나 헤겔의 '변증법적 발달' 개념이 포함되어 있다. 우선 다윈의 진화론을 통해서는 관념론을 포기하면서 자연주의의 입장에서 일상 경험을 바탕으로 한 성장 개념을 받아들이고 있다. 헤겔을 통해서는 정반합의 대립과 종합, 이를 통한 이원론의 극복 과정으로 성장의 원리를 보여준다. 미드George Herbert Mead가 말한 사회적 자아 개념[7]도 사회적 통제라는 부분에 영향을 미치고 있다.

생물학과 심리학의 차원을 넘어 프래그머티스트로서 듀이는 "바람직한 성장이란 더 많은 성장을 허용한다."고 말한다. 자신의 성장은 "환경의 더 많은 통제 가능성을 나타내는 비판적 사고로서의 성장"Peters, 1981: 74-75임을 주장한다. 이는 일상적인 성장 개념과는 달리 "이후의 결과로 향하는 행동의 축적적인 운동"MW9: 46을 지향한 것이다. 다분히 교육적이고 윤리적인 측면이 강하다. 교육은 성장의 과정으로서 '경험에 관한 지도'가 되며, 윤리는 성장하는 것이 바로 선이라는 '목적에 관한 지도'가 된다.

성장의 원리, 의존성과 가소성을 가진 미성숙성

그 가운데 '미성숙성immaturity'은 성장의 원리를 보여주는 가장 대표적인 논거에 해당한다. 듀이가 말하기를, "비교가 아니라 절대적으로 생각해본다면, 미성숙은 적극적인 힘이나 능력, 즉 성장하

---

7 미드는 상징적 상호작용론에 기반하여 '사회적 자아'와 '공동체'를 논하는데, 이는 시민성 개념과 밀접한 관련성이 있다. 이에 대해서는 7장에서 다룬다.

는 힘을 가리킨다."$^{MW9:\ 47}$고 한다. 헤겔 변증법의 정반합 이론으로 보았을 때도 새로운 합은 언제나 '미'성숙한 인간을 보여주는데, 이는 단순한 결여나 결핍이 아니라 계속적으로 무언가를 추구하는 존재가 됨을 말해준다.

미성숙성은 '의존성dependence'과 '가소성plasticity'이라는 두 가지 특징을 가지고 있다. 먼저 '의존성'은 미성숙자의 무력함이나 기생 상태로의 전락이 아니라 그것으로 말미암아 오히려 성장을 동반하는 건설적인 것이다. 사회적 관점에서 보면, 하나의 힘과 능력이 되는 것은 그 안에 상호 의존성이라는 측면이 포함되어 있다.$^{같은\ 글,\ 43\text{-}}$ ^{44} '가소성'은 반죽이나 밀랍과 같이 외적 압력에 의해 형태가 바뀌는 것이 아니라 경험으로부터 학습하는 능력을 가지고 있음을 가리킨다. 다른 말로 하면 미성숙자만이 가지고 있는 '특수한 적응성adjustability'이라고 할 수 있다. 가소성을 통해 과거에 습득한 경험의 결과를 토대로 장래에 닥쳐올 행동을 변화시키고, 마음의 동향을 발전시키는 힘을 얻게 된다.

의존성과 가소성만을 가지고 태어난 인간은 자신의 내부에서 잠재적인 형태로 여러 가능성을 표출하려는 욕구를 가지게 된다. 그러한 욕구는 잠재성을 현실적인 것으로 바꾸고, 미성숙을 성숙한 것으로 변화시키면서 성장을 가능케 한다. 물론 성장이 이루어지는 것은 의존성과 가소성이라는 성장의 조건 때문이지만, 이 조건은 성장의 과정에서 외적 요소들과 끊임없이 상호작용을 거치게 된다. 즉, "신체적일 뿐만 아니라 지적·도덕적으로 발전하고 성장하는 것이다."$^{LW10:\ 36}$ 그래서 과정을 지도하고 방향감을 갖도록 하는 역할이 필요하게 된다. 인간의 삶이 가능성에서 현실성으로의 이

행이요, 미성숙에서 성숙으로의 변화 과정이라면, 성장 그 자체가 삶이 되고, 교육적 경험이 성장이 되는 것이다.

여기에서 중요한 것이 '습관'에 대한 관점이다. 앞서 보았듯이, 습관을 타성에 젖거나 고정된 것이 아니라 성장을 위한 적응 수단으로 본다. 앞서 말한 가소성이 습관을 형성하고, 습관을 통해 행동 기술을 익히며, 지적이고 정서적인 성향을 형성시켜나간다. 사고하고 관찰하고 숙고하는 과정이 습관으로부터 나오는 것이다. 이러한 습관이 다양하게 등장하고 탄력적으로 나타난다면, 성장은 계속적으로 이루어진다. 그래서 '성장의 표현으로서의 습관'[MW9: 51]이라는 말을 하게 된다.

성장에 대한 새로운 생각

이상을 교육의 장면으로 가져오면, 성장은 생활 속에 내재되어 있고 절대적이며 계속적으로 이어나가게 되기 때문에 그 자체가 교육 목적이 된다. 듀이는 성장의 그릇된 관념으로 세 가지를 드는데,[MW: 64] 이를 반대로 보면, 성장으로서의 교육의 모습이 새롭게 나타난다.

첫째, 성장으로서의 교육이라는 관점에서 본능과 천성의 힘을 고려한다면 학습자들의 미성숙은 '결핍'이 아니다. 둘째, 성장한다는 것은 새로운 상황에 대처할 '자발성'을 발달시켜 환경과의 적극적인 '상호작용'으로 적응하는 것이다. 셋째, 성장은 개인의 생생한 '지각'을 통해 '습관'의 변화를 일깨운다. 성장을 꾀하는 교육을 통해 힘을 일정한 방향으로 이끎으로써 자아의 고유한 힘을 기르고 습관을 형성시키게 된다. 습관을 통해 행동을 숙달하게 만들고, 관심과 흥미를 갖게 되며, 관찰하고 사고하는 능력을 기를 수 있게 된다.

성장으로서의 시민성교육

시민성교육의 관점에서 성장으로서의 교육은 앞서 밝힌 바와 같은 선상에 있다. 특히, 의존성에 대한 다음과 같은 말에 주목해야 한다. "사회적인 관점에서 보면, 의존 상태는 약점을 의미하는 것이 아니라 강점을 의미한다."MW9: 48-49

홀로 인간이 아닌 시민과 시민, 시민과 사회의 관계 속에 있는 시민의 존재는 상호 의존하는 상태에 있을 수밖에 없다. 시민이 사회적 상호작용을 하는 사람이라면, 시민성교육에서 의존성의 개념은 아주 중요하다.

가소성에 대해서도 "본질상 경험을 통해 학습하는 능력, 어떤 하나의 경험에서 배운 것을, 나중에 일련의 문제를 해결하는 데 활용하는 능력이다."라고 말한다. 시민의 삶도 성장이고 그 자체로 내재적 의미를 가지고 있기 때문에, 시민성교육도 시민의 경험을 통해서 학습 능력과 문제 해결 능력을 배우게 된다. 그렇게 본다면, 시민성교육은 '시민으로서 성장하는 교육', '시민의 생활을 위한 교육'이 된다.

성장으로서의 교육의 구체적인 모습을 시민성교육으로 전환해

보면 보다 명확한 방향이 만들어진다. 성장으로서의 시민성교육은 인간으로서 시민이 가지고 있는 본능과 천성을 충분히 고려하고, 시민으로서 가질 수밖에 없는 미성숙함을 토대로 출발할 수 있게 한다. 다양한 사건과 문제로 둘러싸인 사회생활 속에서 새로운 상황이 벌어지면, 시민 스스로의 힘과 다른 사람 혹은 다른 환경과의 적극적인 상호작용을 통해 문제를 해결해나가게 된다. 하루하루 살아가는 존재이지만, 한 시민이 겪는 사회적 경험 혹은 사건들은 생생하게 다가오고, 자기가 가지고 있는 시민으로서의 습관도 차츰 변화하게 된다. 이런 습관의 변화를 통해 시민으로서 해야 할 행동을 숙달하고, 사회 제반의 일에 대해 관심과 흥미를 갖게 되며, 참여적이고 소통적인 관찰자로서 능력도 갖추게 된다. 이렇게 보면, 진정한 시민으로서의 생활이 시민의 성장이 되고, 이를 위한 시민성교육은 그 생활과 성장을 추구하는 것이 된다.

교육하다 = 재구성하다?!

성장으로서의 교육과 더불어 가장 주목받는 교육의 모습이 재구성으로서의 교육이다. 듀이의 주요 저서 가운데 《철학의 재건》[1920]과 《민주주의와 교육》[1916a]의 취지는 철학을 재구성하고 경험을 재구성하고 교육을 재구성하자는 것이다. 《철학의 재건》에서는 철학이 '성장 혹은 지속적인 경험의 재구성이 유일한 목적'임을 밝히고 있고, 《민주주의와 교육》[1916a]에서도 철학의 재구성, 교육의 재구성, 사회적 이상과 실현방법의 재구성은 모두 동시에 진행되는 과정으로 본다.[331] 기존의 교육적인 관점에 대해 강력하게 비판하면서 경험의 계속적인 '재구성으로서의 교육'을 강하게 피력하는 것으로 볼 수 있다.

기존의 교육이란 '내부적 잠재력을 발현'시키는 관점과 '외부로부터 형성'시키는 관점을 말한다. 전자는 '상징'을 강조한 프뢰벨이나 '제도'를 강조한 헤겔 등에서 나타난다. 듀이는 이에 대해 고정된 목표를 향해 내재된 힘을 전개하므로, 계속적인 성장이 불가능하고 자율적인 추진력이 부족하게 된다고 비판한다.[같은 글, 56-60] 후자는 '마음의 형성'을 강조한 헤르바르트 등에서 나타난다. 여기에서는 다양한 실재에 반응하고 다양한 특성을 만드는 능력을 중시하지만, 근본적으로 생명체의 조건이 도외시된다. 서당의 훈장처럼 가르치는 문제가 지적되는 것이다. 즉, 공동 경험에 대한 참여나 배울 권리를 도외시하게 되고, 무의식적인 면을 간과하는 등의 한계를 보여준다.[같은 글, 69-72]

이와는 대조적으로, 재구성으로서의 교육은 '경험의 질에 대한 직접적 변형'을 도모하면서 학습자들의 학습된 경험을 토대로 삶의 의미를 풍부하게 하는 데 초점을 맞춘다.[같은 글, 76] 물론 듀이가 모든 경험을 교육적이라고 보는 것은 아니다.

> 경험과 교육이 즉각적으로 동일한 것일 수는 없다. …… 에너지가 분산되면서 어떤 사람은 산만해진다. 각각의 경험은 생생하고 활기 있으며 흥미로운 것일 수도 있지만, 그것들의 분리는 뿔뿔이 흩어지게 하고, 통합적이지 못하며, 내실 있는 결속력이 없는 습관을 만들고 만다.[LW13: 11-12]

다시 말하면, 경험을 어떻게 조합하고 통합하느냐가 교육을 결정짓는다는 말이다. 물론 이것은 한 번에 끝나지 않고 여러 번 이루어지기 때문에 '재'구성, '재'조직이라는 표현을 한다. 이것이 가능한 이유는 경험이 가지고 있는 '질적 직접성' 때문인데, 이 점은 뒤에서 밝히고자 한다. 즉, 개인마다 경험의 질과 양이 다르고 또 다양하게 구분되는 상황에서 재구성하는 것이야말로 그 자체로 교육 활동이 된다는 말이다.

재구성의 초점

재구성을 하고자 할 때, 듀이는 두 가지에 초점을 맞춰야 한다고 지적한다. 하나는 경험을 재구성 또는 재조직한다는 것이 교육 그 자체이므로 '경험의 의미meaning'를 더해주어야 한다고 본다.[MW9: 82-83] 경험을 재구성하는 과정에서 학습자의 심리와 환경 등이 상황에 부합된다면, 그 경험을 의미 있게 여길 수 있다. 듀이가 보다 중요하게 생각하는 점은 경험의 재구성 과정을 학습자가 스스로 메타적으로 인식할 수 있게 해줘야 한다는 점이다.

경험의 의미를 더해준다는 것은 우리가 하는 활동들을 연결하고 계속성을 지각하도록 한다는 것이다. 그 활동은 충동적인 형태, 즉 맹목적인 모습으로부터 시작한다. 우리는 그게 무엇인지, 즉 어떤 활동이 다른 활동과 어떤 상호작용을 하는지 잘 모른다. 상호작용을 하는 교육 혹은 교수가 수반된 활동은 결국 알아차리

지 못했던 연관성을 깨닫게 한다.[MW9: 83]

경험의 의미를 통해 연속성을 인식한다면, 그 다음은 경험의 방향을 결정할 능력을 증대시켜야 한다고 본다.[같은 글, 76-77] 재구성된 자신의 경험을 통해 장차 일어날 일을 예견한다는 것, 이것이야말로 앞으로의 활동에 있어서 연속성과 더불어 '진정한 교육적 경험 genuine educative experience'이 되는 것이다.

교육적 경험의 나머지 한 측면은 이후 활동을 이끌거나 통제할 능력이 증대한다는 것이다. 그것이 무엇이고 그것이 특정한 결과를 의도적으로 일으킬 수 있음을 안다는 것은, 두말할 필요도 없이, 장차 일어날 일을 더 잘 예견할 수 있다는 것이다. 따라서 이는 좋은 결과를 얻고 나쁜 결과를 피하도록 사전에 준비할 수 있다는 뜻이 된다. 그러므로 '진정한 교육적 경험', 즉 수업instruction이 전달되고 능력이 증대되는 것은 한편으로 아무 생각 없이 하는 반복적인 활동과, 또 한편으로 아무렇게나 제멋대로 하는 활동과 대비된다.[MW9: 83]

여기서 교육적으로 재구성된 경험이 의미 있게 되고, 방향을 결정할 능력을 갖게 된다는 말을 다시 생각해보자. 듀이는 앞서 보았듯이 보수적인 교육관들을 신랄하게 비판하는데, 이들의 공통적인 문제가 '목적(결과)'과 '과정'을 동일하게 보지 않는다는 점 때문이었다. 이와 달리 재구성으로서의 교육은 목적과 과정을 동일하게 본다.

'목적과 과정의 동일성'이라는 것은 곧 하나의 활동 과정으로서의 경험이 일정한 시간 동안 진행되고, 그 뒷부분이 앞부분을 완결한다는 뜻이다. 뒷부분은 이때까지 보이지 않던 새로운 관련성을 드러낸다. 그리하여 뒷부분의 결과는 앞부분의 의미를 밝혀주고, 경험 전체는 의미를 가진 사물 쪽으로 나아가려는 경향성을 확립시킨다. 이렇게 계속적인 경험 또는 활동은 어떤 것이든 교육적인 성격을 띠게 되고, 교육은 그 어떤 것이든 그러한 경험을 하도록 한다.[같은 글, 78]

재구성으로서의 시민성교육

경험의 재구성이 개인적인 것과 동시에 사회적이기에 시민성교육으로서의 재구성이라는 논리 또한 가능하다. '사회'라는 말이 하나의 단어가 아니고 무수히 많은 사람들이 서로 교제하고 경험을 나누고, 공통적인 관심과 목적을 구성하는 양식이기 때문에,[MW12: 194] 경험의 재구성은 시민성교육으로서 충분한 조건을 가지고 있다. 시민이 겪은 혹은 당한 경험이 사회적인 경험이라면 이미 자연스럽게 시민성 개념과 만날 수 있고, 이를 재구성하는 것 또한 교육적인 경험을 하면서 앞으로의 방향을 결정짓게 된다. 그러한 교육은 시민으로서의 삶의 의미를 풍부하게 만들어줄 것이다. 듀이의 다음과 같은 말은 이런 의미를 상기시킨다.

진보적인 공동체에서는 젊은이들의 경험을 통해 현재의 습관이 단순히 반복되는 것이 아니라 더 좋은 습관이 형성되도록 해야 한다. 그렇게 함으로써 장차 성인 사회가 현재의 성인 사회보다 더 좋은 사회가 되도록 해야 한다. 한 인간으로서 젊은이들로 하여금 교육을 통해 사회의 폐단을 되풀이하지 않도록 해야 한다. 명백히 사회의 폐단이라고 생각되는 것을 제거할 수 있다는 의식을 가지고 있어야 한다. 그리고 교육을 통해 인간으로서 보다 나은 희망을 실현하는 도구가 될 수 있다는 것에 대해 암시를 주어야 한다.^{MW9: 85}

사회적 상호작용을 통해 신념을 구현하는 활동에 참여함으로써 경험을 재구성하면서 시민들은 점차 시민으로서 마음을 구현하게 될 것이다. 그것이 시민성교육이라면 교육활동 속에서 교사와 동료 학생들과 나아가 지역사회와의 상호작용이 있을 것이다. 여기에 적극적으로 참여하여 점차 시민으로서 마음을 획득하고 자질을 함양해나갈 수 있다. 이러한 과정에서 시민은 사회적으로 사고하고, 사회적인 지식을 만들어갈 수도 있다. 듀이의 말대로, "사고의 비판과정을 통하여 참된 지식이 수정·확장되며, 실재에 관한 우리의 확신을 재조직할 수 있게 되는 것이다".^{MW9: 304}

6. 〈1916년 사회과 보고서〉에 나타난 교육의 목적

보고서가 주는 의미

듀이가 전성기에 활약할 당시 주목할 만한 보고서가 있다. 이 시기는 《민주주의와 교육》을 출간한 1916년으로, 제목 자체가 '1916년 사회과 보고서'이다. NEA National Education Association의 주도에 의해 이루어진 이 보고서는 시민성교육의 역사적 전환점으로 인정되는 것이기도 하다.Heater, 김해성 역, 2007: 230 더 중요한 점은 이 보고서의 탄생에 듀이가 지대한 영향을 미쳤다는 것이다.

이것은 1913년 NEA 산하에 만들어진 '중등교육 재조직 위원회의 사회과 위원회(Committee on Social Studies of the Commission on the Reorganization of Secondary Education, 이하 CRSE)'가 3년간 활동한 후에 제출한 보고서이다. 우리에게 흔히 학교 '사회' 과목으로 알려진 'social studies(사회과)'라는 용어를 공식적으로 사용한 것도 이 보고서이다.[8] 이후 이 보고서는 사회과 교육과정의 기본 틀로 가장 널리 활용되면서 커다란 전환점을 만들게 된다.Stanley & Nelson, 1994: 270-271

더군다나 1892년의 NEA 10인 위원회나 1896년 AHA_{American} Historical Association의 7인 위원회 등과 비교되면서 보고서의 이러한 면모는 더욱 부각된다. 10인 위원회와 7인 위원회는 1880년대까지 진행되었던 학교교육의 혼돈, 비통일, 예측 불가능성, 비교 불가능성 등을 국가적 차원에서 극복하고자 만들어졌다. 위원회의 활동이 당시 학교 교육과정에서 폭넓은 관심을 불러일으킨 이유도 여기에 있다. 하지만 양 위원회는 역사학 교수 등 개별 학자가 주도하고, 형식도야론을 기반으로 한 정신훈련에 초점이 맞추어져 있다.^{Evans, 2004: 6-16} 이러한 점들로 인해 전통적인 역사 교육과정과 역사 교수 향상에 영향을 주었고, 대학 입학을 위한 교육에 머무른다는 비판을 받게 되었다.

이와 달리 CRSE는 3명의 사회과학자를 빼면 교육학자와 교육실천가를 중심으로 구성되었다.[9] 이들은 심리학, 사회과학, 철학을 참고하여 아동과 사회 중심 교육을 수용하고, 사회적 효율성, 사회복지, 역사 교수의 진보적 견해 등 다양한 영향을 반영하게 된다.^{이흥렬,}

---

8 'social studies'라는 용어의 역사적 기원을 추적하면 1916년보다 30년이 앞선다는 주장도 있다.^{Saxe, 1991: 16-20; Nelson, 2001: 18} 이를 뒷받침하는 흔적으로 1887년 도시 근로자의 조건과 전망에 대한 뉴턴_{Herbert Newton}의 저서 《사회과》, BNA_{British National Association} 출신 볼튼_{Sarah Bolton}의 《잉글랜드에서의 사회과》¹⁸⁸³, 월드_{Lady Wilde}의 《사회과》¹⁸⁹³ 등이 언급된다. 그렇지만 표현상에 있어 social studies를 사용했다고 하여 이를 교과나 학교 학습 영역으로서의 의미를 지녔다고 판단하는 데에는 다소 무리가 있는 것도 사실이다.

1916년 보고서에서 사용된 'social studies'의 의미와 가장 근접하는 전례는 아마도 존스_{Thomas Jesse Jones}가 흑인과 인디언 교육을 위해 햄턴 연구소_{Hampton Institute}에서 개발했던 'social studies curriculum'에서 찾을 수 있다. 〈1916년 사회과 보고서〉가 이 햄턴 연구소의 social studies program과 연관되었다는 증거는 실제 보고서의 곳곳에서 발견된다. 그럼에도 불구하고, 햄턴 연구소의 경우와는 달리 1916년 보고서는 특정 집단이 아닌 일반교육, 보통교육의 맥락에서 'social studies' 명칭을 사용했다는 점에서 교과사적 의미를 갖는다.

2008: 15 이러한 흐름을 통해 아동의 흥미와 사회문제에 초점을 맞춘 교과의 원리가 만들어지고, 학문의 내용에 기초하는 기존의 논리를 전환시키게 된다.

보고서와 관련된 당시의 사건

보고서는 당시 몇 가지 중요한 사건과 관련되어 있다. 첫째, CRSE의 기원으로 '1912년 사회과학 위원회Commission on Social Science'가 있었다. 이 위원회는 '사회적 효율성'을 강조한 킹슬리와 스네든David Snedden의 초기 보고서의 영향을 받아 활동하였다.[Saxe, 1991: 145]

둘째, CRSE에 의해 《1913년 예비 보고서》가 발간되었다. 예비 보고서는 의장인 존스의 성명서 성격을 띤 것으로, "좋은 시민성이 고등학교 사회과의 목적이 되어야 한다."고 선언하였다. 여기에는 로빈슨James Robinson의 신역사학과 기딩스Franklin Giddings, 빈센트George Vincent, 스몰Albion Small의 사회학적 전망도 포함되어 있었

9 21명 위원들의 면면을 보면 다음과 같다. 존스(의장, 교육부), 던Arthur Dunn(비서, 교육부), 에어리W. Aery(햄턴 연구소), 버나드J. Barnard(필라델피아 교육학교), 베첼George Bechte(노스웨스트 고등학교장), 보이든F. Boyden(디어필드 고등학교장), 브랜슨E. Branson(노스캐롤라이나 대학교), 버치Henry Burch(웨스트 필라델피아 고등학교), 캐리어F. Carrier(섬머빌 고등학교), 에반스Jessie Evans(윌리엄 펜 여자고등학교), 굿윈Frank, P. Goodwin(우드워드 고등학교), 해밀턴W. J. Hamilton(위스콘신 투리버 교육감), 해저드Blanche Hazard(코넬 대학교), 호위S. Howe(뉴악 고등학교), 킹슬리Clarence Kingsley(보스턴주 고등학교 장학사), 로우J. Low(매뉴얼트레이닝 고등학교), 메이스William Mace(시라큐스 대학교), 모레이William Morrey(부시윅 고등학교), 페틀John Pettle(뉴밀포드 고등학교), 로빈슨(컬럼비아 대학교), 휘틀리William Wheatley(코네티컷 미들타운 교육감).[Dunn, 1916: 6-7]

다.^{Evans, 2004: 23에서 재인용}

셋째, 1915년의 '지역사회 시민 교수The Teaching of Community Civics' 회보가 발간되었다. 이는 CRSE 위원 중 버나드, 캐리어, 던, 킹슬리로 이루어진 특별위원회가 주가 되어 만든 것으로, 〈1916년 사회과 보고서〉의 핵심 역할을 하게 된다.^{Dunn, 1916: 6}

마지막으로, 같은 해 듀이의 《민주주의와 교육》^{1916a}이 출간되었다. 저서에서 밝힌 듀이의 '현재 성장의 흥미와 요구'나 '직접적·객관적 유용성' 등의 교육철학이 이 보고서에 적극 반영된다. 또한 '사회적 효율성'이라는 용어도 사용한다. 저서에서 강조한 '좋은 시민성'이나 '마음의 사회화', '지역사회 봉사'의 개념도 등장한다. 이것이 바로 보고서에 가장 강력한 영향력을 미친 인물로 듀이가 언급되고 평가받는 이유이기도 하다.^{Saxe, 1991: 151-152, 168: Evans, 2004: 22}

보고서의 구성과 내용

보고서의 구성을 보면, 크게 4개의 장으로 이루어져 있다. 1장은 도입 부분으로 내용 전반을 소개하고 있고, 2장과 3장은 7~9학년과 10~12학년으로 나눠 교육과정을 제시하고 있다. 이 가운데 시민성과 관련하여 중등 하급 수준에서는 '지역사회 시민' 과목이, 중등 상급 수준에서는 12학년의 '민주주의의 문제' 과목이 등장한다. 마지막 4장은 교사들이 준비해야 할 내용과 평가 관련 자료들이 수록되어 있다. 교육과정에서 제시한 주기는 '2주기 체계two cycle system'로 계열과 본질의 차원에서 강조된 초등 주기와 확대된

학습을 위해 '더 넓은 지평broader horizon'을 강조한 중등 주기를 제시하고 있다.

겉으로만 보면, 중등 하급 프로그램은 3분법으로 보인다. 하지만 전체적인 구조는 시민성을 기축으로 한 통합의 모습이 강하다. 비중은 다르지만 7~9학년 모두 시민 과목이 포함되어 있고, 과정 간 유기적인 관계를 기본 토대로 하고 있으며, 주제와 문제 중심의 방법을 사용하고 있다.[Saxe, 1991: 154-155] 지리는 역사나 '지역사회 시민' 과목과 연계되어 있고, 역사에는 유럽과 미국사가 포함되어 있다.[Dunn, 1916: 15]

중등 상급 과정은 7~9학년 중등 하급 과정을 주기 차원에서 반복한 것인데, 그 특징을 살펴보면 다음과 같다.[Dunn, 1916: 35-36]

첫째, 고등학교 교육과정에서 바라는 특별한 요구에 쉽고 융통성 있게 적응할 수 있게 하고 있다. 둘째, 7~9학년의 제한된 3년 과정을 넘어 직접적으로 사회생활과의 관계를 이해할 수 있도록 지원하고 있다. 셋째, 주기에 대한 불완전함을 제거하고 있다. 예를 들어 역사, 시민, 사회문제 과정은 지역사회 생활 속에서 경제적·사회적·시민적 요소들로 친숙하게 획득할 수 있도록 조직되어 있다.

사회과에 대한 정의

보고서는 '사회과'라는 용어를 공식 사용하면서 국가 단위 사회과의 틀을 마련하고, 학교마다 다른 사회과 교육의 과정에 대해 일

학년	과목	기간 및 특징	
7학년 (1)	지리	반년	두 과정은 그해에 연속으로 혹은 병행해서 가르칠 수 있음.
	유럽사	반년	
	시민	위 과정과 다른 과정의 일부분으로 가르치거나 일주일에 1~2번 분리해서 가르침. 또는 양자 모두 가능함.	
7학년 (2)	유럽사	반년	1년
	지리	위 과정에 부수적으로 혹은 한 요소로 가르침.	
	시민	위 과정과 다른 과정의 일부분으로 가르치거나 일주일에 1~2번 분리해서 가르침. 또는 양자 모두 가능함.	
8학년	미국사	반년	두 과정은 그해에 연속으로 혹은 병행해서 가르칠 수 있음.
	시민	반년	
	지리	위 과정에 부수적으로 혹은 한 요소로 가르침.	
9학년	(1) 또는	시민	반년	이전 학년의 시민과를 지속하지만 주, 국가, 세계 국면을 더 강조함.
		시민	반년	경제 및 직업 국면
		역사	위 과정에서 드러난 주제와 관련해서 역사를 구성하여 더 많이 활용함.
	(2)	시민	경제 및 직업	1년 연속적으로 혹은 병행해서 가르침.
		경제 역사	•	•

Dunn, 1916: 15에서 재인용

표 3 〈1916년 사회과 보고서〉 중등 하급 학교 프로그램

과목	기간 및 특징	
유럽사 I	1년	17세기 후반의 유럽사. 같은 기간의 고대 및 동양 문명, 영국사, 미국 개척사 포함.
유럽사 II	1년 또는 반년	17세기 후반 이후 영국사가 포함됨.
미국사	1년 또는 반년	17세기 이후 미국사
미국 민주주의의 문제	1년 또는 반년	•

Dunn, 1916: 35에서 재인용

표 4 〈1916년 사회과 보고서〉 중등 상급 학교 대안 프로그램

정한 유형을 제시하며, 사회과와 관련된 제 과목들을 새롭게 종합해간다. 특히, 현재의 쟁점이나 사회문제 나아가 최근의 역사나 학생의 요구와 관심을 전면에 내세운다. 그러면서 사회과에 대해 다음과 같이 정의 내린다.

사회과는 인간 사회의 조직, 발전 및 사회집단 구성원으로서의 인간에 대해 직접 관련된 교과이다.[Dunn, 1916: 9]

사회과를 '사회집단 구성원으로서의 인간', 즉, 시민을 위한 교과, 시민성을 지향하는 교과라고 밝힌 것이다. 광범위한 스펙트럼으로 '이념을 담은 가방'[Nelson, 2001: 21]으로도 비유되는 사회과를 이와 같이 정의 내린 점은 분명 사회과에 대한 새로운 해석이라 할 수 있다.

위의 정의를 통해 본 사회과의 특징이 몇 가지로 나타난다. 첫째, 사회과에 포함될 수 있는 내용에 제한을 두지 않고 있다.[Saxe, 1991: 148-149, 153-154] 학교 내에서 경제학, 사회학, 인류학, 고고학, 정치과학 등 어떤 분야라도 적절하고 실천적이라면 받아들이고 있다. 실제 사회과에 '지역사회 시민'이나 '민주주의의 문제' 과목을 도입하고, 역사 과정에서 문제나 주제로 접근하는 모습에서도 그러한 특징이 읽힌다.

둘째, 사회과의 통합적인 성격이 드러나고 있다.[10] 왜냐하면 인간과 사회, 그리고 이들의 조직과 발전을 직접 표방하고 있기 때문이다. '사회적 효율성'과 '좋은 시민성', 그리고 '인간성'과 '세계 공동체'는 사실상 통합에 비중을 두고 상정된 개념들이다.[Dunn, 1916: 9] 보고서에 강력한 영향을 미친 듀이를 비롯한 던, 존스, 로빈슨 등의 지적 배경도 이를 뒷받침한다.

셋째, 시민성교육에 초점을 맞추고 있다. 19세기 말에서 20세기 초, 미국은 산업혁명의 흐름 속에 2차 이민자들이 대거 몰려오고 학교에서도 다양한 인종들이 함께 교육을 받는 시대였다. 이런 상황에서 새로운 교육 목표를 설정하는 것은 매우 중요한 과업으로 간주되었다. 그런데 10인 위원회와 7인 위원회가 제시한 정신훈련 중심의 역사 교육과는 달리, 〈1916년 사회과 보고서〉는 역사든 지리든 시민 과목이든 시민성을 위해 보다 직접적으로 교수학습해야 함을 역설하고 있다.[Saxe, 1991: 149-150: Ross, 1997: xi, 5] '사회적 성장의 직접적 요구'에 맞는 교재와 교수방법이 강조되는 것도 이 때문이다.

시민성 개념과 듀이의 등장

보고서가 시민성을 얼마만큼 강조했는지는 앞부분에서부터 잘 드러난다. 이미 서문에 "본 위원회는 중등학교 사회과 교사들이 이 땅에서 시민성을 향상시킬 수 있는 각별한 기회를 부여받고 있

---

10 여기에는 역사 진영과 쟁점 진영의 관점에 따라 다른 해석이 존재한다.[이홍렬, 2001: 23-24] 예를 들면, 역사 진영의 허즈버그Hazel Hertzberg나 휄란M. Whelan은 양적인 면에서 우세한 역사 중심의 통합형이라고 주장한다. 반면에 쟁점 진영의 바스James Barth나 색스David Saxe는 '지역사회 시민'과 '민주주의의 문제'를 보면, 문제 중심의 단일 교과목으로 통합된 것으로 본다. 두 가지 접근과는 달리 외형적으로 지리, 역사, 공민의 3분과의 연합형, 느슨하게 연결된 교과군, 시민성 함양을 직접 목적으로 하는 융합형이라고 보는 견해도 있다.

다는 확신 속에서 이 보고서를 발간한다."[Dunn, 1916: 5]라고 적고 있다. 이를 보다 구체적으로 밝힌 곳이 1장[11]인데, 그 가운데에서도 '2. 사회과의 목적' 부분은 보다 직접적이다.

사회과는 사회적 목적보다는 그것이 지닌 사회적 내용에서 다른 학습 영역과는 구별된다. 근대 교육의 핵심 기조가 '사회적 효율성'이고, 모든 교과의 교수는 이 목적에 기여해야 하기 때문이다. …… 사회과는 사회생활의 본질과 법률에 대한 이해, 사회집단의 구성원으로서 갖는 책임감, 그리고 효과적으로 사회적 안녕 social well-being을 증진시키는 데 참여하려는 지성과 의지 등을 통해 목적을 달성해야 한다. …… 보다 명시적으로 미국 고등학교 사회과는 '좋은 시민성[12]의 육성을 의도적이고 지속적인 목적으로 설정해야 한다.[Dunn, 1916: 9]

당시의 조류가 반영되어 '사회적 효율성'이라는 화두가 강하게 설정된 것이지만, 이는 다시금 사회과 특유의 목적으로 연결된다. 사회과의 목적을 제시하는 '사회생활의 본질', '법률의 이해', '개인

---

11 1장의 흐름은 다음과 같다.[Dunn, 1916: 2]
  1. 사회과의 정의, 2. 사회과의 목적, 3. 위원회의 관점(사회과의 사회화, 원리와 설명, 보고서를 통한 원리의 조정, 초등교육과 중등교육의 계속성), 4. 중등학교 사회과의 일반 개요, 5. 내용 조직의 주기 계획, 6. 과정의 구분, 7. 8-4제와 6-3-3제의 적합성.
12 good citizenship을 '훌륭한 시민성' 혹은 '선량한 시민성'이 아닌 '좋은 시민성'으로 번역하는 이유는 보고서 전후 맥락과 '사회생활 전체'를 놓고 판단한 것이고, '좋은'과 대비되는 '나쁜' 시민성의 사례가 언급되고 있기 때문이다. 또한 '사회 통제'의 의미를 가지고 있는 사회적 효율성 개념과 대립되는 모습을 보이기 위해서이다.

과 사회의 책임감', '사회적 안녕', '지성과 의지' 등과 같은 진술은 이 교과가 기존과는 다른 새로운 교육 목적을 가지고 있음을 보여준다. 그것이 바로 '시민성'인 것이다. '사회적 효율성'과 '좋은 시민성' 개념이 다른 어떤 개념보다 우선하여 제시되고 있다. 듀이가 《민주주의와 교육》[1916a]에서 시민적 효율성을 말할 때, 법률생활은 물론 시민의 가치 등을 말할 때와 흡사한 모습이다.

사회적 효율성 논란

문제는 '사회적 효율성'과 '시민적 효율성' 사이의 관계이다. 의문 없이 지나치면 양자를 동일한 개념으로 생각할 수도 있다. 엥글Shirley Engle[1970]도 비록 사회과학교육이냐 시민교육이냐 하는 논쟁거리를 담고 있긴 하지만, 이 보고서가 사회과의 목적으로서 '사회적 효율성'과 '좋은 시민성' 발달을 대외에 선언하고 있다고 보았다.[778]

두 가지 표현 모두 당시 새로운 교육사상과 교과 탄생을 둘러싸고 널리 사용되었던 것으로 판단해볼 수 있다. 하지만 듀이가 《민주주의와 교육》[1916a]에서 산업적 효율성과 시민적 효율성을 대비했듯이, 사회적 효율성과 좋은 시민성 사이에도 공통되는 지점과 구분되는 지점이 있을 수 있고, 나아가 또 다른 부분도 존재할 수 있다. 공교육 체제에서 추구된 목표가 '사회적 효율성'이냐와 '좋은 시민성'이냐는 전혀 다른 문제가 된다.

먼저 '사회적 효율성'에 대해 살펴보자. 보고서상의 '사회과의 목적' 부분에 제시된 이 개념은 근대 교육의 기조이자, 모든 교과의 교수 시 초점을 맞춰야 할 큰 원칙으로 제시되고 있다.

> 개인 문화의 관점으로부터 그들의 가치가 무엇이건 간에, 만약 학생에 대해 사회적 효율성의 육성이 직접적으로 기여하지 않는다면, 그들의 가장 중요한 기능이 실패한 것이다.[Dunn, 1916: 9]

이 개념은 1913년에 '사회적 효율성' 혹은 '사회 향상social betterment'을 목적으로 발표한 예비 보고서와 맥락을 같이한다. 사회과를 타 교과와 달리 '사회적 목적social aim'보다는 '사회적 내용 social content'에 초점을 맞추고, 그 관점에서 사회적 효율성에 대해 사회의 구성원으로서 개인을 위한 특별한 기회를 제공해야 한다는 점을 강조한다. 촉진을 위해 교육과정에 대한 과학적 접근의 필요성도 제기한다.[Stanley & Nelson, 1994: 271]

문제는 〈1916년 사회과 보고서〉에 '사회적 효율성'에 대한 서로 다른 논점들이 녹아 있을 가능성이 크다는 점이다. 출발점에서 보면, 사회적 효율성은 '사회 진보'와 맥락이 닿아 있던 것이다.[Saxe, 1991: 81] 사회학의 선구자 가운데 한 명인 워드Lester Ward는《역동적 사회학Dynamic Sociology》[1883]에서 교육 목적을 인간에 의한 '사회 개선social improvement'에 두고, 진보적인 이데올로기의 통합 과정에서 '사회적 효율성' 개념을 발전시켰다. 1897년 헤르바르트 연보에 논문을 쓴 디가모DeGarmo와 리우C. C. Liew도 '사회적 효율성'과 '사회 진보'라는 한 쌍의 목적을 제시하고, 이를 달성하기 위한 교육적 노력을 역설하였다.[Saxe, 1991: 23에서 재인용][13]

그렇지만 1916년 보고서를 전후해 사회적 효율성을 둘러싼 논의는 훨씬 복잡해진다. 예를 들어, 수잘로Henry Suzzallo와 스네든 등의 논의에 의해 사회적 효율성이 새로운 영향을 받게 된다.Kliebard, 1995: 97-98: Saxe, 1991: 25 이들의 공통점은 진화론과 개인주의를 주장한 스펜서Herbet Spencer와 섬너William Sumner 등의 영향을 받았다는 것이다. 이러한 공통점에도 불구하고 이들은 보고서상에서 큰 차이를 보이게 된다.

수잘로의 경우, 모든 사람에게 효율적이고 자유롭고 개방적인 교육이 바로 '사회적 효율성을 위한 교육education for social efficiency'임을 역설한다.Saxe, 1991: 24에서 재인용 칼라한Raymond Callahan의 고전 저서인 《교육과 효율성 예찬Education and the Cult of Efficiency》을 예로 들면서, 이미 1900년대 초 '사회적 효율성' 개념이 교육의 주류가 되었다고 밝힌다.

이와는 달리 스네든은 사회적 효율성을 '사회 통제'와 '과학적 효율성'으로 강조한다. "모든 형태의 사회 활동에는 목적이 있고 효율적이어야 한다."고 말하고, 사회적 효율성을 사회 통제에 초점을 맞추고 과학적 효율성을 추구하게 된다.Saxe, 1991: 125-127, 145에서 재인용 이 관점에 따르면, 사회과에서 상정할 수 있는 '효율적인' 시민은 직업 능력에 있어서 효율적이어야 하고, 물리적·사회적(도덕 및 시민적)·직업적·문화적 목적을 지향하는 교육을 통해 만들어지게 된다.Drost, 1965: 246-247에서 재인용

13 디가모는 사회적 개인과 비사회적 개인을 구별하기 위해서, 리우는 아동을 미래 사회생활에 보다 선량하고 완벽하고 효율적으로 참여시키기 위해서 사회적 효율성을 강조한다.

관건은 이러한 상이한 논점들이 위원회와 듀이에게 어떤 영향을 주었느냐는 것이다. 여기에서 주목할 사람이 CRSE의 위원이면서 개혁을 위해 스네든을 직접 고용한 킹슬리이다. 모순적이게도 킹슬리는 스네든과 다른 입장에 섰다. 그는 이미 뉴욕 학교에서 '새로운 시민과New Civics' 개발에 적극 관여하였고, '세계 공동체 고등학교cosmopolitan high school'를 표방하면서 사회적 효율성을 지지하고 있었다.Saxe. 1991: 145에서 재인용 이질적인 삶을 사는 청소년들이 새로운 시민과를 통해 '세계 공동체 사회cosmopolitan society' 속에서 더불어 살면서 사회화되고, 모두의 삶의 길을 실현할 수 있도록 하는 것이 사회적 효율성이라고 본 것이다.

듀이는 스네든이 주장한 통제 중심의 과학적 혹은 산업적 효율성이라는 사회적 효율성 개념을 비판한다. 일상생활의 경험과 민주주의 생활양식을 통한 마음의 사회화 혹은 사회봉사를 강조한 '시민적 효율성'과 '좋은 시민성'을 강조한다. 이는 듀이가 1920~30년대 와서 카운츠George Counts, 브라멜드Theodore Brameld 등의 재건주의자들과 함께하면서, 스네든류의 사회적 효율성론자와 전혀 다른 길로 접어들게 한 계기가 된다.Kliebard, 1995: 105: Hursh, Goldstein & Griffith, 2000: 189

'좋은 시민성'이라는 화두

한편, 사회적 효율성과는 달리 '좋은 시민성'이란 화두는 강한 성찰의 대상으로까지 표상되지는 못한다. 다만 1916년 보고서 이

전인 1913년의 예비 보고서나 1915년의 회보로부터 일관되게 강조되고, 제한된 범위 내에서 상세화 과정이 이루어진다. 예비 보고서에서는 "좋은 시민성이 고등학교 사회과의 목적이 되어야 한다."고 선언하고, 회보에서는 '좋은 시민성의 본질적인 자질과 습관의 육성'을 강조한다. 특히 회보의 1장 '좋은 시민은 누구인가?'와 3장의 '지역사회 시민 과목의 목적'에서 이 개념을 다음과 같이 밝힌다.

> 좋은 시민은 습관적으로 그 자신과 그가 구성원으로 속해 있는 공동체의 복지를 올바르게 인식하고 행동하는 사람, 그리고 그 목적을 위해 동료 구성원과 능동적이고 지성적인 협력을 하는 사람으로 정의할 수 있다. Saxe, 1991: 188에서 재인용

지역사회 시민 과목의 목적은 아동이 자신이 속한 공동체를 알 수 있도록 돕는 것이다. 아동에게 좋은 시민성의 본질적인 자질과 습관을 육성하면서, 아동을 위해 무엇을 해야 하는지, 어떻게 그것을 할 수 있는지, 공동체는 아동으로부터 어떤 권리를 기대해야 하는지, 그리고 그의 의무를 이행할 수 있는지와 관련된다. Evans, 2004: 25에서 재인용

심지어 2장에서는 '좋은 시민성을 위한 발달 단계'로 나누어 **표 5**와 같이 그 특징을 상술한다.

여기에서 제시한 내용은 보고서상에 다음과 같은 영향을 미친다. 첫째, 추상적인 차원의 '좋은 시민성'이 구체화되면서 중등에 초점을 맞추게 된다. 3, 4단계를 보면, '좋은 시민성'이 가정과 지역사회와 지역사회 밖에서 일어나는 일과 인간관계를 폭넓게 포함하

단계	시기	특징
1단계	취학 전	협동과 책임감은 가정생활로부터 시작된다. 좋은 시민성을 위한 첫째가는 요인은 가정교육이므로 가정의 분위기와 노력이 중요하다.
2단계	6~12세	학교에서 올바른 사회적 관계에 대한 인식을 교육받는 가장 중요한 시기이다. 교사는 학생과 부모의 관계를 경계 밖에서 말할 수 있기 때문에, 학생에게 가정의 공동체성을 의식적으로 설명해야 한다. 또한 학교와 가정 밖의 더 넓은 지역사회 생활이 어떻게 자신과 타인의 생활과 복지에 관련되고 기여하는지 잘 이끌어주어야 한다. 따라서 시민교육은 지역사회 내 개인들 사이의 상호 의존성에 초점을 맞추어야 한다. 적절한 문헌과 역사적 인물을 숙지하면서 충성심과 명예 그리고 통합의 이상을 형성시켜야 한다.
3단계	12~15세	청소년 초기로서 지역사회 밖의 일이 학생의 경험 속으로 들어오고 더 넓은 인간관계에 의해 자신을 해석할 수 있어야 한다. 따라서 시민교육에는 역사, 지역사회 시민, 직업교육 등이 포함되어야 한다. 특히 지역사회 시민은 청소년기의 심리적 변화가 발생할 때 사회적 본능을 사회적 감정, 사고, 행동으로 바꿀 수 있도록 아동의 생활을 가르쳐야 한다. 또한 자신과 다른 지역사회의 조건과 역사를 비교해볼 수 있도록 도와주어야 한다. 직업교육은 직업 선택의 현명한 방법뿐만 아니라 직업의 준비, 선택, 진입에 있어서 행동방식, 즉 시민성의 질을 갖도록 해야 한다. 또한 자본과 노동 사이의 더 나은 이해를 포함해서 다양한 직업에 대한 존중과 판단을 갖도록 해야 한다.
4단계	15~18세	이 시기의 시민교육은 좋은 시민이라는 직접적 목적을 위해 시민적 자질을 향상시키는 가운데, 사회과 교육의 축적과 더불어 역사와 경제학 과정과 함께 지속되어야 한다. 사회과에 제한된 시민성 훈련이 아니라 모든 수업과 학교 운영 및 교과 전반에서 더 많이 인식되어야 한다.

Saxe, 1991: 189-190에서 재인용 및 재구성

표 5 '좋은 시민성'을 위한 발달 단계

고 있다. 또한 사회적 감정, 사고, 행동 모두가 지역사회의 조건과 역사 속에 통합적으로 드러난다.

둘째, '좋은 시민성'이 교육적으로 어떻게 전개될 수 있는지 보여준다. 과목으로서 역사, 지역사회 시민, 직업교육, 경제학 등이 제시되고, 4단계에서는 과목들이 결합하는 방식이 언급된다. 좋은 정치학뿐만 아니라 좋은 사회과학, 좋은 사회학, 좋은 복지를 만드는데 초점이 맞추어진다.Lybarger, 1980: 23

셋째, 7~9학년 '지역사회 시민'과 12학년 '민주주의의 문제' 과목에서 '좋은 시민성' 개념과 어떻게 결합될 수 있는지를 알게 해준다. 보고서상에서 이들 과정은 가장 핵심적이고 구체적인 시민성 개념으로 표에서 제시한 내용을 수용한 것이다.

〈1916년 사회과 보고서〉에 와서는 '좋은 시민good citizen'은 다음과 같이 제시된다.

> 우리 주변의 이웃으로 매우 유능하고, 그가 속한 도시와 국가에 대해 충성심과 의무감을 갖는 존재이며, 인류를 포함한 사회 속에서 가장 넓은 의미의 인간성을 가진 사람이다.Dunn, 1916: 9

혼선을 거듭한 '사회적 효율성'과 포괄적인 의미를 담고 있는 '좋은 시민성'은 똑같은 개념으로 보기 어렵다. 사회적 효율성이 시민적 효율성이 되고, 시민적 효율성이 좋은 시민성이 된다는 단선적인 국면은 많은 문제를 노출시킨다. 산업적 효율성과 시민적 효율성 사이의 관계가 해명되지 않을뿐더러, 좋은 시민성과의 연결도 쉽지 않게 된다. 1915년 회보에서는 다음과 같이 말한다.

> 직업교육은 직업 선택의 현명한 방법뿐만 아니라 직업의 준비, 선택, 진입에 있어서 행동방식, 즉 시민성의 질을 갖도록 해야 한다. 또한 자본과 노동 사이의 더 나은 이해를 포함해서 다양한 직업에 대한 존중과 판단을 갖도록 해야 한다.

〈1916년 사회과 보고서〉는 이보다 더 추상적으로 표현하고 있다. 스네든류의 사회적 효율성 개념이 포함되어 있기 때문에, 이것이 보고서상의 사회적 효율성을 모두 좋은 시민성이라고 볼 수 없는 이유이다.

'지역사회 시민'과 '민주주의의 문제' 과목에 나타난 시민성

'지역사회 시민'과 '민주주의의 문제' 과목에서도 이런 점들이 확인된다. 먼저 '지역사회 시민'을 보면,[14] 전통적인 '시민정부론civil government'과 구분되는 새로운 시민의 유형을 보여준다.

> 지역사회 시민은 시민성 훈련을 위한 과정으로, 학생들의 직접적인 요구로 구성되고, 역사적·사회학적·경제적·정치적 관계 속에서 풍부하게 되며, 사회과에 대한 접근에 있어 논리적이고 교육학적인 견고한 길을 제공한다.[Dunn, 1916: 34]

또한 사회적 사실에 입각한 '지역사회 복지의 요소'의 특징을 11가지 내용으로 제시한다.[15] '건강', '생활 보호와 번영', '여가', '교육', '시민적인 미civic beauty', '건강', '의사소통', '교통', '이민', '기부', '교정correction'이 그것이다. 덧붙여 지역사회 기관 및 단체의 운영방식

---

14   CRSE 위원이면서 〈1916년 사회과 보고서〉 최종 작성자인 던은 1906년《지역사회와 시민The Community and the Citizen》에서 이 개념을 구체화하여 보고서에 반영하였다. 이후 그는《지역사회 시민과 농촌 생활Community Civics and Rural Life》,[1920]《도시 학교를 위한 지역사회 시민Community Civics for City Schools》[1921]을 출간하였다.

을 다루면서 '정부의 집행', '정부의 재정', '자원봉사기관의 실행과 재정'도 제시한다.[Dunn, 1916: 23] 하지만 여기에서는 어떤 점이 사회적 효율성이고, 어떤 점이 좋은 시민성인지 알 수 없다.

'민주주의의 문제' 과목의 가치와 목적에 대해서는 다음과 같이 말한다.

> 고등학교 마지막 해에 이루어진 사회과 과정으로서 ('민주주의의 문제'가) 최고 단계에 있는 것에는 일반적인 동의가 있다. 그것은 사회생활 속 생생한 문제에 대해 보다 뚜렷하고 폭넓고 깊은 지식을 주기 위함이고, 그럼으로써 보다 지적이고 실천적인 시민성 intelligent and active citizenship을 보장하기 위함이다.[Dunn, 1916: 52]

'지적이고 실천적인 시민성'을 지향하는 '민주주의의 문제' 과목은 현재 진행 중인 문제를 직접 다룬다는 점에서 다른 과목과 큰 차이가 있다. 문제나 쟁점은 매년 교실마다 달라지고, 학생들의 흥미 혹은 관심사가 주가 된다. 또한 학교가 학생들의 살아 있는 사회가 되어 민주주의의 문제는 사회생활 전반의 문제를 다루게 된다.[Dunn, 1916: 52] 이는 실제적인 형태의 정치과학, 경제학, 사회학이라는 세 가지 요소를 결합하여 '사회적 마음social mind'을 정립하는 방향으로 나아간다.[Dunn, 1916: 55-56] 사회적 마음은 "사회과학의 폭넓

---

15 1918년에 킹슬리가 작성한 'NEA 산하 중등교육 재조직위원회'의 '교과위원회 보고서'에 제시한 7가지 기본 원칙Seven Cardinal Principles의 영향을 받는데,[Saxe, 1991: 156] 여기에는 '건강', '기본과정의 조망', '가족 구성원', '직업', '시민성', '여가 활용', '윤리적 인격'이 포함되어 있다[Jenness, 1990: 81에서 재인용].

은 과정을 통해 복잡한 사회문제를 이해하고, 사회적 행동에 대한 충분할 정도의 구체적인 기반과 직접적인 적용을 할 수 있는 상태"라고 말할 수 있다. 이는 CRSE 의장인 존스가 1908년에 쓴《햄프턴 교육과정에서 사회과》[Dunn, 1916: 55]나 미드의 영향을 받은 듀이의《마음의 사회화》[1916: 120-121] 개념이 반영된 것으로 보인다.

전반적으로 이 두 과목은 듀이의 관점을 거의 대부분 수용하고, 시민성 개념도 좋은 시민성 관점에서 서술하고 있는 것으로 보인다. 표 6은 두 과목의 공통점과 차이점을 보여주고 있다.

자세히 보면, 시민성이 정부론과는 구별되면서 경험과 문제를 중시한다는 공통점도 있지만, 복지 중심과 문제 중심으로 구별되는 차이점도 나타나고 있다.

	'지역사회 시민'에서 시민성	'민주주의의 문제'에서 시민성
공통점	•아동의 경험과 흥미 및 지역사회의 요구 반영 •문제 및 주제 중심(문제 해결법)의 접근 •정부론과의 구별	
차이점	•시민성은 사회적 사실에 입각한 지역사회 복지 •복지 요소로서 건강, 생활 보호와 번영, 여가, 교육, 시민적인 아름다움, 건강, 의사소통, 교통, 이민, 기부, 교정 •시민성의 방법 강조	•시민성은 사회적 마음과 사회생활 문제 •현재 진행 중인 사회문제와 쟁점을 최초 제안 •지역사회 문제에 내포된 '공동선'을 추구하면서 사회적 행동에의 책임감과 사회봉사 혹은 사회 통제 원칙 정립

표 6 '지역사회 시민'과 '민주주의의 문제' 과목에 나타난 시민성

프래그머티즘, 듀이 철학의 저수지

교육담론을 벗어나 거시적으로 듀이의 시민성 개념을 확인해볼 수 있는 지점이 '프래그머티즘' 사상이다. 듀이는 스스로 행한 모든 것의 근저에는 프래그머티즘이 놓여 있다고 고백했다.[Menand, 김동식·박우석·이유선 역, 2001: 26] 실제로 프래그머티즘이 실질적이고 국제적인 시민성의 발달에 기여한다는 주장이 꾸준히 있어왔다.[Hickman, 2007: 46]

19세기 후반부터 20세기 중반까지 이루어진 이 새로운 철학 사조는 듀이가 완성한 것이지만, 이전의 다수의 사상가로부터 비롯되었다. 최근에는 분석철학 등의 흐름 속에서 침체되었다가 최근 듀이 사상을 재해석하면서 프래그머티즘에 대한 연구가 활발히 이루어지고 있다.

흔히 프래그머티즘의 특징을 말할 때, '반정초주의', '비판 공동체', '우연성과 불확실성', '의심-믿음과 탐구의 양식', '직접적 경험의 존재론', '사실-가치 관계', '교호작용'[같은 글, 502-508: Ryan, 2004: 16-24] 등을 열거한다. 따라서 어떤 프래그머티스트가 어떠한 사상을 말하고, 어떤 시민성에 어떻게 연관되는지 파악하는 것이야말로 듀이의 시민성 개념을 이해하는 데 큰 도움을 준다는 데에는 의심의 여지가 없을 것이다.

잘 알려진 대로 듀이의 교육사상에는 논리학과 심리학이 깊게 자리 잡고 있다. 이에 커다란 영향을 미친 프래그머티스트로서 퍼스Charles Sanders Peirce, 제임스William James, 미드George Herbert Mead 를 꼽는다. 이들로부터 수용된 경험과 탐구 이론의 영향은 듀이에게 절대적이라 해도 과언이 아닐 정도로 큰 것이다. 이 세 사람의 사상을 통해 어떻게 영향을 받고 또 이것이 어떻게 정립되어 후대에 영향을 주었는지 살펴보자.

퍼스의 '과학적 접근'

'프래그머티즘'이라는 말 자체는 퍼스[1839~1914]로부터 시작되었다. 퍼스는 1870년대 초 케임브리지 대학에서 홈스Oliver Holmes, 그린 Nicholas Green, 피스크John Fiske, 애벗Francis Abbot 등과 함께 만든 '형이상학 클럽'에서 프래그머티즘이라는 단어를 처음 사용했다고 한다.[같은 글. 17-18] 이후 미완성 원고지만 1904년경 〈프래그머티즘의 정의〉라는 논문이 사후에 유고집으로 출판되면서 프래그머티즘 사상의 일면을 세상에 알리게 된다.

퍼스의 프래그머티즘은 소크라테스로부터 칸트로 이어지는 사상의 흐름 속에 유럽 철학, 공리주의, 실증주의 등을 융합하고 있다. 그 가운데 '행위 제일주의'를 내세우고, 행위의 우월성에 대해 과학적인 논리학을 강조한다. 이는 앞서 듀이가 인간성을 행위로 보았던 것과 밀접한 연관성을 가지고 있다. '개념의 명석화 원리' 혹은 '과학적 탐구의 원리'가 바로 퍼스가 말하는 원리이자, 프래그머티즘의 준칙으로 알려져 있다. 프래그머티즘에 대해 퍼스는 다음과 같이 말한다.

프래그머티즘이라는 단어는 논리학의 준칙 하나를 표현하기 위해 고안된 것이다. 첫 선언에서 말했듯이, 이는 철학의 전체 체계를 포함한다. 이 준칙은 개념 분석을 위한 방법을 제공하도록 의도되었다. Peirce. 1904. 김동식·박우석·이유선 역, 2001: 108

이처럼 퍼스는 논리학을 거쳐 형성된 과학과 탐구를 프래그머티즘으로 이해하려고 한다. 프래그머티즘의 전제를 실험의 규칙과 동일시할 정도이다.

과학의 모든 추종자들이 탐구의 과정을 충분히 추구하면, 그것을 적용할 수 있는 모든 문제에 대해 특정 해답을 얻을 것이다. Peirce, 김동식·박우석·이유선 역, 2001: 92-93

이는 과학을 통한 논리학, 과학을 통한 철학을 주장하고 있다고 볼 수 있다.

그에게 논리학은 세계를 추론하는 규칙에 대한 '서술과학'이고, 추론의 불완전한 규칙을 보상하도록 안내하는 '규범과학'이다. 그래서 과학은 단순한 개념적인 믿음을 포함해서 경험의 통일을 목적으로 한다. 결국 그의 프래그머티즘은 언어, 행위, 경험의 관계를 나타내는 과학적인 방법이 된다. 듀이는 퍼스에 대해 다음과 같은 주장을 인용한다.

실험실에서 지성이 형성된 사람은 당신이 그에게 어떤 주장을 하든지 간에, 기존의 실험에 의해 이루어진 처방은 행동으로 실행될 수 있다. 이것이 실행된다면 기존에 서술된 경험은 결과로서 일어나거나 당신이 말했던 것과 전혀 다른 뜻으로 본다. 나는 그런 의미로 이해할 것이다.[LW2: 4]

이처럼 개념으로 이루어지는 의미에 대한 보편적인 토대를 퍼스는 경험의 차원에서 해석하고 있다. 그런 차원에서 퍼스의 프래그머티즘은 '의미 이론'으로도 볼 수 있다.[양은주, 2007: 113]

탐구, 투쟁과도 같은 방법론적 접근

논의는 자연스럽게 '탐구inquiry란 무엇인가'로 모아진다. 퍼스가 말하길, 탐구는 믿음과 의심 사이의 차이가 무엇인지 밝히는 것이라고 한다.

의심의 자극은 믿음의 상태를 획득하려는 투쟁을 야기한다. 때로는 썩 적절한 이름이 못 된다는 점을 인정해야 하지만, 나는 이 투쟁을 탐구라고 부를 것이다.[같은 글, 67]

투쟁과 같은 탐구는 이미 알려진 것과 관찰된 사실로부터 출발하여 알려지지 않은 것으로 나아간다. 믿음으로부터 행위의 규칙이 드러나고, 탐구를 통해 사고하면서 적합한 행위를 산출하게 된다. 듀이가 주목한 것도 바로 퍼스의 이러한 방법론적 접근이다.

퍼스의 과학적 접근은 개인으로부터 사회와 국가로 나아가는데, 이와 관련된 내용을 아래와 같이 진술한다.

우리 자신을 은둔자로 만들지 않고서는 서로의 의견에 대해 우리는 필연적으로 영향을 미친다. 문제는 단지 개인이 아니라 공동체 안에서 믿음을 어떻게 고정시킬 것인가가 된다. 그렇다면 개인이 아니라 국가의 의지가 작용하도록 해야 한다.^{Peirce, 김동식·박우석·이유선} 역, 2001: 67

그는 개인의 과학적 탐구와 방법을 넘어서 공동체나 국가가 나서서 탐구를 완성시켜야 함을 역설하고 있다. 공동체나 국가의 의지와 믿음이 중요하다는 점을 강조하는 대목이 아닐 수 없다. 심지어 "프래그머티즘 준칙이 세계 시민을 위한 상식적인 규칙을 독점적으로 유지시킨다."^{류명걸, 2004: 90}고까지 말하고 있다. 일면 프래그머티즘의 방법론을 강조하면서도 개인과 사회 모두에게 통용될 수 있는 프래그머티즘을 강하게 드러내고 있다.

시민성의 관점에서 듀이가 퍼스에게서 받은 영향은 과학적인 접근, 특히 탐구와 관련된 일련의 주장이다. 더불어 언어와 행위와 사고의 통합, 개인과 사회의 결합, 그리고 경험으로의 통일성과 같은 의미 형성을 일정하게 공유한다. 행위를 중심에 놓고 탐구를 강조하는 '과학적 시민성scientific citizenship'의 단초라고 말할 수 있다. 퍼스로부터 듀이에게 전해진 시민성을 재해석하자면, 시민은 논리적이고 과학적인 접근을 바탕으로 언어와 행위에 민감해야 한다. 또한 개인과 공동체 모두에 대해 의심과 믿음을 갖고 탐구를 전개해야 한다. 그 결과를 가지고서 시민으로서 행위를 하고, 행위를 통해 규칙과 산출을 만들어나가는 모습이라고 할 수 있다.

제임스의 '경험의 다양성'

퍼스가 프래그머티즘을 출발시킨 당사자라면, 제임스[1842~1910]는 이를 보급하면서도 변화를 도모한 이다. 퍼스가 과학적이고 논리학적인 객관성을 강조한다면, 제임스는 심리학적이면서 종교철학적인 주관성을 부각시키기 때문이다. 퍼스가 프래그머티즘을 논리학의 일부로 본 반면, 제임스는 자신을 프래그머티스트라고 불렀을 정도로 프래그머티즘을 온전히 강조한다. 실제로 1898년 제임스는 버클리 대학에서 행한 '철학적 개념과 실천적 결과'라는 연설을 통해 스스로를 프래그머티스트로 알렸고, 이로부터 프래그머티즘이 널리 사용되기 시작하였다.[Bernstein, 2004: 27-28]

듀이는 제임스의 주저 《심리학의 원리》[1890]를 읽고 프래그머티즘의 논리에 사로잡히게 된다.[Sleeper, 1986: 81] 여기에는 '의식의 흐름stream of consciousness'이라는 주제가 있는데, 프로이트의 정신분석학에서 영향을 받아 '사고의 흐름stream of thought'이 발전된 개념이다. 개인의 의식 속에 있는 감각, 상념, 기억, 연상 등이 분리된 것이 아니라 상호 침투하는 의식의 움직임이 계속해서 전개된다는 주장이다.[James, 정양은 역, 2005: 409-411] 이러한 의식의 흐름은 행동을 위해서 존재한다.

오랜 세월이 지난 후 이 이론은 《근본적 경험론》[1912]으로 발전하게 된다. 여기에서 그는 행동 혹은 순수 경험을 강조하기 위해서 의식 자체에 대해 부정적으로 바라보기 시작한다. 철학의 논의는 모두 경험으로부터 시작되어야 한다는 것이다. 여러 사물 사이의 관계는 사물 자체가 아니라 경험과의 관계에서 사실로서 기술되어야 하고, 경험의 여러 부분은 경험 자체의 연속적인 구성에 의존함을 주장하게 된다. 결국 다양한 경험만큼이나 세계도 다원적인 것이 되어버린다.[류명걸, 2004: 36]

지적인 고민은 결국 철학적 전환을 모색하는 것으로 나아가는데, 그것이 바로 《프래그머티즘》[1907]이라는 저서에서 등장한다. 프래그머티즘이 퍼스에 의해 알려졌지만, 이미 소크라테스나 아리스토텔레스, 이후 근대에 이르러 로크, 버클리, 흄 등이 방법적으로 사용했다고 말한다. 하지만 이들은 프래그머티즘을 파편적으로만 활용했고, 겨우 서곡에 불과하다고 주장한다. 그는 프래그머티즘에 대해 다음과 같이 말한다.

> 프래그머티즘은 철학 안에서 경험론자들과 같이 매우 친숙한 태도로 나타난다. 그러나 이것은 내가 보기에 이전에 취해왔던 것보다 더 급진적radical이면서도 보다 덜 객관적인objective 형태로 나타난 것이다.[James, 1907: 25]

과학과 탐구에 대해서도 제임스는 퍼스와 흡사한 탐구 방법을 강조하지만, 논리학의 일환으로 본 퍼스와는 달리 '개인의 측면'에 무게를 둔다. 그에 따르면, "과학은 존재하는 것들에 관해 우리에게 이야기해줄 수 있다. 그러나 존재하는 것과 존재하지 않는 것 양자 모두의 가치를 비교하기 위해 우리는 과학이 아니라 파스칼이 우리의 마음이라 부른 바에 호소해야 한다."[James, 김동식·박우석·이유선 역, 2001: 142]고 말한다. 합리주의와 경험주의를 비판하면서 프래그머티즘에 대해 그가 한 말은 이를 대변하고 있다.

> 합리주의는 논리적인 것과 하늘 위에 있는 것에 집착한다. 경험주의는 외적인 감각들에 집착한다. 프래그머티즘은 어떤 것이든 기꺼이 취하고, 논리든 감각이든 이를 따르며, 가장 미천하고 가장 개인적인 경험들도 고려한다. 실제적인 결과들을 갖는다면 신비스러운 경험들도 고려한다.[James, 1907: 38]

개인적이고 주관적인 경향은 제임스의 진리론과 인생관으로 이어진다. 우선 그는 진리에 대해 "신념으로서 좋은 것, 그리고 확정적이며 지정 가능한 이유에서 좋다는 것을 스스로 입증한 것들에 대한 이름이다."[같은 글, 42]라고 말한다. 사실 자체가 진리가 될 수 없고, 사실 속에서 진리를 출발시킨다고 본다. 진리는 실재가 아니라 실재에 관한 우리의 신념이기 때문에, 인간적인 요소가 많다는 것이다. 그에게 진리, 즉 '참되다'는 말은 좋은 신념, 혹은 어떤 이유에서건 좋다고 분명하게 말할 수 있는 신념이다. 그렇다면 진리는 개인 차원에서 이루어지는 선호를 통해 검증되고 신념화한 것에 머무르게 된다. 인생관에 들어서면 제임스의 개인적인 측면은 더욱 두드러진다. 그에 따르면, 인간성은 가장 심오한 내면생활이 된다. 인생은 적극성과 소극성, 혹은 신앙심과 공포심을 지니고 혼자 살아가야 할 마음속 깊이 숨어 있는 침묵의 영역이다.James, 김재영 역, 1999: 206

인생관은 자연스럽게 종교에서의 신비주의로 이어진다. 제임스가 말하는 신비주의에는 네 가지 유형이 있는데, '형언불능성 ineffability', '순이지적 특성noetic quality', '일시성transiency', '수동성 passivity'이 그것이다.같은 글, 462-463 이 네 가지 유형을 풀어서 이해하자면, 신비주의는 말로 표현할 수 없다는 것이고, 감정과 더불어 지적인 것이며, 그 상태는 오래가지 않으며, 의지가 멈추고 어떤 강한 힘에 의해 억압되어 있는 것처럼 느끼는 어떤 것이라고 볼 수 있다. 이후 신비로운 경험 등 개인적인 측면을 강조하다 보니, 제임스의 프래그머티즘은 일원론보다는 다원론에 가까운 프래그머티즘이 되어버린다. 프래그머티즘이 실제적 유용성을 추구하는 상대주의적 견해라고 주변으로부터 오해와 비판을 받게 된 지점이기도 하다.LW2: 6-11

이와 같은 접근 방식은, 퍼스와 마찬가지로, 개인과 사회의 관계를 명확히 말해주지 못한다. 그의 말대로, "한 사회적 유기체는 어떤 유형이건, 그것이 크건 작건 간에, 각 구성원이 다른 구성원들과 동시에 그들의 의무를 다하리라는 신뢰를 가지고, 그 자신의 의무를 수행해나가기 때문에 존재한다."James, 김동식·박우석·이유선 역, 2001: 146는 그런 수준이다.

생명체의 과정으로서 '의식의 흐름'

듀이는 제임스로부터 진리 이론보다는 그의 심리학적 성과를 보다 더 수용하게 된다. 감각, 이미지, 관념은 분절된 것이 아니라 '의식의 흐름'이라는 연속적인 과정에 있다는 점, 인간의 지적인 정신 작용은 초경험적이거나 선험적인 것이 아닌 미래의 목적을 추구하고 그 달성을 위해 수단을 선택해가는 생명체의 과정이라는 점을 더 주목한다.^{양은주, 2007: 114} 이는 개인 경험의 다양성과 반이원론의 영향을 받는 결정적 계기가 된다.

시민성의 관점에서 보면, 듀이는 제임스로부터 '개인적 시민성 individual citizenship'의 의미를 부여받는다. 실제 듀이의 논리학과 탐구론은 지식의 내용을 구성하는 제임스의 주관주의나 심리주의를 따르고 있다.^{Sleeper, 1986: 81} 즉, 일상생활 속에서 시민들의 작은 경험이 주관적이고 심리적인 것일지라도 연속적인 사회적 의식이 흐르고, 각각의 경험이 일관된 목적과 수단을 통해 신념을 가진 하나의 방법으로 검토된다. 시민성을 개인 경험의 다양성으로 접근하는 순간, 경험이 사회적인 사건과 현상에 연결되는 순간, 그리고 개별적인 시민 경험 내에서 의식과 생명체 활동이 연속적으로 이루어지는 순간, 시민성 개념에 대한 접근은 상당히 달라진다.

미드의 '사회적 자아'

퍼스와 제임스와 달리 듀이에게 새로운 지평을 열어준 사상가가 바로 미드[1863~1931]이다. 고전 프래그머티즘classical pragmatism 가운데 퍼스와 제임스가 듀이 이전에 영향을 미쳤다면, 미드는 듀이와 함께 연구하면서 사상적 영향을 주고받은 경우이다.

제임스가 가르치던 하버드 대학교에서 철학과 심리학을 공부한 미드는 이후 1891년에 미시간 대학의 교수가 되면서 듀이와 만나게 된다. 1894년 듀이와 함께 시카고 대학으로 옮기면서 그는 철학과 심리학을 연구한 '시카고학파'의 중심인물이 된다. 더불어 다양한 정치적·사회적 활동을 듀이와 함께하게 된다. 듀이가 "1890년대 이래 미드의 영향력은 제임스의 영향력에 필적한다."[Menand, 김동식·박우석·이유선 역, 2001: 29]고 말할 정도였다.

미드의 핵심적인 영향은 사회심리학의 관점에서 제시한 '상징적 상호작용론'에 있다. 그의 주저 《마음, 자아, 그리고 사회》[1934]에서 이를 밝히고 있는데, 그 가운데에서도 '사회적 자아'와 '공동체'에 관한 논의는 시민성 개념과 긴밀하게 관련되어 있다. 이런 관련성을 이유로 미드의 사상을 듀이와 함께 '사회적 프래그머티즘social pragmatism'이라고 부르기도 한다.[Campbell, 1998: 23-24]

미드는 다음과 같은 상황을 사상의 출발점으로 삼는다. 주체가 자신의 행위를 통해 상대방을 자극함으로써 일으킨 반작용 자체를 자신 속에서 불러일으킨다. 그럴 때에만 주체는 자신의 행위가 갖는 상호 주관적인 의미에 대한 지식을 사용한다. 이는 타인이 일으킨 반응 행위를 자신 속에서 불러일으킬 수 있는 능력이 있다는 말이다. 미드는 이를 새로운 형태의 인간적인 의사소통 행위가 발생할 수 있는 진화론적 전제라고 말한다.[Honneth, 문성훈·이현재 역, 1996: 134]

사회적 과정으로서 자아

그의 자아론은 이러한 국면을 구체적으로 보여준다. 기존의 객관적인 자아는 물론 주관적인 자아 모두를 거부하면서, 자아를 일련의 사회적 과정으로 제시한다.

자아가 나타나는 일련의 과정은 집단 속에 있는 개인들의 상호작용을 포함하고 있다. 이것은 집단에 이미 존재했던 사실도 포함되어 있는 사회적 과정social process이라 할 수 있다. 여기에는 또한 집단의 서로 다른 구성원들이 참여하는 협력적인 활동도 포함된다. 나아가 이 과정은 자아가 나타났을 때보다 더 정교한 조직으로 발전할 수도 있고, 자아 스스로 핵심 요소가 되는 기

담임교사와 다른 친구들과 함께하는 꼬리잡기 게임.
"자아는 다른 구성원들이 참여하는 협력적인 활동 속에 나타난다."

관이 될 수도 있다. 이렇게 자아가 나타나고 존재하는 그 안에서 사회 조직은 보다 더 정교해질 수 있다.^{Mead, 1934: 164}

자아의 사회적 과정이 보다 더 분화되고, 보다 더 진화되며, 보다 더 조직화되어 자아가 나타나고 있다. 물론 미드가 강조하는 자아가 사회적 과정이라 할지라도, 마음 그 자체가 본질적으로 사회적인 현상인 것만은 아니다. 오히려 마음은 그 본성이나 기원에 있어서 생물학적인 것이고, 특징적인 표현 방식에 있어서만 사회적이다.^{같은 글, 224} 여기에서 언어는 이러한 상호작용의 중심 역할을 한다.

이 지점에서 파악할 수 있는 특징에는 두 가지가 있다. 하나는 '자아의 개별성과 사회성'이 일련의 흐름으로 이어져 있다는 것이다. 단편적인 사회적 자아가 아니라 개인적 자아로부터 형성되어 온 자아인 셈이다. 그렇기 때문에 자아는 사회성에 고착되어 있거나 개성과 동떨어진 사회성만을 드러내진 않는다.

다른 하나는 자아가 갖는 개별적인 마음의 영역이 그것을 구성하는 '사회적 행동 및 사회적 관계의 장치'가 확장되는 만큼 넓어질 수 있다는 것이다.^{같은 글, 224} 개별적인 존재는 사회적 관계와 상호작용의 기반 위에서 그리고 조직된 사회 환경 속에서 다른 개체와의 경험적인 소통을 통해 대상에 개입한다. 그러면서 점점 개인적 자아로부터 사회적 자아로 성장하게 된다. 미드는 이를 주격 '나$_I$'와 목적격 '나$_{me}$'의 상호작용으로 설명한다.

'나$_I$'라고 하는 것은 결코 의식 안에 대상으로 존재할 수 없다.

내적인 경험의 대화 상대자가 자기 자신의 말에 반응하는 과정
은 의식 안에 나타나는 몸짓과 상징 등에 대답하는 무대 뒤의
'나ɪ'를 함축하고 있다. …… 자기의식, 즉 사회적인 소통에 있어
서 현실적인 자아는 끊임없이 지속된다. 그러면서 자신의 시야
밖에 있는 가상적인 '나ɪ'를 함축하는 반응의 과정을 가진 객관
적인 '나me' 혹은 '내 것me's'이 된다. 내적인 의식은 외부 세계의
사회적인 조직을 이식함으로써 사회적으로 조직되는 것이다.[Mead,
1912; Menand, 김동식·박우석·이유선 역, 2001: 391]

미드는 지속적인 주체의 반작용 과정에서 형성된 '다수의 목적
격 나'에 주목하면서 인간의 자아의식에 대한 상호 주관적 관념
에 도달하고자 한다.[Honneth, 문성훈·이현재 역, 1996: 134] 듀이가 언급한 경험
의 원리 가운데 '계속성'과 '상호작용'이 조우하는 대목이다.《경험
과 교육》[1938b: 44]에서 밝힌 이 원리들은 일종의 경험의 준거로서, 경
험의 종적인 측면과 경험의 횡적인 측면을 맡고 있다. 이를 통해서
개인적 자아는 사회적 자아가 되고, 주관적 자아는 사회적 자아로
나아가는 경험의 재구성 과정이 이루어진다.

자아의 마음이란 사회적 환경 없이는 표현될 수 없고 존재할 수
도 없다. 가장 내적인 사고라 할지라도 사회적인 것이 된다. 우리의
신체도 이미 상호작용하는 공동의 행위구조가 있고, 본원적인 사
회성이 내포되어 있다. 신체의 통일성이 이루어지게 하는 것도 자
아 동일시에 이르는 사회적 과정이 있기 때문이다.[Joas, 신진욱 역, 2002:
300-301]

자아에 대한 미드의 사상은 협소한 개인주의와 기능주의를 극

복하게 한다. 개별 인간들은 필연적으로 매개된 상호작용의 기본 구조로부터 해명되기 때문에 개인주의에 함몰되지 않는다. '사회적 행위'가 출발점을 이루고, 사회적 행위를 통해 타자와 연관된 개인적 행위가 아니라, 개인적 행위를 하나의 부분으로 포괄하는 복합적인 집단 활동이 된다.^{같은 글. 222-223} 사회적 행위에 대한 비개인주의는 소통의 구조를 통해 이해되기 때문에 기능주의에도 묶이지 않는다. 오히려 자기 자신과의 관계조차도 개인들 상호 간의 관계를 통해 사회적 구조의 결과로서 이해하고 있다는 점에서 일종의 구성주의가 된다.^{같은 글. 230}

공동common, 공동체community, 의사소통communication

미드의 공동체 개념도 자아의 개념으로부터 도출된다. 사회적 과정으로서 자아는 이미 공동체성을 포함하고 있다. 그리고 현실적인 여러 조직과 단체들의 집합도 자아와 밀접한 관련을 맺는다. 미드는 주격 '나I'와 목적격 '나me'의 상호작용 속에서 공동체 개념이 어떻게 등장하고 제도로까지 이어지는지 다음과 같이 말하고 있다.

> 목적격인 나me는 우리 자신의 태도 안에서 공동체라는 명확한 조직으로 나타난다. (나에겐) 하나의 응답이지만 그렇게 일어난 응답은 우연치 않게 이루어진 중요한 것이 된다.^{Mead. 1934: 178}

제도란 공동체의 모든 구성원들이 각자의 특수한 상황에서 일부분으로서 공동의 의사들이 모여서 나타난 것이다. 물론 이러한 공동의 반응들은 다양한 개개인의 특성 가운데 하나에 해당한다.Mead, 1934: 178

자아로부터 공동체가 도출되고 이어 제도가 등장하는 원리는 역시 공동, 공동체, 의사소통이라는 미드의 사회적 상호작용 속에서 찾을 수 있다. 공동체가 형성되고 이와 긴밀하게 결합된 개인이 되기 위해서는 주체가 자신의 상호작용에서 등장한 가치와 신념들을 일반화해야 한다. 자신의 공동체에서 집단적으로 설정된 목표에 대해 추상적인 표상도 내면화할 수 있어야 한다. 일반화와 내면화를 통해 주체는 공유하는 가치의 지평에서 다른 사람들과 구별되고, 사회생활 과정에서도 자신만의 방식으로 기여할 수도 있다.Honneth, 문성훈·이현재 역, 1996: 157 이러한 설명은 듀이가《민주주의와 교육》1916a에서 공동, 공동체, 의사소통을 가지고 사회의 존속 가능성과 교육의 본류를 찾고자 했던 것과 매우 유사한 모습이 아닐 수 없다.MW9: 7

겉으로만 보면, 미드가 말하는 공동체는 공동체와 개인 모두를 중시하면서 이중으로 강조하는 것처럼 비쳐질 수도 있다.Campbell, 1999: 56 한편으로 공동체가 인간의 행복을 위한 핵심이 되고, 인간은 공동체를 통해 활기차게 되고 지속적으로 인간을 실현할 수 있게 된다. 다른 한편으로 공동체와 개인 사이에는 '거리'가 있어야 한다. 즉, 도덕적인 행위자로서 개인은 집단에 뿌리박고 있지만, 공동체 생활을 위해서는 비판적인 평가도 가능해야 한다.

두 가지 사이의 간격을 좁히기 위해서는 개인의 경험 속에서 공동체를 바라보는 '자아의 반응'이 어떠한지 논의되어야 한다. 자아의 반응이란 '개인이 사회생활에 대한 문제를 제기하여 공동체의 노력에 기여하는 것'을 말한다. 미드는 이를 위해 개인들의 '기능적 분화functional differentiation'의 달성과 충분한 수준의 '사회 참여social participation'를 주장한다. 현 단계에서 이것이 민주주의의 이상이라고 말한다.Mead, 1934: 326 미드의 이와 같은 논리는 학교를 하나의 '축소된 공동체'로 보고, 민주주의를 '생활양식으로서의 민주주의'로 간주하고 있는 듀이의 논리와 같다.

미드의 주장을 시민성 개념으로 수렴한다면, '사회적 시민성social citizenship'이라는 이름을 붙일 수 있다. 사회심리학적 접근을 기반으로 자아와 공동체에 대한 논의뿐만 아니라 계속성과 상호작용 나아가 의사소통을 강조하는 것까지 듀이와의 공유점이 매우 넓다고 말하지 않을 수 없다. 교육과 관련해서도 미드의 주장과 이론들은 매우 유용하고 듀이에게 많은 시사를 주고 있다.

프래그머티즘의 부활, '네오프래그머티즘'

퍼스, 제임스, 미드와 같은 고전적인 프래그머티즘은 듀이를 통해 완성에 이르지만, 이후 실증주의, 논리경험주의, 과학철학, 분석철학 등 거대한 철학의 흐름 속에서 1960년대까지 침체를 면하지 못한다. 그런 와중에 분석철학자로 저명한 로티Richard Rorty, 1931~2007가 '네오프래그머티즘neo-pragmatism'[16]을 새롭게 불러일으키기 시작한다.

네오프래그머티즘은 '포스트모던 프래그머티즘postmodern pragmatism'이라는 별칭을 가지고 있다. 반본질주의, 사실과 가치의 통합, 반형이상학 등을 수용하고 있을 뿐만 아니라 현대의 흐름 속에서 프래그머티즘을 부활시키고 있기 때문이다. 분석철학을 해체

---

16 실제 네오프래그머티즘이라는 말은 로티의 사상 후반기에 붙여진 이름인데, 반실재론과 반정초주의와 더불어 '언어의 시화詩化'를 적극적으로 주장하면서 얻은 명칭이다. 이후 퍼트넘Hilary Putnam, 콰인Willard Quine, 셀라즈Wilfred Sellars 등과 함께 제2의 프래그머티즘 중흥기를 누리게 된다.

하면서 '대문자 철학PHILOSOHPY'을 종언시키고, 언어나 자아의 우연성을 강조하며, 자유주의적 공동체를 주장한 점은 포스트모던에 매우 가깝다.[Magnus, 1999: 273] 이는 그릇된 이원론에 기반한 전통철학을 버리고 새롭게 개조된 철학으로 인간에게 성장과 행복을 가져다줄 수 있을 것으로 기대하면서 연구한 듀이의《철학의 재건》[1920]에서의 모습과 흡사하다.

로티는 초기 연구 분야였던 분석철학의 정초와 주장을 문제 삼고 이들과 결별한다. 그러면서 '프래그머티즘의 부활'이라는 새로운 길을 만들어간다. 그때 듀이의 사상도 함께 부활하게 된다.《철학과 자연의 거울》[1979]에서 로티는 듀이를 비트겐슈타인과 하이데거와 더불어 20세기의 가장 중요한 철학자 가운데 한 사람으로 꼽는다.[Rorty, 1979: 5] 듀이가 분석철학이 거쳤던 변증법적 여정의 종착지에 미리 가서 기다리고 있을 뿐만 아니라, 예컨대 푸코Michel Foucault 나 들뢰즈Giles Deleuze가 지금 여행하고 있는 길의 끝에 서서 기다리고 있다고 말한다.[Rorty, 1982: 김동식 역, 1996: 29, 189-190]

심지어 듀이가 쓴《경험과 자연》[1925a]에서 제시한 형이상학에 동감을 표시하고,《경험과 문화》로 이름을 바꾸길 바란다. 형이상학이라고 불렸던 이 저서를 문화 현상에 대한 역사적·사회학적 연구서라고 평가한 것이다.[같은 글, 189-190] 이는 인식론적 회의주의를 피하는 수단으로 프래그머티즘을 채택한 것이라고 볼 수 있다. 로티는 프래그머티즘에 대해 다음과 같이 말한다.

프래그머티즘에 대한 나의 첫 번째 규정은 그것이 '진리', '지식', '언어', '도덕' 등의 개념과 같은 철학적 이론화의 대상에 적용된

반본질주의라는 것이다. 이것은 '참된 것'이란 '믿기에 좋은 것'이라고 말한 제임스의 정의를 통해 설명될 수 있다. 제임스의 요점은 진리란 본질을 가지고 있는 그런 종류의 것이 아니라는 것이다.

두 번째 규정은 당위적인 것에 관한 진리와 존재에 관한 진리 사이에는 어떤 인식론적인 차이도 없고, 사실과 가치 사이에는 어떤 형이상학적인 차이도 없으며, 도덕과 과학 사이에는 어떤 방법론적인 차이도 없다는 것이다.

세 번째이자 마지막 규정은 대화적인 것 이외에는 탐구에 있어서 어떤 제약도 있을 수 없다는 입장이다. 즉 대상, 마음, 언어 등의 본성에서 나오는 전반적인 제약 같은 것은 있을 수 없으며, 동료 탐구자의 언급에 의해 제기되는 소소한 제약만이 있을 뿐이다. Rorty, 김동식 역, 1996: 338-344

언어 세계 속에 사는 우리

프래그머티즘에 대한 규정은 언어의 시화로 이어진다. "우리는 우리에게 우연히 주어진 혹은 우리가 변화시킬 수 있는 언어의 세계 속에서 살고 있다."김동식, 1994: 178고 말한다. 언어나 언어의 의미를 세계나 지시 대상과의 관계라는 틀 속에서 파악하곤 했던 종래의 사고방식에서 탈피하고 있다. 비록 허무적이고 비극적일 수 있지만, 로티는 이러한 상황이 인간의 자유, 연대성, 자유주의 등을 위해서는 좋다고 본다. 자유로운 언어놀이의 잔치, 즉 그의 말대로 표현하면 '참신한 어휘들에 대한 시적 창조'가 가능해지기 때문이다.

인식론적 행동주의의 입장에서 로티는 언어를 통해 인간의 성장과 행복이 가능하다고 주장한다. 그래서 언어를 통한 선언어적인 인식을 부정하면서, 역사적이고도 문화적인 우연성을 강조하게 된다.Rorty, 1982: xix; 1989: 7 로티는 언어 세계의 내부구조가 매우 복잡하게 뒤엉켜 있는 직물과 같아서 본질적인 구분을 할 수 없는 것으로 본다. 여기에서 '언어의 전체성 논제the thesis of the holist view of language'가 등장한다. 언어와 언어 외적인 것과의 관계에서 어떤 말이든 맥락이 중요하고, 언어가 갖는 의미를 속박하는 것은 언어 외에는 없음을 강조한 것이다. 이는 자연스럽게 '언어의 편재성 논제the thesis of the ubiquity of language'와 '언어의 우연성 논제the thesis of the contingency of language'로 귀결된다. 전자는 언어의 외적인 한계로서, 경험이 모두 언어적 사태이기 때문에 인식상 아무런 의미나 역할이 없다. 언어를 어떻게 쓰느냐에 따라 지식이 달라짐을 강조한다. 이와 달리 후자는 언어의 내부구조에 관한 것으로, 언어의 세계는 순전히 시간과 기회에 의해 변화된다. 언어 세계에서 변화를 주도하는 것은 어떠한 법칙에도 구속을 받지 않는 비유analogy의 힘이라는 점을 강조한다.

언어가 그렇다면, 인간의 자아 또한 우연성 속에 있게 된다. 로티는 인간의 정신이나 이성이라는 것이 하나의 형이상학적 허구라고 말한다. 전통적이며 근대적인 자아관을 부정하고, 중심이 없는 '신념과 욕구의 그물'로 되어 있는 자아관을 제시한다. 이런 자아는 우연성을 가질 수밖에 없고, 우연성을 지닌 자아는 어떤 본질을 부여받은 것이 아니라 인간의 힘에 의해 창조된다.^{Rorty,} ^{1989: 23-43} 자아 창조를 위해 '메타포metaphor'의 활용이 등장하는 대목이다.

> 자기 인식의 성취란 항상 저 바깥에 있는 어떤 진리에 대해 앎에 이르는 과정이 아니다. 오히려 그(니체)는 자기 인식을 자아 창조라고 보았다. 자기 자신을 알아가는 과정, 자신의 우연성과 대면하는 과정, 즉 무언가 참신한 메타포를 생각해내는 과정과 동일시된다.^{Rorty, 1989: 27}

메타포는 단순한 비유뿐만 아니라 특정 어휘 체계나 언어 게임, 또는 사고와 행위 방식 등을 총칭한다. '대문자 철학'인 전통 철학, 즉 '체계적 철학'을 버리고 '소문자 철학'인 '교화적 철학edifying philosophy'으로 바꾸어 문화의 한 장르가 되길 기대하는 것도 언어에 의한 '참신한 메타포'[17]때문이다.

낭만적 문예화, '소시민적 시민성'

로티의 여정은 공적 영역과 사적 영역을 엄격히 구분하고, 프래그머티즘의 낭만적 문예화의 비전을 갖는 데까지 나아간다. 이것

---

17 '참신한 메타포'란 기존의 서술을 획기적으로 뒤엎거나 기존의 서술이 간과하였던 측면을 잘 부각시켜 세상사에 잘 대처하도록 도움을 주는 창조적인 서술을 말한다.^{Rorty, 1989: 18-19, 41}

은 프래그머티스트와 하이데거주의자의 정치적 차이[18]를 넘어 화해를 시도하면서 제시된다. 대륙철학과 분석철학의 차이는 정치적 차이일 뿐이라고 하면서, 양자의 차이를 해소하기 위해 공적 영역과 사적 영역을 구분한다.

사적 영역에서는 자아의 창조성을 최대한 살리고, 공적 영역에서 잔인성을 최소화하려고 한다. 즉, 개인들은 사적 생활, 즉 실제 생활세계에서는 문제에 대처하기 위해 메타포를 활용하고, 세계와의 원만한 상호작용을 추구한다. 이와 달리 공적 영역에서는 고통과 잔인성을 줄이기 위해 인간의 연대성을 증대시킨다. 결국 사적 영역은 사적 나르시시즘private narcissism이 되고, 공적 영역은 공적 프래그머티즘public pragmatism이 된다.Cotkin, 1999: 46

로티의 네오프래그머티즘에서 시민성은 사적인 완성을 위해 메타포 중심의 시화를 추구하고, 인류의 고통과 잔인함을 줄이기 위해 사회적인 연대와 실천을 하는 모습으로 나타난다. 그래서 소문자 철학은 정치와 문학과 관련된 것이고, 이를 통해 민주공화국에서 실제적이고도 상상이 가능한 시민성이 만들어지게 된다.Hickman, 2007: 58

그러다 보니 로티는 시민성을 통한 사회개혁이나 공론 영역의 활성화에는 관심이 없다.Magnus, 1999: 276 과학적으로 접근하는 시민성의 입장과도 거리가 있다. 일상생활에서 문예 비평하고 같은 인

---

18 양자 간의 정치적 차이는 '프랑스 혁명의 유산'에 대한 태도 차이에서 나타난다. 즉, 프랑스 혁명이 '최대 다수의 최대 행복'의 유산인가 하는 것이다. 프래그머티스트로서 듀이는 이를 적극적으로 지지하지만, 하이데거는 거부한다. 그래서 프래그머티스트는 진보주의가 되고, 반대로 하이데거주의는 고전적인 보수주의가 된다.Nevo, 1999: 285

류로서 고통을 공감하는 얕은 연대성thin solidarity을 강조하는 '소시민적 시민성petit bourgeois citizenship'이다. 그의 사상을 '포스트모더니스트 부르주아 자유주의'Rorty, 김동식·박우석·이유선 역, 2001: 433-443; 이유선, 2003: 195-197라고 부르는 것도 거대 담론에 대한 불신, 탈근대적인 태도, 문화 지식인으로서의 자유주의 아이러니스트 등이라는 특성이 반영된 것이다.

9. 비판적 프래그머티즘에서 보는 시민성교육

프래그머티즘의 재부활, '비판적 프래그머티즘'

현재 듀이의 비판적 관점을 재조명하려는 프래그머티즘이 새로운 조류로 형성되고 있다. 도구적 합리성을 거부하고 사회 비판과 실천 철학을 기반으로 하기에 '비판적 프래그머티즘critical pragmatism'이라는 호칭을 쓴다. 푸코Michel Foucault의 유사 프래그머티즘quasi-pragmatism이나 밀즈C. Wright Mills의 해방적 정치의식, 나아가 하버마스J?rgen Habermas의 심의민주주의 등이 여기에 해당한다. 캐들렉Alison Kadlec 등 일군의 연구자들은 이를 본격적으로 종합하고 해석하면서 하나의 흐름이 되고 있다.

의사소통행위이론으로 비판 이론을 완성한 하버마스와 같은 경우, 1960년대부터 퍼스, 미드, 듀이 등의 프래그머티즘에 대해 장기적인 관심을 가져왔다. 《하버마스와 프래그머티즘》[2002]과 같은 책이 출간되고, 여기에 하버마스는 직접 〈듀이의 《확실성의 탐구》에 대하여〉라는 글을 쓰기도 하였다. 여기에서 그는 듀이를 '경계가 모호한 사상가', '위대한 정치이론가', '프래그머티즘 가문의 주인'이라고 부른다. 프래그머티즘에 대해서도 '무의미한 감탄사'로부터 '명예스러운 용어'로 부각되었다고 평가하였다.[Habermas, 2002: 226-229]

듀이 사상 안에서 형성된 '비판'의 흐름은 프랑크푸르트학파의 네오마르크스주의로부터 발전한 비판 이론과 다소간 거리가 있지만, 일단의 공유하는 지점도 있다. 인간 경험에 대해 선험적이고 단일하게 접근하는 태도나 마르크스주의의 상부-하부 구조라는 분석틀은 듀이가 거부한 지점이다. 분석적인 엄밀성이 비판을 방해할 수 있다고 보기 때문이다. 하지만 '맥락적 선험주의context-transcedentalism'[19]로 경험과 선험이 연결되고, 생활세계와 의사소통이라는 특징을 통해 분석틀 안에서의 교류나 영향력을 공유할 수 있다. 프래그머티즘 자체가 복합적인 전통을 가지고 있어서, 이런 사상과의 친화력도 큰 게 사실이다.[Aboulafia, 2002: 1]

비판적 프래그머티즘은 개인과 집단이 선택한 결과에 대해 새로운 관점을 보여주고 협력적인 탐구를 함께 공유한다. 또한 비판적인 변화를 위해 문화를 개방하고, 비판적 탐구로서 지식의 과정을 중시한다. 교육적으로는 해방과 급진 교육학을 위해 반성적 이해를 추구하고, 조직화된 저항으로 협력적 행동과 지식의 힘을 강화하고자 한다.[Vannini, 2008]

---

19 맥락적 선험주의는 프랑크푸르트학파의 대표적인 비판이론가인 하버마스가 프래그머티즘과의 결합을 위해 제시한 개념이다. 특히, 선험주의를 얕게 해석함으로써 선험주의와 후험(경험)주의를 엄격히 구분하지 않고 의사소통 행위를 통해 연결하고자 한다.[Bookman, 2002: 66-67]

민주주의에 대한 새로운 조명

비판적 프래그머티즘은 무엇보다 듀이의 '민주주의 이론'과 깊은 관련을 맺고 있다. 로티에 의한 듀이의 부활에는 사실 '생활양식으로서의 민주주의'는 포함되어 있지 않다. 당시 민주적 현실주의자democratic realist들이 주도권을 잡으면서 '생활양식으로서의 민주주의'에 대해 신랄한 비판을 가하고 있는 상태였기 때문이다.[20] 비판적 프래그머티즘은 이를 반대하는 노선에서 듀이가 말하고 있는 생활양식으로서의 민주주의를 중요한 기반으로 삼는다. 비판 이론으로부터 급진 민주주의 이론에 이르는 사회 비판을 수렴하여 공적 생활의 견고한 이해관계와 구조적 불평등을 드러내고자 한다. 하버마스 자신도 민주주의 이론에 관해서는 마르크스주의의 허약함을 인정하고, 듀이 프래그머티즘의 실천 철학에 의존한다.Aboulafia, 2002: 1 자신의 심의민주주의도 듀이의 민주주의 사상과 강한 친화력을 가지고 있다고 밝힌다.Bernstein, 2004: 36

민주주의에 대한 하버마스와 듀이의 사상은 모두 미드의 사회적 상호작용을 통한 의사소통에 뿌리를 두고 있다. 둘이 언급한 내용을 차례로 보면 미드의 사상을 엿볼 수 있다.

사회는 의사소통 속에서 존속한다. ······ '공동common', '공동체

---

20 민주적 현실주의자들은 근대적인 조건 아래에서 보통의 남녀는 비합리적이고, 참여민주주의는 불가능할뿐더러 현명하지도 않다고 말한다. 따라서 계몽되고 책임감 있는 엘리트에 의한 정부 구성은 엄격히 제한해야 하고, 국민을 위한 정부라는 민주주의도 재규정하는 게 최상이라고 말한다.Westbrook, 1991: 282

community', '의사소통communication' 등과 같은 단어들은 순전히 문자상의 유사성 그 이상의 연관성을 갖고 있다. 사람들이 '공동체'에서 살아가는 것은 그들이 무엇인가를 '공동'으로 갖고 있기 때문이며, '의사소통'은 그 '공동'의 것을 가지게 되는 과정이다. 사람들이 사회를 이루기 위하여 공동으로 가지고 있어야 하는 것은 목적, 신념, 포부, 지식, 공동의 이해, 또는 사회학자들이 말하는 공동의 마음가짐like-mindedness이라고 하는 것이다.[MW9: 7]

의사소통 행위자들은 항상 자신들의 생활세계 지평 내에서 움직인다. …… 말하자면 생활세계는 말하는 자와 말 듣는 자가 만나는 초월론적인 장소와 같은 것이다. …… 생활세계에 비축된 지식은 경험하는 주체의 상황에 여러 가지 방식으로 관련되어 있다.[Habermas, 1981b: 126, 129]

미드를 통해 본 듀이의 생활양식으로서의 민주주의는 하버마스가 말한 '의사소통행위'[21], '생활세계', '공적 영역', 나아가 '심의민주주의'와 유사함을 알 수 있다.[Habermas, 2002: 230-232, Kadlec, 2007: 116-117] 듀

---

21 의사소통행위가 포함된 행위양식에 대해 하버마스는 다음과 같이 구분한다. 의사소통행위는 객관적 세계, 사회적 세계, 주관적 세계가 혼재된 생활세계 속에서 상호작용과 상호 이해에 초점을 맞추고 있다.[Habermas, 1981a: 23, 285에서 재구성]

행위양식	타당성 요구	세계
목적론적 행위	진리성	객관적 세계
규범적 행위	정당성	사회적 세계
표현적 행위	진실성	주관적 세계
의사소통적 행위	이해 가능성	객관·사회·주관적 세계

표 7 하버마스의 행위양식, 타당성 요구, 세계

이의 도구주의나 실험주의가 하버마스 등의 비판 이론이 갖는 인식론과 전제를 공유하면서,[Kadlec, 2007: 15-19] 민주주의 이론으로 초점이 모아지고 있다. 여기에는 창조적 협력을 할 줄 아는 인간의 능력과 그러한 협력이 역동적으로 변화하는 세계에서 지적으로 항해해 나아갈 수 있는 생동감이 있다. 시민들이 투표하거나 정책에 최소한으로만 참여하는 민주적 현실주의자와는 달리, 민주주의가 매우 성찰적deliberate임을 알 수 있다.[같은 글, 4]

비판적 프래그머티즘에서 가장 강조하는 것은 '민주주의가 어떤 모습이어야 하는가?'이다. 하버마스의 주저들, 즉 《공론장의 구조변동》[1962], 《인식과 관심》[1971], 《의사소통행위이론》[1981] 등은 이에 대한 단서를 제공한다. 실제로 이 저작들은 연속선상에 있고, 인식과 관심을 중심으로 다른 이론들을 수렴하고 있다. 실재를 밑받침하는 '관심'이 '인식'에 뿌리박혀 있고, '인식'을 적용할 수 있는 현실적인 구조 사이에서 통일을 확립해나간다. "실재에 대한 모든 합리적인 이해는 경험의 전체론적 형식에 결부되어 있고, 경험이 전체적으로 한 상황에 주어져 있는 것은 관심과 공감의 관점으로부터 질적으로 개시된다."[Honneth, 강병호 역, 2006: 44]는 듀이의 생각과 맥을 같이한다.

그에 따르면 인식 관심은 세 가지로 구분할 수 있다. '기술적 인식 관심', '실천적 인식 관심', '해방적 인식 관심'이 그것이다.[Habermas, 1971: 308-311; 1973: 8-9] 이는 '통제하려는control 관심', '이해하려는understanding 관심', '교설로부터 자유로워지려는freedom from dogma 관심'이라 할 수 있다.

기술적 인식 관심과 실천적 인식 관심은 한계가 있기에, 하버마스는 인간의 근원적인 관심이면서 비판 이론의 인식인 '해방적 인식 관심'에 중점을 둔다.^{같은 글, 311} 이것은 다른 인식 관심에 대한 메타적인 인식 관심이고, 해방적 인식 관심을 가능케 하는 것은 바로 '비판 공동체'이다. 듀이도 강조했던 비판 공동체처럼 공론장으로서 공공성의 절차를 실현할 공간이 된다. 이것은 담론 이론의 형식으로 발전시킨 민주주의 모델에 근접하고 있다.^{Honneth, 문성훈 외 역, 2009: 370} 비판 공동체를 통해 의사소통행위가 이루어지고, 왜곡되고 식민화된 생활세계를 합리화시키면서 민주주의를 전개하고 있다.

비판적 프래그머티즘에서 말하는 생활양식으로서의 민주주의 혹은 심의민주주의는 시민들의 비판 능력을 우선시한다. 특히, 의사소통을 방해하려는 시도에 대한 비판에 그 초점이 맞춰진다. 특히 의사소통행위로서의 해방적 관심에 초점을 맞춘다.^{Kadlec, 2007: 1-8} 이것은 변화를 특징으로 하는 세계 속에서 살아 있는 경험을 통해 공동체 속에서 반성적 탐구를 전개해가며 비판적 잠재성을 키워가는 것으로 볼 수 있다.

'해방적 시민성'을 향하여

여기에서 지향하는 시민성은 '사회적 자아'와 '경험과 의사소통'을 중심으로 하는 민주주의를 통해 생각해볼 수 있다. 다원주의 맥락에서 공동체의 '두터운 연대성thick solidarity'을 통한 민주적 자아, 그리고 반성적 탐구와 사회적 상호작용을 하는 의사소통행위가 심의민주주의 등을 지향하게 된다.^{Rosenthal, 2002: 210; Kadlec, 2007: 119;}

Langsdorf, 2002: 142 그래서 해방적 인식 관심이라는 이름을 가져다 쓰게 되면 '해방적 시민성'으로 간주해볼 수 있다. 이는 시민이 공적 영역에서 의사소통행위를 통해 생활세계의 합리화를 지향하는 모습이다. 생활세계 안에서 문화적인 지식의 전승과 혁신을 이끌고, 사회통합과 유대를 산출하며, 개인적인 정체성 형성을 강화해나간다.

또한 사회통합의 잠재적 문제를 탐색하고 효과적으로 주제화하는 능력을 요구한다.Habermas, 1981b: 141; 1996: 358 영Robert Young[1989]의 말대로, 그러한 시민성은 도구적 이성을 비판하고, 공론 영역에서 합리성을 추구하며, 자본주의 사회에서 체계의 왜곡에 대한 의사소통적 재구성의 역할을 하는 민주시민성이라 할 수 있다.[34]

듀이 이전과 이후의 프래그머티즘

지금까지 듀이 이전과 이후의 프래그머티즘을 통해 시민성 개념을 보았을 때, 같은 우산 아래에 있으면서도 그 의미가 매우 광범위하다는 것을 알 수 있다. 사상가마다 내세우는 주장들을 시민성으로 전환해서 보았을 때, 각기 새로운 시민성을 나열한 모습이다. 퍼스의 '과학적 시민성', 제임스의 '개인적 시민성', 미드의 '사회적 시민성', 로티의 '소시민적 시민성', 하버마스의 '해방적 시민성'은 듀이를 거치면서 시민성이라는 이름을 가졌지만, 너무 거리가 먼 시민성들의 집합으로 보인다. 서로 영향을 주고받았기 때문에 이들의 관계를 표현하자면, 다음처럼 그려볼 수도 있을 것이다.

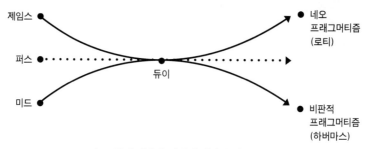

그림 2 듀이 전후에 나타난 시민성 개념의 갈래

　분명 사상가마다 프래그머티즘에 대한 관심의 폭과 넓이, 관점과 접근방법의 차이가 있기 때문에, 세밀한 연관관계를 그리기는 어려울 것이다. 그럼에도 불구하고, 각 사상가들은 프래그머티즘이라는 우산 속에 있으면서 공유와 연결지점을 가지고 있고, 이를 통해 각각 다른 관점과 노선으로 갈라지고 있다. 로티는 유독 제임스를 연결해 듀이의 경험과 탐구에 대해 재해석하려는 노력을 기울이고,^{Rorty, 김동식 역, 1996: 152, 336} 미드와 듀이와 하버마스는 의사소통 개념을 매개로 지속적으로 언급하고 있다.^{Young, 이정화·이지헌 역, 2003: 86-94} 시민성의 관점도 마찬가지로, 같은 프래그머티즘 아래에서 사상가마다 다른 시민성을 제시하고 있고, 연속선도 차원을 달리하며 큰 갈래를 이루고 있어 광의적인 측면이 강하게 나타나고 있다.

10. 배움은 경험의 재구성에서 시작된다

일상적인 삶이 곧 경험

시민성과 연관된 듀이의 경험 이론은 일상생활 속에서 시민들이 행하면서 겪는 다양한 경험의 의미에 대해 말해준다. 듀이의 경험 이론은 그의 사상의 시작이자 끝이라 할 정도로 새롭고도 정교하다. 《경험과 자연》[1925a], 《경험으로서의 예술》[1934], 《경험과 교육》[1938b] 등 일련의 연구 성과는 이를 잘 보여주고 있다.

듀이의 경험은 '일상적 삶이 곧 경험'이라는 관점에서 출발한다. 이것을 풀어서 말하자면, 생활 속에서 생물적인 면과 사회적인 면을 가진 유기체가 환경과의 상호 교섭 속에서 보여주는 동적이고 성장하는 경험이라 할 수 있다. 즉, 경험은 유기체와 환경 사이의 상호작용으로 나타나는 결과이자 상징이자 보상이라 할 수 있다.[LW10: 28] 그렇다면 경험은 어떤 것의 일부가 아닌 전체적holistic인 것이 된다. 시민성 개념도 삶 속의 전체 시간과 공간 속에서 이루어진 경험을 토대로 전개된다.

경험 이론의 배경

앞서 살펴본 대로, 경험 이론의 배경에는 다윈의 진화론, 헤겔의 변증법적 유기체론, 제임스의 의식론 등이 복합적으로 이루어져 있다. 이를 차례로 살펴보면, 다윈으로부터는 어떤 인간이라도 '자연'에서부터 출발한다는 점이 부각된다. 그래서 경험을 형성하는 주체로서의 인간은 과거처럼 사고인, 경제인, 공작인 등 어떤 하나의 특징만으로 강조되지 않는다. 자연의 일부로서 자연적인 본성에 충실한 인간으로부터 출발한다. "우리 앞에 직접 마주하고 있는 자연은 늘 변화한다. …… 인간의 경험 또한 끊임없이 변화한다." MW4: 6는 말은 자연과 인간의 합일성이라는 다윈의 사상을 엿볼 수 있는 대목이다.

헤겔로부터는 인간을 포함한 모든 현상이 합리적인 법칙에 의해 계속적으로 발전한다는 '법증법적 유기체론'이 들어온다. 듀이가 철학에 관심을 갖게 된 계기도 헤겔이 제시한 것과 같은 '상호작용하는 유기체' 개념을 통해서다. Bernstein, 정순복 역, 1995: 28 세계의 발전 법칙으로서 정正·반反·합合의 과정은 듀이의 계속성과 상호작용의 원리와도 연결된다. 모든 형태의 생명은 상호 연관되어 있고, 상호 의존하면서 역동성을 띤다. 다만 헤겔의 시대정신Zeit Geist, 절대정신Absoluter Geist, 이성Vernunft의 방향과는 반대로, 듀이는 일상적인 '경험'을 강조하는 방향으로 나아간다. 즉, 헤겔의 주관적 정신과 객관적 정신의 관계가 듀이의 유기체와 환경의 관계로 바뀌었다고 볼 수 있다.

듀이의 경험 개념을 구축하는 데 결정적인 영향을 준 제임스로부터는 '의식의 흐름'을 통한 경험의 성장 원리가 들어온다. 경험의 성장 원리는 제임스가 《심리학의 원리》[1890]에서 말한 '의식의 흐름stream of consciousness'에 기반하고 있다. 의식의 흐름 자체가 인간의 본질을 정체성이 아닌 '가소성plasticity'에 바탕을 둔 것으로 볼 수 있다는 대목이다.[권선영, 1998: 7-8] 의식의 흐름이 이루어지면 경험으로 하여금 생물학적인 감각이 아닌 심리학적 성장을 가능케한다. 개별적인 경험이 통일성을 가지고 성장할 수 있는 것도 이때문이다.

고대 그리스와 영국 경험주의에 대한 비판

듀이의 경험 이론은 기존의 경험 이론에 대한 비판을 밑바탕에 깔고 있다. 비판은 '고대 그리스의 경험'과 18세기 이래 '영국의 경험주의'에 대한 것이다. 먼저 고대 그리스의 경험에 대한 비판은 '숙련된 직공'이라는 말에서 잘 드러난다. 여기에서 경험은 직공으로서 자신의 일이 숙련되기까지 요구되는 일종의 '과거의 축적된 정보'를 가리킨다. 경험이 실제적인 지식을 갖고 사고와 행위가 이어지지만, 플라톤이 말하듯이, 이 경험은 참된 지식 혹은 학문과는 완전히 구분되는 경멸의 대상에 불과하다.

듀이는 이에 대한 한계를 다음과 같이 지적한다. 우선 '인식론적 한계'로서, 순수 이성 혹은 지성이 경험보다 상위에 있다는 주장이다. 또한 '도덕적인 한계'로서, 이성적인 사고와는 달리 경험이 제한적이고 의존적이어서 실천의 본성만이 존재한다고 간주하는 것이다. 마지막으로 '형이상학적 한계'로서 내재적 본성으로서 이성이 보편적 실재에 있는 반면, 경험은 현상의 영역에만 한정되어 있다는 주장이다. 물론 고대 그리스에서 등장한 경험이 사회적인 성격을 띠고, 습관과 관습에 의해 발전하며, 지식과 행위가 상호작용하는 등 공유하는 점도 있다. 하지만 "경험과 합리적 이성 사이의 격차가 고정되어 있고 무감각하다. 경험이 양적으로는 성장하지만 경험의 질을 바꾸지는 못한다".^{LW11: 75}

18세기 이후 영국의 경험주의는 경험에 대한 인식 자체를 극적으로 바꾼 경우에 해당한다. 종교 중심의 중세와 합리론이 풍미한 근세 초기와는 정반대의 국면을 맞이한 것이다. 대표적인 사상가인 로크_{John Locke}는 "경험이란 외부 대상에 대한 감각소여_{感覺所與,} _{sense data}가 원자론적인 낱낱의 형태로 감각되는 것"이라고 말하였다. 이성은 더 이상 보편적인 실재로서 인간이 파악할 수 있는 순수 능력이 아니다. 경험이 모든 행동의 출발점이고, 모든 신념의 최종적인 시험대이다. 듀이는 이러한 경험이 지적인 저항 차원의 철학으로서 개인에게 양도할 수 없는 권리를 확인하고, 모든 제도가 개인의 경험을 거치도록 하였다고 평가한다.^{Bernstein, 정순복 역, 1995: 80} 경험이 사회적인 용도로서 계몽 정신과 사회 진보에 큰 진전을 이룬 것으로 본 것이다.

하지만 여기에도 한계가 있다. 우선 외적인 자연으로부터 경험이 들어오기 때문에, 개별 경험이 이론이 되기까지는 설명을 할 수 없는 그런 모순이 생긴다. 인간은 경험을 그냥 받아들이고 축적시키는 '수동적인 관조자'에 머무를 수밖에 없다. 또한 경험이 지식 혹은 신념을 밝히는 진리이지만, 이를 밝힐 수 있는 적절한 경험 이론을 가질 수도 없다. 경험이 이론이나 진리 행세를 하면 이미 경험이 아니기 때문이다.[LW11: 81-82]

자연과 결합된 경험, 그 통일성과 완전성

듀이는 경험과 자연의 결합을 통해서 반이원론의 노선을 견지하는 방향으로 경험 이론을 끌고 가게 된다. 《경험과 자연》[1925a]에서 그는 다음과 같이 자연과 연계된 새로운 경험의 개념을 제시한다.

> 경험은 자연 안에in 있을 뿐만 아니라 자연을 지니고of 있다. 경험되는 것은 경험이 아니라 자연이다. 즉, 돌, 식물, 동물, 질병, 건강, 온도, 전기 등이다. 어떤 방식으로든 상호작용하는 사물들은 경험이라 할 수 있다. 즉, 이들이 경험되는 것이다. 어떤 방식으로든 다른 자연적인 대상이 인간 유기체와 관련된다면, 이들 또한 진정으로 경험되는 것이라 말할 수 있다. 그러므로 경험은 자연 안에 이르고 그 깊이도 있게 된다. 그것은 또한 넓이도 가지고 있어서 그 범위가 무한대로 팽창하게 된다. 그것은 사방으로 확대되고 그 확대는 추론을 구성한다.[LW1: 12-13]

'자연주의적 경험론naturalistic empiricism'이라고 부르는 듀이의 경험은 경험과 자연의 관계를 통합된 전체로 만드는 데서 비롯된다. 자연에 대한 듀이의 관점을 보면, "이상적인 세계의 모든 국면은 자연으로부터 나오며, 감각, 예술, 종교, 사회라는 것은 자연을 풍부하게 표현하는 것들이다."[LW1: 54]라고 말하고 있다. 실상 자연은 '불확실성uncertainty'과 '계속성continuity'을 특징으로 하면서, 덜 복잡한 형태에서 더 복잡한 형태로 변형, 성장, 발전해나간다. 특히 상호작용interaction 혹은 교호작용transaction[22]을 통해 상호 침투하면서 자연은 경험과 겹쳐진다. 이러한 상황에 놓인 경험은 점차 무언가로 가득하고 역동적으로 움직이면서 깊이, 넓이, 범위, 방향 등에서 확대되고 추론된다. 자연의 계속성 속에서 자발적인 심미적 반응들이 나오면서 경험은 점점 더 다양하게 이루어진다.[LW10: 35] 이를 '경험의 충만성fullness of experience'이라고 부른다.

경험의 유형들

듀이는 경험에 대한 숱한 논의 속에서 다양한 유형을 제시한다. 먼저, 그는 경험을 '일차적 경험primary experience'과 '이차적 경험secondary experience'으로 구분한다. 이에 대해 젤트너P. M. Geltner는 이를 다음과 같이 그리고 있다.

그림에서처럼, 일차적 경험은 '원시적인' 혹은 '기초적인' 것이어서 경험 가운데서도 '거칠고 거시적이며 가공되지 않은 것들'을 말

---

22 교호작용에는 세 가지 수준이 있다. 질량과 에너지의 활동인 '물리-화학적 수준physicochemical level', 필요, 요구, 만족의 활동인 '심리-물리적 수준psychophysical level', 전자를 포함해서 언어를 활용한 의사소통 활동인 인간 경험의 수준human experience level이 그것이다.[LW1: 200-201]

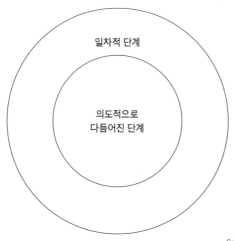

그림 3 경험의 일차적 단계와 의도적으로 다듬어진 단계

한다. 최소한의 우발적인 반성의 결과로 경험되는 것으로 볼 수 있다.[같은 글, 24] 실생활에서 여기저기 부딪혀서 일어나는 직접적인 경험인 셈이다. 여기에는 사고와 반성이 들어가 있지 않기 때문에, 체계적인 지식도 정립되어 있지 않다. 그래서 다른 말로 '외적인 경험external experience' 혹은 '전 반성적 경험prior reflective experience'이라고도 한다. 이와 달리 이차적 경험은 '정제되고 추론된 반성의 대상들', 즉 '계속적으로 조정된 반성적 탐구의 결과로서 경험되는 것'을 말한다.[같은 글, 23] 이는 일차적 경험의 내용을 소재로 삼아 반성과 성찰을 통해 관념이나 판단 등을 이루어가므로, '내적인 경험internal experience' 혹은 '반성적 경험reflective experience'이라고 한다.

일차적 경험과 이차적 경험은 연속성 상에서 연결되어 있어야 의미를 갖게 된다. 만약 연결되지 않는다면, 실증이라는 것이 없어지고 검증과 점검에 대한 노력이 소홀해진다. 또한 일상생활에서 경험되는 사물들의 의미가 확장되지 않아 풍부해질 수 없다. 따라서 이차적 경험에도 악영향을 미칠 수밖에 없다.^{같은 글, 25} 예를 들어 과학이나 철학적인 사고의 과정은 당연히 이차적 경험이지만, 일차적 경험과 연결되지 않고 반성의 양식에만 매달리면 외면당하게 된다.^{송도선, 1998: 49-50} 이것이 바로 일차적 경험이 중요한 이유이고, 질적 직접성이 등장하는 계기이다.

신체에 의한 것이냐 아니면 상징 매체를 통한 것이냐는 기준에 따라 '직접적 경험direct experience'과 '간접적 경험indirect experience'으로 나눈다. 먼저 직접적 경험은 자신이 어떤 사태에 직접 참여하여 생생하게 얻은 '매개되지 않은immediate' 경험을 말한다. 흔히 '체험'이라는 말로 많이 표현되는데, 본인이 직접 사물과의 상호작용에 참여함으로써 '실감realizing sense'을 갖는 것이다. 주체가 딛고 있는 정해진 시공간 속에서 '절실한 현실감mental realization' 혹은 '절감appreciation'과 같은 생생한 느낌을 갖게 된다.

이와 달리 간접적 경험은 인간과 사물 사이를 연결시켜주는 기호, 언어, 문자 등의 상징 매체를 통해 이루어진다. 소위 '매개된mediated' 경험이라 할 수 있다. 간접적 경험은 언어라는 매체를 통해서 이루어지므로 시간과 공간의 제약을 받지 않고 얼마든지 범위를 확장할 수 있다.

하지만 간접적 경험에도 위험은 존재한다. 상징 매체를 통해 풍부한 경험을 편하게 전달받지만, 상징화로 인한 중대한 문제가 발생할 수 있다. 경험의 초기 단계에서 이루어지는 추상이나 상징은 직접적 경험이 없거나 부족한 사람에게 의미의 진정성을 갖기 어렵게 한다. 그 사물을 대신하기에 공허하고 무의미하기 쉽다는 것이다.[MW9: 281] 다시 말해서 상징화된 언어 매체에 매달리게 되면, 현재의 생생한 경험이 들어오지 못한다. 듀이가 말하는 '경험의 생생함과 확실성'[MW9: 285]을 토대로 간접적 경험도 직접적 경험과 연관되어야만 유의미한 경험이 되는 것임을 알 수 있다.

경험의 주체에 따라서는 '개별 경험individual experience'과 '공동 경험common experience'으로 구분한다. 개별 경험이 개인의 생활 속에서 일어나는 과정과 결과에 따라 지식과 인격 등이 달라지는 경험이라면, 공동 경험은 사회가 주체가 되어 지역사회, 국가, 나아가 세계에서 일어나는 인류 전체의 활동 속에서의 경험이라 할 수 있다. 물론 경험의 재구성을 통해 이들의 연속성을 제시하였고, '생활'이라는 말에는 경험의 전 영역이 포함되어 있어서[MW9: 100] 양자를 구분하기 쉽지는 않다.

그럼에도 불구하고 구분해서 보자면, 개별 경험은 개인 활동의 과정과 결과를 통해 자기의식에 내재화된 내용을 갖는다. 개인 단독의 것도 있겠지만, 주로는 개인과 사회와의 관계가 개인에게 반영되는 형태를 띤다. 어떤 형식과 내용이 개인의 활동을 통해 습관이나 성향이나 의식으로 들어오면, 개인이 주체가 되어 지식을 만들어내고 인격을 형성시킨다. 개인 경험은 빠르게 이루어지고 능동적인 차원에서 '경험하는 내용'이 많아지게 된다.

이와 달리 공동 경험은 개인과 개인 사이 혹은 집단이나 단체를 통해 이루어지는 활동이라고 할 수 있다. 작게는 소규모 모임에서 크게는 인류 전체까지 이를 수 있다. "공동생활을 하며 경험을 나누고 공동 이익과 목적을 형성하는 여러 가지 방식을 모두 포함"[MW12: 197]하기 때문에, 공유된 경험이라 할지라도 매우 다양하게 나타난다. 이런 다양성이 개인 경험과 마찬가지로 집단을 새롭게 하고 공유된 경험을 재구성하여 계속적인 성장을 이루도록 한다.

공유된 경험이 존재하고 성장해나가려면 넓은 의미에서의 '의사소통'이 반드시 필요하다. "사람들이 무엇인가를 공동으로 가진 덕분에 공동체 내에서 살아가는 것이고, 의사소통은 그 무엇인가를 공동으로 소유하게 되는 방법이 된다."^{MW9: 8} 의사소통을 통해 개별 경험을 공동 경험으로, 공동 경험을 개별 경험으로 만들어가면서 순환이 이루어진다. 이처럼 사회의 공동 경험은 사회 구성원 개개인의 경험들이 통합되는 결과물이 되고, 변화의 정도가 느리고 장기적인 성질을 띠면서 문화유산으로 나타나기도 한다. 중요한 것은 생생한 개인의 개별 경험 없이는 공동 경험도 없다는 사실이다.

경험의 재구성

'경험의 재구성'과 '어떤 하나의 경험an experience'[23]에 대한 논의는 듀이의 경험 이론을 보다 구체적으로 보여준다. 전자는 경험 이론에 관심을 갖기 시작할 때부터 여러 맥락을 수렴하고 있는 개념이라면, 후자는 경험으로서의 예술까지 확대시키고 있는 개념이라

---

23 기존에는 'an experience'를 '하나의 경험'으로 해석해왔는데, 이는 직역에 가까운 번역으로 한글에 맞는 번역이 아니다. 물론 '하나'라는 말에는 '오직 그것뿐'이나 '일종의'라는 의미가 있지만, 여기에서는 일상생활 그대로의 경험이 단일성과 다양성을 통해 통일성을 이루어나간다는 뜻을 내포하고 있다. 따라서 언제 어디서 이루어질지 모르는 특정할 수 없는 경험이므로 '어떤'이라는 말을 넣어야 한다.

고 할 수 있다.

먼저, 경험의 재구성은 듀이가 1917년에 발표한 논문 〈철학 회복의 필요〉에서 처음으로 제시한 것이다. 듀이의 말에 따르면, 경험의 재구성이야말로 너무나 친숙하고 배타적으로 붙어 있는 문제들로부터 철학을 해방시키는 시도라고 할 수 있다. 이것은 "과학과 사회생활, 그 문제에 대해 현재의 조건 아래에 있는 '참genuineness'에 대한 것이다".MW10: 4 듀이는 현재의 조건에 적합한 자기주장과 전통적인 주장을 대립시켜 경험의 재구성에 대해 다음과 같이 정리한다.

첫째, 경험을 '지식의 문제로서 경험'을 다루는 것과는 달리 '경험과 환경과의 교섭'을 강조한다. 합리주의에서 경험은 그 자체가 진정한 지식을 제공하는 데 충분하지 못했고, 이와 정반대로 경험주의에서는 경험이야말로 지식의 유일한 원천이라고 주장했다. 하지만 이것은 경험을 따로 떼어 생각하기 때문에, 경험의 광범위한 맥락 차원에서 보면 비인식적이거나 비반성적인 측면이 강하다. 경험을 환경과의 끊임없는 교섭으로 보아야 경험이 역동성을 갖는다. 환경과의 관계 속에서 경험은 '행함doings'과 '당함sufferings'이 동시에 존재한다.MW10: 9 행하고 당하는 과정에서 경험은 어떤 하나의 지배적 성질을 갖게 되는데, 듀이는 이를 '본래대로의 독특한 하나의 질적 경험'이라고 말한다.

둘째, 흔히 '경험의 주관성'만을 강조하는 것과 달리 듀이는 이를 포함하여 '경험의 객관성'도 강조한다. 그동안 데카르트를 위시한 많은 사상가들이 '마음의 우선성'을 강조하였다. 세계가 우리에게 직접 나타날 때나 세계의 성질이 결여되어 있을 때도 오로지 마음에 의해 결정된다는 것이다. 하지만 이는 세계와 마음을 둘로 나누는 이원론이기에, 경험은 심적이고, 사적이고, 주관적인 것이 될 수밖에 없다. 듀이의 경험에는 '공통적이고 객관적인 세계'가 얽혀 있다. 불확실성과 계속성을 특징으로 하는 자연과의 관계에서 경험은 주관성이라는 하나의 축이 존재하지만, 객관적인 차원도 엄연히 포함되어 있는 것이다.^{Bernstein, 정순복 역, 1995: 95에서 재인용}

셋째, '과거와 범주 안의 경험'과는 달리 듀이는 '실험과 변화에 의한 미래지향적인 경험'을 강조한다. 영국의 경험주의자들은 경험을 앞선 관찰들의 제반 결과와 동일시했다. 흄^{David Hume}과 같은 경우, 과거 경험이 갖는 미래에 관심을 쏟았지만, 이는 결국 경험의 본질을 과거의 역할과 기억에 한정해버린 것에 불과하다. 하지만 듀이는 "기대가 회상보다 더욱 근본적이고, 투사가 과거의 소환보다 더욱 근본적이며, 예견이 회고보다 더욱 근본적이다." ^{MW10: 9}라고 말한다. 경험 내지 경험을 통해 획득된 모든 형평성 혹은 적응이 불확정적이고 임시변통적인 것이라 할지라도, 여기에 시간이 배제된 것이 아니기 때문에, 경험을 판단할 때에는 환경을 다시 꾸미려는 연속적인 과정이자 행위 과정으로 보아야 한다.

넷째, '개별주의와 일원론적인 경험'과는 달리 듀이는 '질적이면서 역동적인 연관성과 연속성으로서의 경험'을 강조한다. 흄에 따르면, 모든 지각은 불연속적이고 구분될 수 있기에, 복잡한 경험이라 하더라도 개체들의 집합 내지는 혼합으로 간주할 수 있다고 본다. 하지만 그렇게 되면 경험의 연관성이나 연속성, 나아가 관계에 대해 설명할 수가 없게 된다. 오히려 일원론의 입장에서 나타나는 반응은 이와는 완전히 상반된다. 궁극적으로 통일되어 있는 하나의 이음매 없는 전체가 경험인 것처럼 말하게 되는 것이다. 하지만 이는 경험에서 이루어지는 탐구를 염두에 두지 못한 것이다. 듀이에 따르면, 경험이란 일련의 상호 침투적인 상황들로 구성되어 있고, 모든 상황이 다른 상황들과 하나하나 역동적인 연관성을 지니고 있다.^{Bernstein, 정순복 역, 1995: 102에서 재인용} 그 상황은 질적으로 독특한 성격을 가지고 있어서 그런 상황을 담지하고 있는 경험이 바로 도덕적·사회적 행위를 위한 충분한 근거가 된다.

다섯째, '경험과 사고의 대립'이 아닌 '경험에서 사고와 반성의 충만'을 강조한다. 그동안 경험은 이성 혹은 사고와 반대 지점에 있는 것으로 간주되어왔다. 고립된 경험은 경멸당하기도 하고, 반대로 무언가 특별한 게 있는 것처럼 받아들여지기도 했다. 하지만 듀이에 따르면, 경험은 사고, 이성, 혹은 지성과 대립될 수 없는 개념이다. 의미 있는 경험은 불완전하더라도 사고가 반드시 개입되어 있기 마련이다.^{MW9: 159} 그래서 경험 속에는 추론이 충만하고, 지성으로 축적될 수 있다. 갈등 상황은 탐구를 유인하고, 탐구는 사고의 중재를 통해 문제를 해결해간다. 탐구를 통해 경험의 과정을 변경하게 되는 셈이다.

'어떤 하나의 경험An experience'

경험의 재구성의 일환으로, 듀이는 《경험으로서의 예술》¹⁹³⁴을 통해 '어떤 하나의 경험'을 제시한다. 이것은 우리가 자연스럽게 '실제 경험'이라 말하는 경우나 사건, 즉 무엇을 회상하여 "그것은 어떤 하나의 경험이었다."라고 말할 때의 그런 경험이다. 이는 평상시 자연스럽게 마주하는 경험으로서, 경험의 단일성과 다양성을 통해 통일성을 이루어가는 과정을 보여준다.

> 그러한 경험에서는 모든 연속적인 부분들이 갈라진 틈이나 채워지지 않은 공백 없이 뒤에 오는 부분으로 자유롭게 흘러 들어간다. 동시에 부분들의 자기 정체성을 상실하는 일도 없다. …… 한 부분이 또 다른 부분으로 유입되고, 하나의 부분이 앞서 있었던 부분을 계속 따라 함으로써, 각각의 부분은 그 자체의 개별성을 획득한다. 그 지속적인 통일체는 다양한 짜임새를 강조하면서 계속적인 양상에 의해 다양하게 변모해간다.
> '어떤 하나의 경험'을 할 때는 지속적인 융합으로 인해 결함도 없고, 기계적인 접합도 없고, 부동의 중심dead centres도 없게 된다. …… (중략)
> 경험에는 하나의 통일성이 있어, '그 식사', '그 폭풍', '우정의 결렬'이라는 이름을 부여한다. 이러한 통일성의 존재는, 경험을 구성하는 부분들의 다양성에도 불구하고, 경험 전체에 충만한 하나의 단일 성질로 구성되게 된다. 이러한 통일성은 정서적이지도 않고 실천적이지도 않고 또한 지적이지도 않다. LW10: 43-44

'어떤 하나의 경험'은 아주 작고 하찮은 경험이라도 결국 심미적 경험에 이르게 한다. '있는 그대로의 경험' 즉, 실제 경험 속에서 어떤 하나의 경험이 등장하기 때문이다.

일상적이고 평범한 사물에 대해 경험이 갖는 심미성을 발견하기 위해서는 그 사물에 대한 경험으로 돌아감으로써 가능해진다. …… 있는 그대로의 경험이라도, 정말 그것이 어떤 하나의 경험이라면, 이미 다른 어떤 경험 양식에서 유리된 대상보다 심미적 경험의 내재적 본성에 단서를 제공하는 데 더 적합할 것이다.[LW10: 16-17]

듀이는 다음과 같은 예를 든다.

만약 누군가 파르테논 신전을 보고 위대한 예술 작품이라고 느낀다면, 이것은 오로지 그 사람에게 경험이 되었다고 볼 때에만 가능하다.[LW10: 10]

이는 단조로운 벽돌의 조합을 건축물로 간주하고, 그리스라는 거대한 예술의 공화국을 느끼며, 나아가 시민 종교와 일치하는 시민적인 감정을 갖는 그런 경험 같은 것이다. 이는 요란스럽고 논쟁을 즐기며 감수성이 예민한 아테네 시민들을 상상하는 데까지 나아갈 수도 있다.

연속선상에 있는 경험이지만, 자아와 대상과 사건의 세계 사이를 어느 정도로 상호 침투 하느냐에 따라 그 모습도 달라진다. 과거로부터 미래로, 정적인 것으로부터 동적인 것으로, 단순함에서 복잡함으로, 일방적인 것에서 쌍방적인 것으로 재구성되는 경험은 '정상적인 경험normal experience'이다.[같은 글, 18-19] 하나의 결말과 종결을 향해 나아가는 조건이 갖추어지면 정상적인 경험은 '내적인 경험internal experience'으로 나아간다.같은 글. 47, 62 역동적으로 조직화된 내적인 경험이 어느 순간 하나의 통일체a whole가 되고, 개별적 성질과 자족성self-sufficiency을 갖추면, 그것이 바로 '어떤 하나의 경험'이 된다.같은 글. 42-43 최종에는 기억할 만하고 만족스럽고 즐거우며 완결된 형태의 훌륭한 행위로서, 어떤 하나의 경험이 확대된 '심미적 경험aesthetic experience'이 된다.

듀이에게 경험과 예술의 결합은 이처럼 자연스러운 것으로 인정받는다. 생활 속에서의 실천과 지적인 과정이 심미적인 것과 깊은 연관성이 있음을 다음과 같이 표현한다.

> 심미적인 것의 적敵은 실천적인 것도 아니고 지적인 것도 아니다. 오히려 그것은 진부하고, 목적이 느슨하거나 방만하며, 실천과 지적인 활동에 있어서 타성에만 의존한다.LW10: 47

이처럼 '어떤 하나의 경험'은 일상적으로 이루어지는 경험에 대해 통일성과 완전성을 갖추어나갈 것을 주문한다. 현실 속에서 보면, 갈수록 사람들의 경험 자체가 단편적인 것이 되어가고, 다른 사람과의 관계 속에 나타나는 경험도 단절되는 경우가 많다. 자신과 같은 시간과 공간에서 함께하는 사람, 사물, 사건에 대해 지속적인 관계와 변화, 그에 따른 의미 부여가 갈수록 부족해지는 현실이다. '어떤 하나의 경험'은 작은 경험이라도 계속 이어지고 주변과 충분히 상호작용하면서 무의식적으로라도 좋은 의미를 부여하는 상황이 많이 만들어지길 기대하고 있다.

11. 질적인 직접성을 통한 시민들의 생생한 경험

경험의 계속성 원리

최근 트위터나 페이스북 등을 통해 실시간으로 우리 주변의 모습을, 아니 멀리 떨어진 다른 곳의 모습도 생생한 소식으로 신속하게 공유하고 있다. 오히려 거대 언론사들이 놓치는 일상생활 속의 경험과 사건들이 더 크게 부각되는 경우도 흔해지고 있다. 이런 상황을 예견이라도 하듯이, 100여 년 전 듀이는 이를 경험의 '질적 직접성'이라는 표현을 하면서 일상생활 속 시민들의 경험의 중요성을 제시하였다.

듀이에 따르면, 경험의 가치를 판단하고 경험을 설명하는 원리가 있는데, 그것이 바로 '계속성continuity'과 '상호작용interaction'의 원리이다. 이 원리들은 듀이 후기에 《경험과 교육》[1938b]에서 제시된 것으로, 어떤 경험이 교육적으로 중요하고 가치 있는 것인지를 평가하는 척도로 사용하고 있다.[LW13: 25-26] 이들 각각은 경험의 종적인 측면과 횡적인 측면을 담당하면서 상호 견제하면서도 또다시 하나로 묶여 있다.

먼저 계속성의 원리를 살펴보자. 이 원리는 이전의 상황으로부터 이후의 상황으로 무엇인가가 전해지는 것을 상정한다. 여기에서는 경험의 상황과 다른 상황과의 연계성 속에서 경험자에게 일어나는 세계의 변화가 어떠한지가 주요 관심사다. 듀이는 다음과 같이 말한다.

> 한 개인이 하나의 상황에서 다른 상황으로 넘어갈 때, 그의 세계와 환경은 확장되기도 하고 축소되기도 한다. 그러나 그는 자신이 이전과는 전혀 다른 세계에 살고 있는 것이 아니라, 이전과 동일한 하나의 세계를 다만 이전과는 다른 부분에서, 또는 이전과는 다른 측면에서 살고 있음을 발견하게 된다.[LW13: 25-26]

계속성의 원리는 헤겔의 변증법적 유기체론의 영향을 받아 운동과 변화를 중시한다. 그래서 이 원리는 "개인의 삶이 지속되고, 학습이 계속되는 한 끊임없이 이루어진다".[같은 글, 44] 학습은 완성이 아니라 오히려 다음 운동의 계기로서의 반反이 되는 것과 같다. 계속성의 원리를 적용하면, 경험은 점점 세련되고 내적으로 충만해지게 된다. 물론 잘못 적용하면, 경험은 열악해지고 황폐해지면서 삶은 위축되고 기계적으로 변질될 수도 있다. 과거와 현재와 미래의 경험은 보다 세련되고 내적인 경험이 되기 위한 동일한 목적을 수행하는 연속적인 관계에 있다.[권선영, 1998: 8-9] 이 원리를 통해 경험은 일정한 방향성과 계통성을 가지고 질서 있게 나아가는 발전적인 과정이 된다. 듀이는 뱃사공의 비유를 들어 다음과 같이 말한다.

뱃사공은 별을 향해서 항해하는 것이 아니고, 별에 유의하면서 현재 활동에 도움을 받는 것이다. 뱃사공에게 항구는 소유 그 자체의 의미가 아니고, 거기에 도달한다는 의미에서만 그에게 목적지가 된다. 항구는 사고 속에서 활동 방향을 돌릴 필요가 있는 중요한 하나의 지점이다. 항구에 도달할 때면 활동이 멈추는 것이 아니고, 그저 활동이 이루어지는 현재의 방향이 되는 것이다.^{MW14: 156}

계속성의 원리를 통해 내적으로 일정한 방향성을 갖게 되는 경험은 결국 이원론의 극복으로 나아갈 수 있게 된다.^{정건영, 1978: 57; 임태평, 2005: 195} 즉, 경험과 이성, 특수와 보편, 과정과 결과, 능동과 수동, 지성과 정서 등과 같은 이항 대립의 개념들 사이를 연결해주고, 새로운 인식의 지평을 만들어내게 된다. 개인 혹은 집단 간 차별과 계급 갈등을 극복하는 원리가 된다. 결국 이러한 과정을 통해 유기체는 성장하는 계기를 마련하게 된다. "신체적으로뿐만 아니라, 지적으로 그리고 도덕적으로 성장 혹은 발달하는 것으로서 성장하는 것도 계속성 원리의 한 예시가 된다."^{LW13: 19}라고 듀이는 말하고 있다

시민성에 대해서도 계속성의 원리는 일정한 시간 속에서 성장과 발달을 가능케 한다. 어떤 한때의 시민이 이룬 혹은 겪은 경험은 파편화되어 단절되는 것이 아니라 내적으로 세련되고 시대 변화와 더불어 일정한 방향성을 갖게 된다. 과거의 역사적 경험을 잊지 않고 현재의 경험으로 되살아나게 하면서, 미래로 이어지는 것이다. 뒤에서 밝힐 시민성의 속성으로서 경험의 질적 직접성에 영향을

주는 대목이 아닐 수 없다.

경험의 상호작용 원리

다음으로 상호작용interaction의 원리는 횡적인 측면에서 개인과 환경 사이에 서로 영향을 주고받으면서 경험이 커간다는 특징을 갖는다. 이 역시 헤겔이 제시한 변증법적 유기체 과정에 영향을 받았다. 하나의 사물은 인과적인 상호관계 안에서 다른 한 사물을 조화롭게 대하면서 경험하는 주체와 경험 당하는 객체와 만나고, 그 사이에서 활발한 교섭이 이루어지게 된다. 이와 같은 상호작용을 통해 경험은 내적인 조건과 외적인 조건이 조화를 이루고, 서로 영향을 미치면서 변화와 성장을 이루게 된다.같은 글, 25

사실 상호작용은 '자아작용selfaction'과 '교호작용transaction' 사이에서 이루어지는 것이다. '자아작용'은 경험 주체의 측면에서 바라본 상호작용을, '교호작용'은 입체적 상호작용을 말한다. 이러한 교호작용은 본래 상호작용이 수정된 것으로, 행동에 있어서 최후의 발전 단계에 속하지만, 다음 단계에서의 성장은 다시 새롭게 자아작용을 상정함으로써 가능하게 된다.LW1: 206-209

결국 연속적이고 순환적인 상호작용은 경험을 조직하고 체계화시킨다. 듀이는 어떤 사건이나 사물을 설명할 때 혹은 이름을 붙일 때,[24] 교호작용이 일어난다고 한다. 결국, 교호작용이란 유기체와 환경이 영향을 서로 주고받으면서도 각각 변화하고 성장한다는 의미를 갖게 된다. 그래서 훨씬 긴 시간과 확대된 공간 속에서 특

정 사태를 관찰해야 한다.^{김무길, 2005: 45-47}

교사와 학생 사이에 이루어지는 토론 상황을 생각해보자. 여기에는 토론 그 자체뿐만 아니라 전후로 이루어지는 교사와 학생의 관계나 사회적 인식이나 학교의 제도적·문화적 차원 등이 깊숙이 관련되어 있다. 아이가 불에 손을 대다가 깜짝 놀라 재빨리 뺀다든가, 교통경찰관의 신호에 따라 차가 움직이는 것과는 차원이 다른 긴 시간과 넓은 공간을 필요로 하는 '맥락적 전체contextual whole'와 관련되어 있다.

> 우리는 고립적으로 어떤 대상이나 사건을 경험할 수도, 판단할 수도 없다. 오직 어떤 맥락적 전체와 관련하여 경험하고 판단한다. 이런 맥락적 전체를 상황이라고 부른다.^{LW12: 72}

상황에 놓인 경험

'상황situation'은 상호작용뿐만 아니라 계속성의 원리에서도 등장한다. 계속성의 원리에서는 상황과 상황의 결합과 지속이라면, 상호작용의 원리에서는 유기체와 환경이 주고받는 맥락적 전체라는

---

24 '명명작용'과 '교호작용'은 밀접하게 관련되어 있다. 명명작용은 지식의 과정으로서 두 가지 측면이 있는데, 하나는 탐구를 위한 행동이라는 과정이 있고, 다른 하나는 관찰이라는 과정이 있다. 듀이는 바로 후자에 대해 '교호작용'이라고 이름을 붙였다. 관찰자에 의해 시행이 되지 않는다면 명명작용은 발생하지 않기 때문이다. 교호작용은 명명하는 과정에서 관찰자가 하나의 과정을 조직하는 것으로 볼 수 있다.^{Spiegel, 1971: 20}

점에서 그렇다. **그림 4**는 이를 잘 보여준다.

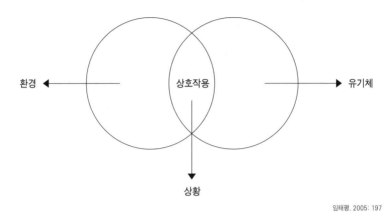

그림 4 유기체와 환경의 상호작용과 상황의 위치

상황에는 단지 물리적인 차원에 국한된 것이 아니라 심리적·사회적 관계까지도 포함된다. 그래서 "서로 상호작용하면서 때로는 상대적으로 밀접한 장들fields이 결합하기도 하고, 비판적인 변화가 이루어지도 한다. 새로운 에너지가 흐르는 곳에 그리고 새롭게 질적인 부분이 관련된 곳에 새롭고도 넓은 장이 형성되기도 한다".LW1: 208 상황 속의 어떤 경험은 계속성과 상호작용을 통해 상호침투하면서 '끊임없는 재조직, 개조, 변형의 과정'을 거쳐 성장의 길로 나아간다. 이는 시민성에 대한 상호작용의 원리가 시민 경험의 질을 재조직, 개조, 변형하면서 성장시키는 것으로도 볼 수 있다. 시민성의 질적 직접성도 상호 침투에 의한 경험의 질의 변화로부터 나오는 것이 때문이다.

시민성의 첫 번째 속성, '질적 직접성'

듀이의 경험 이론을 통해 시민성의 속성으로 '질적 직접성 qualitative immediacy'이 등장한다. 이 말은 '경험이 직접적이면서 스스로의 질적인 배경을 갖는다'는 뜻이다. 이러한 평범한 진술 안에 경험과 자연과의 관계를 규명하고 경험을 재구성하는 기제가 포함되어 있다. 이전부터 나타나긴 했지만,[25] 직접성 개념을 밝히고 있는 듀이의 저작 《경험과 자연》은 1925년에, 질성의 개념을 밝히고 있는 〈질적인 사고Qualitative Thought〉라는 논문은 1929년에 등장한다. 이 시기는 듀이 사상에 있어 중기에서 완숙된 후기로 넘어가는 시점으로, 경험 이론을 완성시키기 위해 질적 직접성에 대한 검토가 중요했음을 시사하고 있다.

듀이 사상의 노선이 '비판적 재구성'과 '유기적 통합'이라는 점을 고려한다면, 질적 직접성 개념은 경험 이론에서 중심적이고도 결정적인 역할을 수행하는 핵심적인 논의 지점임을 부인할 수 없다.정순복. 1990: 6-7 경험과 자연의 관계 속에서 듀이는 유기체와 환경, 자아와 세계, 행위와 감정과 의미의 통합적 관계를 구축하고자 하는데, 그 핵심에 질적 직접성이 있는 것이다. 알렉산더Thomas Alexander[1987]도 "듀이의 경험이 의미하는 바를 이해하려면, 직접성 또는 질성의 의미라는 논제에 초점을 맞추어야 한다."[57]고 주장한

---

25 직접성 개념과 관련된 듀이의 연구는 1905년에 등장한 두 편의 논문, 〈직접적 경험론의 가정The Postulate of Immediate Empiricism〉[1905a]과 〈직접적 경험론Immediate Empiricism〉[1905b]을 통해 살펴볼 수 있다. 여기에서 듀이는 자신을 직접적 경험론자 Immediate Empiricist라고 소개하고, 경험된 사물 혹은 사건을 일상적이고 비기술적인 것으로 제시한다. 이것이 《경험과 자연》[1925a] 5장과 8장에 재등장한다.

다. 이를 통해 경험은 개인적인 감정과 감각 안에 갇혀 있지 않으면서 세계와 활발하고도 민첩한 교제를 도모할 수 있다. 심미적 경험 등 최고의 완성된 경험을 만들어나가기 위해 자아와 대상과 사건의 세계 사이를 상호 침투할 수 있는 기반이 구축되어야 한다.

시민 경험 속에 담겨진 속성, '직접성'

두 개념으로 나누어 먼저 '직접성immediacy'에 대해 살펴보자. 사실상 경험 이론에서 듀이가 기존과 다른 입장을 가질 수 있게 한 개념이 바로 직접성이다. 맥Robert Mack[1945]은 "(듀이의) 직접적 경험은 가능성을 가지고 있으면서 직접적으로 경험된 대상을 포함한다."[66]고 말한다. 듀이에게 '가능성을 가진 경험과 그 대상'이라는 것은 기존의 고대 그리스의 경험이나 근대 영국의 경험주의와는 다른 경험 이론을 펼칠 수 있도록 사상적 공간을 제공해준다.

이처럼 직접성에 관한 탐구는 19세기 서구 사상의 주요한 모티브였다. 그리고 기본적으로 주지주의에 대한 불만에서 시작된 것이었다.[Bernstein, 정순복 역, 1995: 130-131] 화이트헤드Alfred North Whitehead 같은 경우, 주지주의를 '전도된 구체성의 오류'가 담지되어온 것으로 보고 '경험의 구체성'을 강조하기 시작한다. 베르그송Henry Bergson으로 오면, 자연과 인간의 정신적인 삶, 이 둘 사이를 갈라놓는 논리적·실제적 불합리성을 파기하고, 대상에 자신을 가져다 놓는 지적인 공감을 모색해야 한다고 주장한다. 듀이에게 큰 영향을 준 퍼스도 '일차성' 혹은 '직접성의 범주'를, 더불어 제임스도 '직접적인 지각적 분출'을 제기한다.

듀이에게 경험의 직접성이 지닌 의미는 주지주의로부터 벗어나 일상생활에서 접하는 '경험의 구체성과 지각의 가치'를 확보하는 데 있다. "직접적이란 것은 이미 일어났거나 장차 일어날 일과 관련하여 그 의미를 갖는다. 이를 통해 과거의 기억과 미래의 기대라는 유기체적 기초가 마련된다."[LW1: 206-207] 그래서 직접성은 확정과 불확정, 인식과 비인식을 모두 포함하는 하나의 전체로서 상황을 있는 그대로 받아들인다. 사고 또한 그 안에서 작동하기 이전의 맥락에 있다. 세계 또한 사물이 경험 속에서 자신의 기능을 하는 삶과 행동의 직접적인 세계가 된다.

가장 두드러지는 부분은 경험과 자연의 관계 속에서 중추적인 역할로 이 직접성 개념이 들어온다는 점이다. 경험과 자연이 가장 먼저 직접적으로 대면하는 '일차적 경험'은 비판적인 반성이 없고 무의식적으로 작용하는 습성화된 의미들이 가득 차 있다. 사물들의 즉각적인 의미와 가치들로서 자아의 일부로 굳어진 것이 우리의 일상적인 생활의 무의식적 토대를 이루고 있는 것이다.[양은주, 1999: 29] 점점 일차적 경험 안에서 지적·정서적 성장에 대한 요구가 만들어지고, 관계와 연속성의 과정을 통해 이차적 경험이 된다. 관계와 연속성이라는 직접성에 내재된 가능성은 이렇게 자연과 인간의 경험과의 관계에서 비롯된다.

직접적 경험은 자연과 인간이 상호작용하는 데서 온다. 상호작용 속에서 인간의 활동 에너지는 결집되고 완화되고 억압되고 좌절하고 승리한다. 여기에는 결핍과 충족이라는 규칙적 맥동beats, 그

리고 행위와 행위를 억제하는 박동pulses이 있다.^{LW10: 22}

인간의 경험 속에 들어 있는 이러한 맥동과 박동은 '인지하는 knowing' 것이 아닌 '받아 가지는having' 것이다. 경험을 받아 가 진다는 것은 '직접적인 지식'이 아닌 '질적인 직접성'으로 나타난 다.^{Bernstein, 정순복 역, 1995: 133-134} 직접적인 인지 혹은 면식에 의하여 알 려진 기초적인 인식 요소로서가 아니라 직접적으로 경험되고 느껴 지고 소유되는 것이다.

시민 경험 속에 담겨진 '질성'

직접성 개념과 연동되는 '질성qualitativeness' 개념은 듀이의 경험 이론 가운데 후기에 접어들면서 대두된 중요한 개념이다. 듀이는 1930년 〈질적인 사고Qualitative Thought〉라는 논문을 통해 질성의 개 념을 제시한다. 그 특징을 몇 가지로 나누어 보자.

첫째, '세계'란 근본적으로 질적이다. "우리가 살아가고 있는 이 세계는 무엇보다도 질적인 세계이며, 활동하는 바 그 모든 것은 질 적으로 결정된다."^{LW5: 241} 여기에서는 질성을 배제하는 논리학의 오 류는 물론 형이상학과 인식론의 오류도 드러낸다.

미학, 정치학, 윤리학 분야에서 이 사실을 무시해버리면 질적인 것이 논리적인 바탕이 되고 있다는 것을 부정하는 결과를 낳는 다. 그렇지 않으면 질적인 것을 이미 수용된 논리적 법칙에 귀속

시키기 위하여 질적인 것으로부터 여러 가지 구분되는 의미를 없애버리는 결과를 낳게 된다.[LW5: 244]

둘째, 질성은 기초적이고 침투적이어서 '경험의 대상'을 조정할 수 있다. 만약 이러한 성질이 없다면, 경험과 사고는 별개로 움직이게 될 것이다. 여기에서 '상황'이 질성을 조정하는 기제가 된다. 상황을 통해 대상을 질적으로 한정시키고 내재적인 주제를 갖게 하기 때문이다.[같은 글. 247-248] 어떤 상황에서 경험을 통해 만나는 대상에 제한적인 의미를 부여하는 것이 다분히 질적인 측면을 가지고 있음을 말해준다.

셋째, 질성은 '사고'와 관련이 깊다. 한 사람의 경험이 갖는 질성은 어떤 형식으로든 사고의 과정을 거치게 된다. 사고의 가장 기초적인 단계로부터 시작되기 때문에, '일차적 질성primary qualities'이라고도 표현한다. 중요한 것은 경험과 사고가 질성에 의해 연관되어 있다는 점이다. 듀이는 이러한 연관을 언어구조 속의 주어와 술어를 잇는 '연결사copula'로 설명한다. 경험한 것과 경험을 통해 사고하는 것은 언어를 거쳐야 하는데, 언어구조 속에 있는 연결사에서 그런 능동적인 힘이 나온다는 것이다.

> 연결사는 주어와 술어상의 상관이 있는 관점들에 미치는 기능 혹은 활동을 나타낸다. …… 분석된 두 가지 국면들을 상관적인 관점에서 다시 하나의 질적인 전체로 드러나게 하는 기능을 한다. …… 그런 만큼 연결사의 논리적인 힘이란 항상 능동적인 힘이다.[LW5: 253]

넷째, 질성은 하나의 전체로서 '상황'과 맞물려 있다. 그래서 사고, 특히 '연상association'과 연결되어 있다. 질성을 통한 주된 사고 방식은 주로 연상에 의한 것이다. 연상은 '하나의 전체로서 상황의 성질이 기능적인 연관성을 맺는 것'으로 이를 통해 경험과 사고는 완전히 융합된다.같은 글, 254-258 미술관에서 그림을 보고 아름다움을 느껴 '저 그림은 아름답다!'라고 할 때의 모습은 그 사람만의 경험과 현재의 생각이 상황 속에 동시에 나타난 것으로 볼 수 있다.

다섯째, 질성은 상황과 사고를 통합적으로 지배한다. 경험이 갖는 질성은 사고를 점점 고도화하는 본질적인 역할을 한다. 이런 '지배적인 질성'은 침투를 통해 '동화assimilation'를 이루고, 존재와 논리를 구분하는 것이 아닌 '유사성resemblance'을 갖도록 한다.같은 글, 260-261

우리가 해본 혹은 겪은 경험은 자신이든 대상이든 상황이든 기본적으로 모두 질적이고, 행위나 사고나 관계에 침투하여 융합하고 지배한다. 지배도 무제한이 아닌 상황에 따른 제한된 여건 속에서 이루어진다. 이처럼 질성이 상황을 지배하고, 동시에 경험의 직접적인 국면을 지시하며, 마침내 사고 내지 사고의 일차성을 지시하게 된다.정순복, 1990: 23 질성에는 이른바 경험을 중심으로 상황이나 사고 등의 문제들이 휘감겨 있다.

시민성으로서의 질적 직접성은 이처럼 생동적인 시민의 경험으로부터 출발하여 사고로 이어지는 역할을 한다. 이처럼 듀이는 원자론적 다원주의와 보편적 일원론을 거부하면서 개별성과 계속성이 동시에 존재하는 '내적 이중성intrinsic duality'이라는 생명력 강한 대안을 제시한 것이다.Yang, 1998: 65-66 '직접적으로 주어진 광범위하게 질적인 상황'(LW12: 509)에서 시민성은 파편화된 경험과 지식을 이어주고 역동적으로 변화될 수 있도록 한다. 질적 직접성이 있어야만 조사나 명상 그리고 관념적 혹은 논리적 정교함이 가능해진다고 할 수 있다.LW1: 132-133

일상생활에서 나타나는 생생한 경험

실제 시민의 경험은 '질적 직접성'을 가진 일상생활 속 친숙한 현상들과 관련되어 있다. 어떤 학생의 등하굣길을 생각해보자. 아침에 학교 가는 길에 알지 못하는 많은 사람들을 만난다. 그들과 함께 길을 걸을 수도 있고, 어깨라도 부딪치면 간단한 이야기도 나누게 될 것이다. 또래 친구들을 만나면 어제 있었던 일, 오늘 해야 할 일 등 더 많은 이야기가 오고 갈 것이다. 하굣길에 놀이터에 가서 같이 놀자는 제안도 할 수 있을 것이다. 만약 그 학생이 대중교통을 이용해 학교를 오고 간다면, 온몸으로 교통체계나 문화에 대해 경험하게 될 것이다. 예를 들면 질서 정연하게 작동하는 교통신호, 시시각각 변하는 교통 상황, 버스 안에서 일어나는 다양한 일들, 크고 작은 교통사고 등이 그것이다.

이러한 경험들은 시민으로 살아가는 사회 속에서 시공간을 가리지 않고 나타나는 것들이다. 작은 일에서 큰일까지, 단순한 것에서 복잡한 것까지, 직접적인 것에서 간접적인 것까지 다양하게 등장한다. 상황과 조건의 범위를 어떻게 하느냐에 따라 시민의 경험도 다양하게 나타난다.

알몬드와 버바Gabriel Almond & Sidney Verba[1963]는 시민성이 시민 문화가 되는 양상으로서 전통과 더불어 현대 사회에 어떤 모습이 나타나는지 실증적으로 보여주고 있다[5]. 역사적으로 볼 때, 고대 그리스의 시민처럼 공동체인 폴리스에서 함께 통치하는 상황도 있을 수 있고, 고대 로마 제국처럼 로마법에 의해 법적·정치적 권리를 부여받아 정치 공동체 안에서 살 수도 있다. 근대 이후처럼 인간의 보편적인 권리인 인권과 기본권이 누구에게나 보장되는 완전히 새로운 조건에서 살아갈 수도 있을 것이다.신진욱, 2008: 17-18

다양한 시민의 경험을 의미 있게 이해하는 방식으로서 질적 직접성은 시민이 처한 '상황'과 그로 인한 시민의 '사고'를 통합적으로 설명하는 방식을 취한다. 직접성 차원에서 시민성은 시민의 경험을 '이것이다', '저것이다' 말하지 않고, 개별 시민들이 처한 상황 속에서 접하는 구체적인 사건 혹은 대상을 중시하게 된다. 이것은 현재에만 국한되지 않고, 시민들의 과거와 미래의 경험 모두와 관련된다. 충분히 사건이나 대상을 기억하거나 기대하지 않더라도 이를 보거나 겪은 시민 한 사람 한 사람은 유기적인 토대 속에서 경험을 공유하게 된다. 예를 들면, 무의식적으로 시위 장면을 보거나 거리 서명을 한 사람이 모든 것을 다 잊더라도 하나의 전체로서 그 상황을 있는 그대로 받아들이게 된다.

시민들의 직접적 경험으로 만나는 사회는 시민 개인의 경험 속에서 자신의 삶과 행위가 맞닿아 있는 직접적인 세계가 된다. 직업 정치인들이 행하는 정치가 아닌, 시민 개인의 삶과 더불어 시작되고 함께하는 활동들이 펼쳐지는 세계이다. 직접성 개념은 이렇게 시민의 세계관을 개인의 시민적인 삶과 밀착시킨다. 더 중요한 것은 이것을 의식해서 구축해야 할 어떤 것으로 보는 것이 아니라 자연스럽게 일상생활에서 무의식적으로 이루어지는 토대로 본다는 점이다.

직접성이 시민의 경험에 밀착된 개념이라고 해서 이것이 고정되어 있다고 볼 수는 없다. 직접성을 통하여 계속성과 상호작용이라는 경험 이론의 원리들이 작동하기 때문에 시민은 변화하고 성장하게 된다. 인지적인 과정이 구체적으로 드러나지는 않지만, 직접성을 통해 계속성과 상호작용이 일어날 수 있도록 한다. 이것이 바로 시민성으로서 시민의 경험이 자연의 개념과 결합되어 '받아 가지는' 모습이다.

질성은 시민성에 대해 개인과 사회에 대한 시민 경험의 질을 확인하고 성장시키는 기반이 된다. 시민들이 사는 사회가 근본적으로 질적이고, 기초적이면서 침투적인 질성을 통해 시민성은 성장

축제 같은 체육대회에서 밝은 학생들의 모습.
"학교는 자신의 삶과 행위가 맞닿아 있는 직접적인 세계이다."

해간다. 예를 들면, 거리에서 시위하는 장면을 처음 본 사람을 생각해보자. 정도의 차이는 있겠지만, 그 상황에서 관찰자라는 '관계'가 형성된다. 그 관계에서 겪거나 당한 경험은 직접적으로 와닿는 느낌을 준다. 시위에 대해 심리적으로 거부하든 지지하든, 정치적으로 무시하고 지나치든 적극적으로 참여하든 한 사람으로서 시민은 이 경험을 삶의 기초적인 것으로 받아들이고, 어떤 선택을 하느냐에 따라 조정의 과정을 거친다. 즉, 상호 침투를 통해 점점 사고의 단계로 접어드는 것이다.

시민의 경험에서 질성이 중요한 이유는 하나의 전체로서 이루어진 상황이 사고와 맞물려 나타나기 때문이다. 어떤 하나의 경험은 질성을 가짐과 동시에 사고가 전개된다. 예를 들면 시위를 보고 저 시위는 '바람직하다', '못마땅하다', '아름답다', '거북스럽다' 등 다양한 연상을 할 수 있다. 시위를 본 시민의 경험과 그 사람의 현재 생각이 동시에 나타나는 것이다. "개인의 자유가 있는데, 저러면 안 되지." 혹은 "사회개혁을 위한 시위는 중요해."라고 말하면서 특정한 상황 속에서 직접적 경험과 동시에 사고가 이루어진다. 질성이 상황과 사고를 통합적으로 지배한다는 말이 이런 점을 두고 하는 말이다.

역사적으로 시민성을 시민 경험의 일부로 강조하거나 과도하게 전부로 인식하는 시기가 있었다. 전자는 실현 가능하지만 소수의 시민들에게 나타나는 모습이고, 후자는 이상적이지만 다수의 시민들이 바라는 모습이다. 듀이의 이원론에 대한 비판에서도 말했듯이, 이 두 가지 모두 이항대립의 차원이 너무 크게 나타난다는 문제가 있다. 이 간격을 줄이면서 좀 더 발전된 방향으로 나아갈 수 있는 이론적 토대가 듀이의 경험 이론을 통해 등장한 질적 직접성이다.

예를 들면, 아리스토텔레스나 베유E. Weil 등은 시민의 종류를 다음과 같이 구분한다.Canivez, 박주원 역, 2005: 183에서 재인용 이들은 시민을 수동적인 시민과 능동적인 시민으로 나누는데, 아리스토텔레스가 공직 참여 여부에 따라, 베유는 정치 토론에 참여하는 방식에 따라 이를 구분한다. 하지만 질적 직접성을 토대로 바라보면, 시민의 행위가 외형적으로 능동이냐 수동이냐가 아니라, 수동을 능동으로 어떻게 바꿔주는가가 중요한 것이다. 질적 직접성은 수동적인 시민이라 하더라도 그 시민의 경험이 갖는 의미를 새롭게 보게 해준다. 또한 능동적인 시민으로의 변화도 획일적이지 않고, 직접적 경험과 질적인 사고를 통해 다양한 형태의 발전 과정을 거치도록 한다.

시민의 경험이 변화하고 발전하는 방향으로 가는 첫 단계로서, 질적 직접성은 시민성 개념이 광범위하면서도 정교한 개념임을 말해준다. 아렌트Hannah Arendt[1958]가 정치 행위를 기본적인 인간 경험의 하나이고, 자체 목적을 지닌 생활 방식으로 이끄는 행위로 본 것과 유사하다.[175-177][26] 듀이가 볼 때, 질적 직접성으로서 경험은 인간으로서 시민의 것이고, 자체의 목적과 특징으로 시민의 경험을 일상생활 속에서 이끌어내게 된다.

---

26 아렌트는 정치 행위의 두 가지 본질적인 특성을 '탄생'과 '다원성'으로 보는데,[1958: 176] 이는 듀이가 질적 직접성을 경험의 특성으로 보는 것과 유사하다. 인간으로 태어나 자신만의 개성을 가지고 다양하게 살아가는 것이고, 경험이란 게 인간이 태어나면서부터 하게 되는 것이며, 이 과정은 그 어떤 것과도 같을 수 없기 때문이다.

12. 교육에서 질적인 차이와 다양성을 추구하라

질적 직접성, 시민성교육의 토대

듀이의 경험 이론을 토대로 살펴본 '질적 직접성'은 시민성교육에 있어서 일정한 토대가 된다. 경험의 직접성과 질성이 성장 혹은 재구성으로서의 교육과 만나면, 시민들 각자가 겪거나 당한 직접적이고 다양한 경험이 교육적인 성장과 재구성의 출발점이 된다. 학생들이 실천하거나 겪게 되는 다양한 경험을 교육의 장면으로 받아들이는 것이다. 나아가 직접적이고 다양한 경험이 학습의 과정 속에서 사고와도 자연스럽게 연결된다. 직접 겪은 다양한 경험은 개인적인 감정 혹은 감각에 머무르지 않으면서, 그 안에 나타난 단순한 지식을 익히는 과정으로만 전개되지 않는다.

토대가 된다는 것은 질적 직접성이 교과의 내용은 물론이고 교사의 교수학습의 구성에 폭넓은 영향을 준다는 것을 의미한다. 이와 관련하여 듀이가 《민주주의와 교육》[1916a]에서 밝힌 대목을 살펴보자.

우리는 학생들이 체계화된 학교 교과를 공부할 때, 그것이 나타내고 있는 상징적인 경험의 상부구조를 이해하는 기초로서, 구체적인 사태에 대해 충분하고도 직접적인 인식을 가지고 있다고 가정한다. 여기에서 '충분하다'는 말은 단순히 양이나 덩어리를 말하는 것이 아니라, 질적인 의미로 파악해야 한다. 충분히 직접적 경험을 가지고 있다는 것은 어느 편인가 하면, 그 직접적 경험이 상징적인 교과 내용과 쉽게 혹은 의미 있게 관련될 수 있는 성격임을 말해주고 있다. …… 학생의 입장에서 보면, 여기에서 얻어지는 경험은 그 자체로서 가치가 있다는 말이 된다. 교사의 입장에서 보면, 그것은 기호로 된 수업 내용을 이해하는 데에 필요한 학습 자료를 제공하는 수단이요, 상징적으로 전달되는 학습 자료에 대하여 개방된 태도와 관심을 유발하는 수단이 된다.[MW9: 241]

'상징적인 경험의 상부구조를 이해하는 기초'라는 말은 질적 직접성으로서의 경험이 체계화된 시민성교육에 있어서 일종의 토대가 될 수 있음을 보여주는 대목이다. 학생의 입장에서 보면, 그 자체로 교육적인 가치가 있고, 교사의 입장에서 보면 학습 자료를 구성하고 활동하는 데 수단이 되기 때문이다. 물론 일차적이고 즉각적인 시민의 경험을 교육 논리의 전부로 받아들인다는 것은 아니다. 어떤 경험이라도 시민성교육의 내용으로 받아들이고 있다는 점과 이것이 교육적으로 구성 가능하다는 점은 교육과정과 교수학습의 범주를 넓게 확보해준다는 의미가 있다.

이렇게 토대를 충분히 갖춘 상태로 시민성교육에 접근하는 것은 사회적 사실이나 개념을 암기하거나 일정한 사회적 관계를 특정 해석에 치우쳐 구성해온 기존의 입장과는 상당히 다른 것이라고 말할 수 있다. 예를 들면, 한 학생이 등굣길에 벌어진 일과 그와 관련된 상황이 수업시간에 활용되었다고 하자. 이 경험의 소재는 해당 주제와 관련하여 수업의 시작 혹은 끝 어디라도 그리고 어떤 방식으로라도 구성될 수 있다. 즉, 수업의 동기 유발 소재가 되거나 비유적인 질문의 예시가 되거나 평가의 내용으로 채워질 수도 있다. 다른 말로 하면, 이러한 경험의 과정을 외우거나 하나의 관점으로 해석하는 것 자체가 무의미해진다. 충분한 인식 속에 폭넓게 자리 잡은 경험은 시민성교육이 이루어지는 어떤 상황에서라도 결합 가능한 것이 된다.

경험이 질적이고 직접적이기 때문에, 시민성교육은 사회가 아닌 시민인 학생이 중심이 되는 교육으로 나아간다. 이는 시민성교육으로서 시민 참여가 갖는 의미이기도 하다. 정부나 국가가 하는 일에 시민이 수동적으로 참여하는 것이 아니라, 발을 딛고 살아가는 시민의 생활세계 속에서 자신의 경험을 바탕으로 자신이 처한 사회에 참여하는 것이다. '사회 참여 교육'과 '시민 참여 교육'의 미묘한 차이가 여기에 있다. 즉, 참여를 가능케 하는 주체의 구성과 변화 가능성의 출발 지점을 밝혀주고 있다.

질적 직접성을 통한 학생들의 성장과 재구성

질적 직접성으로서의 경험이 성장과 재구성으로서의 교육과 만나면, 시민성교육은 사회적인 차원의 지적·정서적 성장과 사회적인 관계의 확대로 나타난다. 만약 일차적이고 직접적 경험으로 끝난다면, 시민성교육에서 사회와 관련된 대상이나 사건의 의미는 풍부해지지 못한다.

먼저 '성장으로서의 시민성교육'은 다양하고도 일차적인 경험의 발달을 계속성과 상호작용의 원리에 따라 도모하게 된다. 어떤 특정한 사회문제에 접했을 때, 당황하거나 아무렇지 않게 넘어가거나 혹은 그 의미를 잘 알지 못한 채 넘어가는 경우라도, 이것은 교육의 장면으로 일단 수용된다. 관건은 이 경험이 과거부터 미래로 어떻게 변화되는 것인지, 외적인 여건과 내적인 조건은 어떻게 되는지일 것이다. 여기에서 학생들의 '미성숙성'이 시민성교육에 적극적인 힘이 된다. 다른 경험을 한 동료 학생이나 교사에게 의존하게 되고, 그 과정에서 자신의 경험과 더불어 새로운 경험이 결합하게 된다. 여기에 성장을 가능케 하는 '가소성'을 통해 사회문제와 연관된 자기 습관을 통해 여러 행동 기술을 익히게 되고, 지적이고 정서적인 성향 변화를 가져오게 된다.

'재구성으로서의 시민성교육'은 일차적 경험으로 생성된 여러 관계와 연속선에 따라 나아갈 방향을 잡게 된다. 직접적인 시민의 경험은 질적으로 변형되므로 재구성을 시작하게 되고, 질성은 성장의 계기를 통해 점차 발달한다. 사회생활 속에서 학생들은 자기가 겪은 경험을 다른 사람의 경험이나 주변 환경과 관련지어 생각하기 시작한다. "내가 어떤 경험을 했는데, 다른 경험과 환경과의 상호작용 속에서 이런저런 변화와 성장을 할 것이고, 앞으로 전개될 일정한 방향으로 흘러갈 것이다."라는 추론을 하게 된다. 이것은 일종의 능동적인 경향과 목적에 대한 연속적인 진로를 잡아주는 안내이면서 조력이 된다. 결국, 사회적 환경으로서 지도가 이루어지고, 도덕적이면서도 지적인 교육적인 결과를 염두에 둘 수 있게 된다.MW9: 31-38

질적 직접성은 경험을 어디까지 밀고 가는가?

시민 경험의 직접성은 질성을 통해 사회적 지성은 물론이고 정치적 창조성까지도 나아가도록 한다. 교사의 교수敎授 구성 과정에서, 그리고 교수학습이 이루어지는 학생들 사이나 교사와 학생의 상호작용 속에서 재구성하고 성장하게 된다. 앞에서 본 것처럼, 직접적 경험으로부터 사고와 탐구로의 변화가 질성에 내재되어 있고, 이를 위한 지속적인 교육적 조치가 이루어지기 때문이다. 오히려 사고하고 탐구하는 학생이라면, 그가 겪은 시민의 경험에 대해 다양한 변화를 요구할 것이다. 시민으로서 겪은 다양한 경험이 사회적으로는 어떠한 영향을 미치고, 다른 많은 시민들은 어떻게 생각하는지 탐색하게 된다는 것이다.

결국, 시민성교육은 질적인 차이를 강조하고 다양성을 추구하는 방향으로 나아가게 된다. 이전의 시민성교육은 외부의 압력에 의해서나 이념의 속박 혹은 분위기 속에서 전개되는 경우가 많았다. 하지만 질적 직접성으로서의 시민성교육은 직접적 경험에 내재한 질성을 통해 사회적 지성의 심화로 이어지게 한다. 그러면서 시민 경험의 질적인 차이가 보장되고, 다양성을 인정하는 방향을 만들게 된다. 계속성의 원리에 따라 학생들은 직접적 경험을 발굴하고 해석한 후, 이를 다양하게 적용하면서 성장의 가능성을 모색하게 된다. 상호작용의 원리는 크든 작든, 혹은 시공간이 어떤 상황에 놓여 있든 간에, 시민들이 느끼고 보고 겪은 사회적 사건들을 학습 대상으로 적극 수용하면서 나타난다. 이원론을 극복하면서 이루어지는 교육적인 경험은 학생 개인마다 질적인 차이를 갖게 되면서 다양성을 갖게 된다.

감수성과 다양성을 느끼는 교과

경험의 질적인 차이와 다양성을 추구하는 시민성은 교과에서도 일정한 교육적 토대로서 변화가 있을 수 있다. 사회과를 예로 들어보면, 시민성 함양을 목적으로 하는 사회과는 무엇보다 시민으로서 겪고 당하는 일, 사건, 문제 등에 대해 민감하지 않을 수 없다. 경험의 질적 직접성으로부터 등장하는 사회 현상이나 사건 등을 생활 속에서 깊고도 다양하게 느낄 수 있는 방향을 내용과 방법상에서 추구하고 있기 때문이다.

사회 수업시간에 교과서가 아닌 교사의 직접적 경험에서 우러나오는 생생한 이야기를 듣는다고 해보자. 학생들의 관심과 집중도는 이전보다 높아질 것이다. 학생들 자신의 이야기든 이전에 들어보지 못한 이야기든 접근 방식의 차이에서 더 많은 교감을 가질수 있을 것이다.

예를 들면, 다른 나라에 여행을 다녀왔다거나 주식에 투자를 해보았다거나 사회 쟁점이 되는 집회에 다녀왔다거나 하는 등의 이 야기는 그 자체로 흥미를 불러일으킨다. 이것이 수업의 주제와 연 관되었을 때는 학생의 이해도 또한 높아질 것이다. 교사뿐만 아니 라 동료 학생 중 누군가가 자신에게 있었던 일을 지금 옆에서 일어 나는 일처럼 발표한다고 생각해보자. 듣고 있는 학생들의 질문도 많아질 수 있을 것이다. 심지어 이렇게 피부에 와 닿는 이야기는 수업 후에도 동료 학생들에 의해 지속적으로 이야기가 확산될 것 이다. 이와 같은 모습을 사회과에서 토론이나 소집단 활동 등으로 이어나간다면, 교육적 효과는 배가 될 것이다.

'사회적인 것social'의 내용과 범주를 사회과의 주요 문제로 지적 했던 듀이는 시민이 처한 경험과 상황을 다양한 교육적인 배경으 로 강조한다. 심리적·도덕적 관점에서 대부분의 학생들이 공부에 대한 활력을 잃어버리는 이유도 이런 상황과 분리되어 있기 때문 이라고 진단한다.[LW13: 340-341] 실제 사회과에서 시민의 직접적 경험 과 상황은 모든 분야에 대한 방향과 조직을 만들어간다고 해도 과 언이 아니다.

이처럼 듀이가 '실제적인 경험적 상황'[MW9: 160]으로부터 교육의 지 평을 확대하여, 가능한 자연적 학습natural learning 안에 형식적 교 육formal learning을 따르게 하려는 해법은 사회과 교육과정과 근본 적으로 내적 연결이 될 수 있는 것으로 볼 수 있다.[Egan, 1980: 43-49]

사회과에서 직접적 경험의 제시는 학생들에게 흥미와 더불어 색 다른 경험을 불러일으킨다. 이것은 말 그대로 내가 겪거나 당해보 지 못한 경험을 느끼는 것이고, 나와 다른 모습의 경험을 공유하 는 것이다. 경험의 질적 직접성으로서의 시민성이 감수성과 다양성을 느끼게 하는 교육임을 알 수 있는 대목이다.

감수성을 느낀다는 것은 사회생활 속에서 다양한 경험을 통해 갖는 감정, 의미, 의지 등을 쉽게 생각하지 않고 민감하게 받아들인다는 것을 뜻한다. 듀이는 '동일시identification'라는 용어를 사용하면서, 실험학교의 사회과 수업에서 아동의 성장 단계에 따라 행동적인 동일시와 지적인 동일시를 적용하고 있다.^{이흥렬, 2008에서 재인용} 다른 사람과 만나면서 마주하는 사회나 교과서에 실린 사회에 대해 시민적 존재로서의 내가 마주하면서 여러 문제 상황을 해석·판단하게 되고 이를 통해 활동하면서 무언가를 만들어가게 된다는 것이다.

기존의 사회과 교육을 생각하면, 학생들의 직접적 경험은 무시되기 일쑤이거나 언급조차 되지 않는 경우도 흔하다. 설령 언급된다 하더라도 단편적일 때가 많다. 개성의 발휘라는 관점에서 보면, 시민성교육을 통해 사회적 감수성을 풍부하게 하는 것은 사회적·정치적 상상력을 갖게 하는 것으로, 다양한 방식으로 이를 강화하는 모습이 되어야 한다.

또한 다양성을 느낀다는 것은, 파커Walter Parker^{2003:1}가 말했듯이, 문화적·인종적·정치적으로 다양한 것들을 접하게 하여 다원주의를 가르치는 것이다. 다양한 것을 접한다는 것은 외부에서 전달되는 것이 아니라 학생들의 경험이 교육적인 배경이 되는 것이다. 또한 대화와 활동을 통해 서로의 경험을 교차시키면서 이루어진다는 것을 말한다. 다양성이 하나의 사회적 사실이자 선善으로서 왜 그렇게 되는 것인지 그리고 어떻게 다양성과 민주주의가 서로를 요구하는지 가르쳐야 하는 이유이다.

다양성의 강조는 사회과 교실 안에서 대상이나 사건에 대해 학생들의 다양한 목소리가 있다는 것을 말해준다. 다양한 목소리는 추상적이고 일반화된 의미의 '시민'이 아닌 여성, 흑인, 계급 등 자기의 생활세계에서 구체화된 경험을 기반으로 한 시민이 등장한다는 의미를 담고 있다.^{Kohli, 2000: 35} 이는 특수한 자기만의 정체성으로 이어지고, 이러한 정체성의 차이는 질적인 차이를 가져오게 된다. 이러한 질적인 차이는 공동의 관심사를 넓게 만들면서 강한 민주주의를 형성하게 된다.

이상에서 본 것처럼, 질적 직접성이 보다 복합적이고 변화에 민감한 시민성교육이 되려면 사회과 교육에서도 관련 배경과 전망 혹은 지적 조망이 뒤따라야 한다. 듀이는 그 가능성을 지리와 역사의 예를 들어 다음과 같이 진술한다.

> 지리와 역사는 협소한 개인적인 행위나 단순히 기계적으로 숙달될 수 있는 곳에 배경과 전망, 지적인 관점을 부여하는 교과가 된다. 우리 자신의 활동doings을 시간과 공간의 연관성 속에서 위치시키는 능력이 증가하면 할수록, 우리의 활동은 그만큼 중요한 내용을 가지게 된다.^{MW9: 216}

13. 반성적으로 사고하고 문제 해결을 위해 탐구하라

방법론으로서의 탐구 과정

반성적 탐구로 잘 알려진 듀이의 탐구 이론은 경험 이론의 한 축으로 오랫동안 연구되어온 분야이다. 듀이 초기에 이미 인식론적인 접근이나 심리학 연구가 진행되었다. 그 노력이 《실험 논리학 논총》[1916b], 《경험과 자연》[1925a], 《논리학:탐구 이론》[1938a] 등으로 이어지게 되었다. 또한 《사고하는 방법》[1910, 1933a], 《인간성과 행위》[1922], 《확실성의 탐구》[1929] 등과 같은 연구도 여기에 연결되어 있는 저작들이다.

탐구는 듀이의 방법론 차원에서 제기된다. 퍼스와 제임스로부터 영향을 받은 그의 방법론은 인간 생활 전체와 직결시키면서 탐구를 실천에 옮긴다. 이는 '자연주의적 경험론'을 통해 실증적인 가치 판단을 하는 프래그머티즘 차원의 '방법의 철학'이라 할 수 있다. 그는 방법의 철학을 통해서 인간의 모든 생활과 연결시키는 방향으로 나아가고자 한다.

만약 우리가 특정한 결과를 가져오는 요인이 무엇인지 자세히 안다면, 그 요인이 잘 갖추어져 있는지 아닌지를 살필 수 있다. 이때 우리는 진정한 '방법'을 가지게 되며, 이 '방법'은 우리의 활동을 더 잘 통제할 수 있게 해준다.MW9: 152

실제 듀이의 방법론은 내용과 통합되어 있고, 사고와 교과와도 일치한다. 나아가 탐구의 과정과 결과를 사고, 반성, 판단으로 표시하기도 한다.MW9: 153-164; MW10: 321 피아트Donald Piatt[1951]와 같은 경우, "듀이 철학은 탐구 방법으로서의 논리 이론에서 시작하고 논리 이론에서 끝난다."[109]고 평가하고 있다. 탐구를 논리학 차원에서 말하고 있지만, 이는 말 그대로 인간을 탐구하기 위해 필요한 도구라고 할 수 있다.Bernstein, 정순복 역, 1995: 142-143 [27] 객관적이고 과학적인 탐구는 일종의 방법과 유형이 있어야 하기 때문에 논리학이 요구된다. 그래서 탐구 이론으로서의 논리학은 기술적이면서 규범적이다. 즉, 인간이 실제로 탐구하는 방식과 관련되어 있기 때문에 '기술적'이고, 목적을 보장받을 수 있는 지적 요구들을 표준으로 받아들이고, 이를 선택하고 평가하기 때문에 '규범적'이다.

---

27 듀이에게 '반성적 사고'와 '탐구'는 동의어에 가깝다. 초기《사고하는 방법》[1909, 1933a]과《민주주의와 교육》[916a]을 거쳐 1930년대 초반까지 주로 '반성적 사고'라는 말을 썼고,《논리학 : 탐구 이론》[1938a]에서부터 '탐구'라는 용어로 썼다. 이는 '반성적 사고'가 심리적이고 정신적인 사고 과정만을 지칭하는 것으로 생각하기 쉽다는 오해 때문에 바꾼 것이라고 한다. 또한 가이거George Geiger가 지적했듯이, '반성적 사고'의 능동적이고 조작적인 특성을 드러내기 위하여 '탐구'라는 말을 사용했다고 볼 수 있다.노진호, 1996: 73-74

사회실천과 자연과학 사이의 균형

듀이가 방법론으로서의 탐구를 강조하는 이유는 사회실천과 자연과학 사이의 균형을 가져오기 위해서이다. 듀이는 이것을 두고 '자신의 철학을 통해 흐르고 있는 기본 주제'라고 말한 바 있다.[1946: 18, 157] 둘 사이에 균형을 찾아가는 과정은 탐구 논리가 고정된 것이 아니면서 지성이 발휘되는 과정임을 보여준다. 우선 복잡하고 빠르게 변화하는 사회를 정확히 보기 위해서는 지속적으로 발전하는 자연과학적인 방법을 고찰할 필요가 있다. 자연과학의 방법도 사회실천 속에서 인간을 위한 것이었을 때, 의미를 찾을 수 있고, 그런 지성이 진정한 지성이 된다는 말이다.

방법론으로서의 탐구는 이전의 경험으로부터 새로운 경험을 개

나무에 붙은 야생버섯을 핸드폰으로 촬영하고 있는 학생의 모습.
"탐구는 사회실천과 자연과학의 균형에서 온다."

척하는 도구가 된다. 경험과 자연의 관계 속에서 경험을 재구성하면서 '실험과 변화에 의한 미래지향적인 경험'과 '경험 안에서의 사고와 반성의 충만'을 가져오게 된다. 즉, "경험된 내용이 무엇이든지 간에 반성과 인식적인 검토의 대상이 된다는 것은 부정할 수 없다".[LW1: 24] 일상생활에서 인간성을 성장시키고자 한다면, 경험의 내용과 절차를 조종하고 그 방법을 형성하는 원리나 개념도 알아야 하는 것이다.

탐구의 출발, '불확정적 상황'

듀이는 탐구 이론의 주요 지점들을 다음과 같이 설명하고 있다.

1. 불확정적 상황: 탐구의 전제 조건은 의문을 갖게 하는 불확정적 상황, 곧 문제 상황에서 출발한다.
2. 문제의 설정: 확정적 상황으로 가기 위해서는 문제를 명확하게 설정하는 것이 필요하다.
3. 문제 해결을 위한 자료의 확정: 설정된 문제를 해결하는 과정에서 원인과 구성요소를 관찰하면서 여러 지각적·개념적 자료를 얻게 된다.
4. 추론: 수집된 제 개념의 의미와 관계를 다루면서 추리 작용을 통해 논리적 귀결을 얻는다.
5. 사실과 의미의 조작적 특성: 사실과 의미의 일치 여부를 검토하는 단계로서 이를 검증하고 증명해나간다.

6. 상식과 과학적인 탐구: 탐구 과정을 통해 상식과 과학적인 탐
   구 사이를 인식하면서 탐구를 마치게 된다.[LW12: 109-122]

이처럼 탐구는 '불확정적 상황indeterminate situation'으로부터 시작
된다. 듀이가 말하기를, "탐구가 발생하는 첫 매듭은 어떤 상황이
문제가 있는 것으로 받아들이고 짐작된다는 사실로부터이다"[같은
글, 109]라고 한다. 탐구의 선행 조건으로 든 '불확정적 상황'은 경험
속에 문제가 내포되어 있는 상황이라 할 수 있다. 불확정적이고 의
심스러운 것은 경험이 이루어지고 있는 것이 일종의 '상황'이고, 그
상황이 여러 이유로 의심스러운 것이기 때문에 의심을 하게 된다.[같
은 글, 106] 그렇게 보면 탐구는 다음과 같이 불확정적인 상황에서 확
정적인 상황으로 가는 과정이 된다.

탐구라는 것은 어떤 불확정적인 상황을 확정적이라 할 수 있
는 상황이 되도록 조정하거나 방향을 지시하는 하나의 변형이라
고 할 수 있다. 그러한 상황은 불확정적인 상황을 구성하는 특징
과 그 관계 속에서 본래적인 상황의 요소들을 하나의 통일된 전
체로 바꾼다는 의미에서 이른바 확정적인 것이라고 말할 수 있
다.[LW12: 108]

이때 상황은 상호 침투적인 특성을 가지고 있기 때문에, 불확정
적 상황은 복합적인 모습을 띠게 되고, 불확정성에 의해 독특한 성
질을 갖게 된다. 이에 대해 듀이는 다음과 같이 말한다.

주어진 질료를 지배하는, 즉 질료를 하나의 상황으로 구성하는, 특이한 성질은 그저 주먹구구식의 불확실성은 아니다. 오히려 상황을 상황답게 만드는 것은 아주 특이하게 의심하는 것이다. 또한 개입하고 있는 탐구를 일깨우고 동시에 특수한 절차 전반에 걸쳐 조정하고 연습하는 것이다. 그럼으로써 독특한 성질이 되는 것이다.[LW12: 109]

경험의 질적 직접성과의 연결

이것은 경험의 질적 직접성에서 질성이 일차적 사고가 되고, 이로부터 탐구와 연결되는 지점이 되기도 한다. 탐구를 과학적 방법으로만 이해하여 마치 가설을 검증하는 과정으로만 받아들여서는 안 되는 이유이기도 하다.[김대호, 1975: 68] 탐구 자체가 생물학적인 기초에 자리하고 있고, 유기체와 환경이 상호작용한다는 것은 그 안에서 탐구의 과정이 이루어지고 있음을 말해준다. 이 과정에서 인간은 문제를 마냥 기다리고 있는 것이 아니라 능동적으로 이를 해결하려고 한다. 문제 해결이 결국 '문제'를 어떻게 보느냐에 달려 있는 만큼, '해결'이라는 것에 더욱 가까이 갈수록 그 '문제'가 무엇인지 뚜렷하게 볼 수 있는 것이다. 듀이는 이러한 해결 과정을 '지각적 질료'와 '개념적 질료'의 연속적 발달의 기능으로 설명한다.

지각적 질료와 개념적 질료는 서로 기능적으로 이어져 있다. 지각적 질료가 문제를 자리매김하고 이를 그려내는 방식으로 구성된다면, 개념적 질료는 해결의 가능한 방법을 던져준다. 결국 이 두 가지는 침투적 성질을 통해 구성과 내용을 조정하여 문제 상황을 탐구하게 된다.[LW12: 111]

지각과 개념은 문제를 개념화하고 해결하는 과정에서 사고로 이어진다. 듀이에게 사고는 '하고자 하는 것'과 '그 결과로 일어나는 것' 사이에 나타나는 그 어떤 것이다. 다른 말로, 경험에서 나타난 '지적인 학습의 방법'이라 할 수 있다. 경험이 의미 있다는 말은 불완전하나마 사고가 개입되어 있다는 말이다.[MW9: 152] 왜냐하면, 사고는 경험 속에 들어 있는 지적 요소를 명백히 드러내고, 목적을 가지고 행동하도록 만들기 때문이다.

탐구의 또 다른 이름, '반성적 사고'

탐구는 반성적 사고와 문제 해결의 과정으로 나타난다. 먼저 듀이는 사고와 관련하여 인류가 발전시켜 온 가장 효율적인 방법을 '자연과학의 실험적 방법'이라고 규정한다. 그러면서 실험적 방법이 적용되는 사고를 '반성적 사고reflective thinking'라고 말한다. '실험적 지성experimental intelligence'이라는 말도 여기에서 나온다.[MW12: 160] 듀이는 이를 정당화하기 위해서 역사적인 흐름에서 사고 논리의 질적인 전환에 대해 분석한다.[같은 글, 184-219]

이를 간략하게 살펴보면, 첫째 단계는 '고정적 관념static idea'의 단계로서, 생활 속에서 발생하는 문제에 대해 과거 경험을 토대로 해결하려는 방식이다. 둘째 단계는 '논의discussion'의 단계로서, 그리스의 소피스트들과 같이 다양하고 대립되는 관념들 가운데 적절한 관념을 찾고, 그것을 다른 관념들과 비교해보는 데 주안점을 둔다. 셋째 단계는 '연역적 추론reasoning'의 단계로서, 소피스트에 대항했던 소크라테스학파를 중심으로 한 것으로, 여러 관념들을 서로 관련시켜 공통의 원리 또는 준거를 만드는 데 관심을 갖는다. 넷째 단계는 '귀납적 추리inference'의 단계로서, 르네상스에서 일어난 사고의 자유와 더불어 시작된 경험과학으로서, 사실과 관념을 결합시켜 새로운 것을 발견하는 형식을 취하게 된다.

질적인 전환 과정을 통해 듀이가 바라본 사고의 의미는 '확신이나 의심되지 않는 것에 대해 능동적으로 불신하는 태도가 설정된 사례'라고 볼 수 있다. 살아가면서 해결할 수 없는 문제가 증대됨에 따라 의심이 확대 및 심화되기 마련이다. 이러한 상황은 결국 새로운 사고 방법을 요구하게 된다. "사고는 필요한 경우에 지식을 산출하고, 사고의 목적 혹은 목표는 심리의 평형을 안정적으로 확보하는 데 주력한다."[MW10: 328] 듀이는 이런 의심의 양적인 축적이 결국 사고 방법의 질적 전환을 가져온다고 본다.

반성적 사고는 실험적 방법으로서의 귀납적 추리를 중심으로 하되 연역적 추론도 결합된다. 《사고하는 방법》[1910a]에서 말한 것처럼, 반성적 사고는 '마음속에서 문제를 발견하고 중시하고 연속적으로 사고하는 것'이기 때문이다.[3] 구체적으로 말하자면, 문제를 제기하는 '사고 전 상황pre-reflective situation'과 그 문제가 해결됨으로써 명확해지고 통합된 '사고 후 상황post-reflective situation' 사이에 개입된 활동이라는 것이다.[106-107] 여기에는 사고의 연속성continuity과 공존

적 계열consequence이라는 특징이 나타난다.[4]

로저스Carl Rodgers [2002]는 듀이가 말하고 있는 사고에 나타난 '반성'을 다음과 같은 네 가지 기준으로 제시한다. 즉, '의미 구성의 과정으로서의 반성', '사고의 엄밀한 방식으로서의 반성', '공동체 속에서의 반성', '일련의 태도로서의 반성'이 그것이다.[845] 반성의 의미가 경험의 공유, 과학적 탐구, 인격적·지적 성장 등의 의미를 함축하고 있다.

이러한 기준들을 종합하면, 반성적 사고 자체는 여러 차원의 것들을 조정하고 조화시키는 데 초점을 맞추는 것이라고 볼 수 있다. 사실과 관념을 조화시키고, 연역법과 귀납법을 조화시키고, 행동과 사고를 조화시키며, 과거, 현재, 미래를 조화시킨다.노진호, 1996: 83- [93] 문제 해결을 위한 사실의 관찰에 대해 관념으로부터 도움을 받고, 연역법과 귀납법이 별도로 진행되다가 실험적인 조작 과정에서 상호 보완된다. 또한 사고를 통해 행동상의 문제를 해결해나가면서 이원론을 해소하고, 사고의 과정 속에서 과거, 현재, 미래의 시간을 기능적으로 관련시킨다. 듀이의 말대로, 이런 조화는 언제나 미지의 세계에 들어가게 하면서도 알려진 것들에 대해 도전하는 모습이 된다.MW9: 165

조화의 과정을 거친 반성적 지식은 '일상 경험의 산물'에 해당한다. 이는 이론가들에 의한 지식이나 실천이 불가능한 채로 떠드는 그런 지식이 아니다. 실제 반성적인 지식이 없는 일상생활에서의 경험은 단편적이고 우연적이며 목적에 통제되지 않고, 실수와 장애물로 가득 차 있는 경험이다. 반면에 반성적 사고를 통해 산출된 반성적 지식은 이런 점들을 조정하는 수단이므로 그 가치 또한 독

특하다고 할 수 있다.LW4: 174-175

탐구의 또 다른 이름, '문제 해결 과정'

반성적 사고가 문제 해결 과정과 만나는 지점은 '불확정적 상황'에서이다. 《논리학: 탐구 이론》1938a에서 밝힌 반성적 사고는 '불확정적 상황indeterminate situation'과 '확정적 상황determinate situation' 사이에서 이루어지기 때문이다. 이미 불확정적 상황은 유기체와 환경의 상호작용에서 평형equilibrium이 깨어진 상태이므로, 반성적 사고가 작동되어야 한다. 불확정적 상황인 문제 상황에서 탐구가 시작되고, 문제를 명확하게 설정하기 위해 사실에 관한 관찰이 이루어지게 된다. 관찰된 사실들은 해결 방안을 찾아나갈 수 있는 아이디어이고, 이 아이디어는 더 많은 관찰을 일으킨다. 새로 관찰된 사실들은 먼저 관찰된 사실들과 연결되면서 사실의 새로운 체계를 만들어나간다. 연속적인 과정 속에서 그 아이디어는 검증되고 입증됨으로써 타당성을 지니게 된다.

반성적 사고가 문제들을 조정하는 데 초점을 맞춘다면, 문제 해결의 과정은 이렇게 문제를 둘러싼 구체적인 탐구가 전개되는 상황에 초점을 맞춘다. 일단 불확정적 상황이 문제 상황이 되고, 통제와 변형의 과정이 문제 해결의 과정이 된다. 실상 이 모든 것이 경험 속에서 이루어진다. 듀이는 이에 대해 다음과 같이 말한다.

문제가 있고 불안정한 사태가 일어나는 것은 비연속적인 혹은 개

별적인 사태가 연속적인 혹은 관계적인 사태와 합쳐지기 때문이
다. …… 경험 속에 포함된 상호작용이 지극히 종국적이고 완결
적인 것이라면, 개별화된 사태가 문제가 되는 사태로 바뀔 수는
없었을 것이다.^{LW4: 187}

문제 상황은 자신이 가진 조건에 의해서만 해결될 수는 없다. 그
자신의 사태에서는 찾을 수 없는 그런 소재를 통해서 사태가 해결
되어간다.^{같은 글. 151} 문제 해결의 과정은 문제 상황에서 실제 사실들
을 구분하는 데서부터 시작한다. 여기에서 정신 활동으로서 지성
을 담당하는 반성적 사고는 '간접적인' 반응 양식으로 존재한다.
즉, 반성적 사고는 간접적으로 반응하면서 문제의 성질을 규명하
고, 문제가 어떻게 다루어져야 할지 판단하게 된다.^{같은 글. 180-181}

물론 듀이는 관찰과 개념적인 공식 사이, 사실과 이론 사이, 지
각적인 것과 개념적인 것 사이 등의 엄격하고도 뚜렷한 모든 구분
에 대하여 비판적이다. 이러한 구분이 중요한 것이기는 하지만 정
작 기능적인 구분에 지나지 않고 언제든지 바뀔 수 있기 때문이다.
오히려 듀이는 문제 해결의 과정에서 반성적 사고가 조화롭게 만
들어갈 수 있을 것으로 본다.

문제 해결의 과정은 기존의 문제를 대하는 과정에 있어 일정하
게 비판하고 재구성한다. 듀이가 보았을 때, 전통적인 인식론에서
는 문제를 해결하는 전체 과정 가운데 어떤 부분을 고립화시키거
나 고정화시켜서 접근하였다고 본다. 어떤 때에는 '감각적 관찰' 작
용을, 어떤 때에는 '개념적 추론' 작용을, 어떤 때에는 '대상'을 그
렇게 한다는 것이다. 그러다 보니 일련의 실험이 이루어지는 활동

가운데에서도 고립 상태는 이어지고, 거기에 따르는 단편화된 성격이 완결된 상태의 지식 활동에 기초가 되어버린다.같은 글, 150 이는 문제에 대한 정확한 인식이 아니고, 근본적인 문제 해결에도 도움을 주지 못한다.

부분과 전체를 동시에 고려하고, 문제가 이루어지는 전 과정을 고찰하고, 이에 맞는 상황인식과 문제 해결의 단계가 제시되어야 한다. 우선 문제에 대한 인식에서부터 진정성을 갖추는 게 필요하다. 누구든 직접적 경험 상황에서 발생한 혼란에 대해 차분하게 살펴보아야 한다. 이는 문제 해결을 위해 사실을 관찰하고 검토하는 데 적용된다. 유목적적인 탐구로 결론 도출을 목적으로 하고 있기 때문에, 현재의 문제를 과거의 경험으로부터 추론하여 미래의 행위로서 예측하고 전망하려는 계속성이 유지되어야 한다. 이것이 바로 반성적인 문제 해결의 과정으로서 성장이 어떻게 이루어지는지 알려주는 대목이다.최석민, 2004: 171

여기에서 주목되는 점이 듀이의 인간관이다. 듀이만큼 인간을 능동적으로 혹은 실험하는 존재로 바라보는 철학자도 없기 때문이다. 문제 상황에서 인간은 문제를 그냥 기다리고 있다는 것이 아니라 능동적으로 이를 드러내게 된다. 나아가 문제를 능동적으로 탐색한다. 결국 인간의 능동성은 본성 안에 있는 과학적인 지성으로 문제 '해결'의 과정을 전개시킨다.

문제 해결의 과정을 통해 등장하는 지식은 상당한 수준에서 상호작용이 이루어진 상태이고 나아가 사회적인 것으로 나타나게 된다. '문제 사태'를 '해결의 사태'로 바꾸기 위한 탐구와 사고는 주변 환경과의 상호작용을 통해 이루어지고, 이는 원자론적인 개인이 아닌 공동체 속에서 이루어진다. 인간의 본성으로서 드러나는 이러한 능동성은 주변의 동료들과의 상호작용과 함께 이루어지게 된다.

14. 탐구하는 시민의 협동적 지성

지성의 등장

반성적 사고를 발휘하고 문제를 해결하는 탐구 과정에서 도출되는 속성이 바로 '지성'이다. 듀이가 말하는 방법도 '지성에 토대를 둔 실험적 탐구'가 되고, 사고라는 것도 '지성이라는 행동과정'으로 나타난다.[이군천, 2003: 57] 방법과 지성에 대해 듀이는 다음과 같이 말한다.

어떤 인식적인 결론의 가치는 그것에 이르는 '방법'에 의존한다. 이는 방법의 완성, 즉 지성의 완성이 최고의 가치를 가진다는 것을 말해주는 것이다.[LW4: 160]

지성은 넓은 의미의 추론으로서 문제 해결의 도구이자 목적이 된다. 주변의 생활 속에서 일어날 수 있는 문제를 해결하는 하나의 도구이면서, 동시에 이러한 과정을 통해 함양하고자 하는 목적이 된다. 생활 속에서 일어나는 문제들이 개인적이거나 사회적일 수 있고, 논증이 가능할 수도 불가능할 수도 있기 때문에, 지성은 어떻게든 다양한 모습으로 활용되게 된다.[이군천, 2003: 56] 듀이는 탐구 이론으로부터 도출된 지성의 모습을 다음과 같이 그리고 있다.

탐구는 다음과 같이 정확해진다. 상황의 세세한 구조를 관찰하고, 그것을 다양한 관점으로 분석하고, 모호한 것을 명료화시킨다. 보다 일관성 있고 생동감 있는 특성들을 두고서 시사되어 나오는 여러 가지 행동양식의 결과를 추적한다. 예측되거나 상정된 결과를 적용하면서 실제적인 결과와 일치할 때까지 가설적이고 임의적인 것으로 다루게 된다. 이런 것들을 고려하는 탐구가 바로 지성이다.[MW12: 173]

'습관-충동-지성'의 인간성

앞서 인간성으로서의 시민성에서 밝혔듯이, 《인간성과 행위》[1922]는 바로 지성의 의미를 철학의 근저에서 밝혀준 듀이의 연구에 해당한다. 인간성의 요소로서 제시한 '습관', '충동', '지성'은 '행위의 단위로서 하나의 오케스트라 연주처럼 유기적인 연관 운동을 한다. 습관은 행위를 둘러싼 '건축 블록building block'처럼, 행위를 통해 기존의 구축된 성향disposition으로 새로운 환경에 적응하거나 재적응하는 과정에서 형성된다. 이는 사회적 환경 속에서 형성되었기에 능동적인 측면으로 바라볼 수 있게 한다.

충동은 인간의 활동을 재조직하고 일정한 방향을 부여하는 역할을 한다. 낡은 습관의 성질을 변화시켜 새로운 방향을 부여하는 것이다.^{같은 글, 88} 맹목적이고 비지성적이어서 바람직하지 못한 충동도 있을 수 있지만, 변화의 과정에 바람직한 방향을 부여한다면 질적인 경험으로 나아갈 수 있게도 만든다. 여기에서 중요한 것은 다른 충동과의 조화, 그리고 연속적으로 행위 방식에 연결되는 것이다.

충동은 지성, 즉 사고와 자연스럽고도 밀접한 관계를 맺게 된다. 충동을 통해 사고가 발생하고 사고와 행위의 계속적인 상승효과가 결국 성장으로 나아가게 되는 것이다. 바로 이 지점이 지성의 요소가 나타나는 지점이다. 지성은 습관과 충동의 긍정적인 상호작용 속에서 드러나는 그 어떤 것이기 때문이다. 지성은 습관과 충동을 통해 새로운 방향을 취하면서 성찰하는 기능을 갖게 된다. 즉, 다양한 경험과 문제를 다방면으로 고민하면서 이를 해결하고자 한다.

지성을 통한 문제 해결의 길

문제 상황을 재구성하거나 변형하려고 할 때, 지성은 목적이자 수단이 되어 자유롭게 문제 상황에 접근하면서 문제를 해결해나간다. 지성을 통해 '직접적인 행위'가 '간접적인 행위'로 변해가는 것이다. 이렇게 문제 해결의 과정 속에서 지성은 전반적인 조건에 대해 검토하는 통로가 되고, 시험적이고 준비하는 행동으로 안내된다.^{LW4: 178} 이런 상황은 경험을 재구성하고 성장의 가능성을 현실화하는 모습이다. 이때 이루어지는 '반성적 사고'가 바로 자연스럽게 지성과 연결되는 것이다. 과학적이고 실험적인 접근인 반성적 사고를 통해 개인과 사회로 하여금 습관, 관습, 제도 그리고 신념과 새로운 조건들 간의 능동적인 관계를 효과적으로 하면서도 직면한 문제들을 해결하도록 도움을 주는 것이다.

이러한 모습 속에는 감각적 경험론과 합리론 양자를 선험적으로 타협시켜간 칸트 학설을 뒤집으려는 듀이의 의도가 엿보인다. 듀이는 칸트의 '선험'을 '경험'으로 바꿔내면서 실험적인 지식 활동의 분석으로서 지성을 제시하고자 한다. 듀이의 지성을 칸트의 이성과 비교해보면 이러한 면모가 잘 드러난다.^{MW12: 136-137}

우선, 칸트의 이성은 선천적·초경험적이어서 이성과 경험이 이원론적이다. 하지만 듀이의 지성은 경험 안에 내재하면서 경험을 '유목적적이고 가치 있는 방향'으로 안내한다. 둘째, 칸트의 이성은 지배적이고 통합적으로 군림하는 데 비하여, 듀이의 지성은 '창조적이며 구성적'이다. 독립적으로 존재할 수 있는 것이 아니라는 점에서 지성과 경험의 기능성을 강조한다. 셋째, 칸트의 이성은 고정적이고 불변적이나 듀이의 지성은 '가변적이고 유동적'이다. 지성을 창조적이고 실용적인 차원에서 완성되어가는 것으로 보는 것이다. 다음과 같은 듀이의 주장을 통해 지성이 갖는 기능을 알 수 있다.

지성에 대한 프래그머티즘적인 접근은 정신의 기능을 새롭게 하고, 복잡한 문제를 계획하며, 진부하고 변덕스럽다고 여기는 경험을 자유롭게 한다. 그 어떤 사상도 신체의 메커니즘이나 사회적 상황 속에 이미 주어진 목적을 성취할 수는 없다. 그러나 인간의

행동을 자유스럽게 하고 관용적으로 만드는 지성의 용도는 프래
그머티즘의 교훈이 된다.^{MW10: 44-45}

경험 혹은 자연과 결합된 지성

앞서 여러 흔적 속에서도 알 수 있었지만, 듀이가 말하는 지성
의 가장 큰 특징은 '경험' 혹은 '자연'과 결합되어 있다는 점이다.
생물학적 차원에서 인간의 욕구와 노력이 어떤 절대적인 외부의
힘이 아니라 경험이 처한 특수한 상황에 요구되는 능력과 조건에
적응하는 방법으로서 지성을 상정하고 있다. 자연, 즉 환경 속에서
발생하는 사건의 연속적인 상호작용을 지성으로 보는 것이다.

지성은 경험의 '상호작용'과 더불어 '계속성' 또한 가능케 한다.
다양하고 새로운 경험을 조직하고 성장하도록 지성이 돕기 때문이
다.[이군천, 2003: 55-56] 따라서 지성은 '예견된 목적ends-in-view'을 향해서
나아가게 된다. 예견된 목적은 필연성이나 보편성, 혹은 변화를 초
월한 어떤 것을 지향하는 것이 아니라 경험과 상황 안에서 계속적
인 생성과 변화를 상정하는 목적이 된다. 그러므로 지성도 예견된
목적을 향해 과정과 단계에서 벌어지는 일에 대해 평가하고 판단
하게 된다. 다음과 같은 말은 이를 잘 보여준다.

사람이 지성적이라는 것은 원리가 지배하는 사물을 원리로부터
연역적으로 추리하기 위한 것이 아니다. 또한 고정된 원리에 관한
제1의 불가논증적인 진리를 파악하는 그런 이성을 가지기 위한

것이 아니다. 오히려 하나의 사태의 가능성을 평가하고, 평가에 따라 행동하는 능력을 갖추는 것이다.[LW4: 204]

반성적 사고나 문제 해결의 과정과 단계에서 판단하고 있는 지성은 실천적일 수밖에 없다. 따라서 이성과는 달리 현실 속에서 이루어지는 실질적인 판단으로 인간성을 키우고, 그런 방법과 결과로 민주주의를 추구하게 된다. 앞서 본대로, 인간성은 충동과 습관과 지성의 상호작용으로부터 이루어지기 때문에, 습관과 충동 사이의 불화도 지성을 통해 해방되게 된다.[MW14: 121] 결국 세 가지 사이의 상호작용은 인간성을 확인해주면서 도덕적인 인간을 키우는 역할로 나아간다.《철학의 재건》[1920]에서 밝힌 '도덕적 개념의 재구성' 과정이 바로 이러한 모습을 그리고 있다. 즉, 상호작용을 통해 예민한 감수성을 가진 채로 넓은 교감을 하고, 불쾌한 상황도 잘 지탱하도록 한다. 또한 여러 관심사들 가운데에서 균형을 이룬다면, 결국 독특한 도덕적 특성이 등장하면서 도덕적인 초월 혹은 미덕을 이루게 된다.[164]

상호 협력하는 '사회적 지성'

인간성과 도덕성의 면모에서 더 나아가 보면, 지성은 상식과 의사소통과 공동체 속에서 사회적으로도 나타난다. 지성이 과학적이고 실험적인 접근이지만 이는 형식상의 엄밀한 의미를 갖는 것이고, 주로는 사회생활 속의 경험을 통해 이루어지는 '사회 탐구로서의 지성'이 된다. 왜냐하면 앞서 누누이 강조했듯이, 듀이에게 인간의 모든 경험은 궁극적으로 사회적이기 때문이다.LW13: 22 거기서 발생하는 문제 역시 사회적일 수밖에 없고, 지성의 작동 방식도 실험실 내부에서 벌어지는 것이 아니라 사회 속에서 이루어지기 때문이다. 문화라는 매트릭스 안에 있는 모든 탐구의 과정은 '사회적 관계'라는 특징에 의해 결정되고, '사회 탐구'라는 명칭 속에 탐구의 실험적인 계속성이 이루어진다.LW12: 481~483 지성을 사회 개조의 유일한 수단으로 보는 것도 이 때문이다.김성수, 1993: 114

사회적 지성은 시민성 개념에 방법적인 측면에서 결합된다. 이는 듀이의 탐구 이론이 주로는 '반성적 사고'와 관련해서 일정한 단계로 전개되고, 교육실천에서는 문제 해결이라는 교수학습 방법으로 나타나는 것과 관련이 되어 있다. 사고가 모종의 방법이고 목적과 연계되어 있다는 점 때문에, 사회적 지성은 바로 시민성 개념의 방법적인 측면과 연결고리가 형성되는 것이다.

그동안 시민성 개념은 권리나 의무, 합리성이나 덕목 등의 성질 혹은 성향에 대한 내용 중심의 개념으로 접근하는 경우가 많았다. 하지만 사회적 지성이라는 속성이 방법으로서 결합된다면, 구조적 측면에서 더욱 풍부해지는 것은 확실할 것이다. 어떤 문제에 대해 반성적으로 사고하고 문제 해결을 해나가는 시민의 모습은 '어떤' 시민성을 가졌는가보다 '어떻게' 시민성을 만드는가가 주안점이 되기 때문이다. 즉, 이전과 다른 내용과 내용으로 갖게 되는 방법과 그 지향할 바를 과정 중심으로 보여주는 셈이다. 확실히 정적인 시민성이 아닌 '동적이고 변화하는 시민성'이 된다.

문제는 사고와 방법을 강조하는 이러한 측면들이 시민성 개념에 그렇게 쉽게 결합되지 않는다는 점이다. 그 이유는 사고와 연결해서 인식하지 않는 전통적인 접근에 너무 익숙해져 있고, 사고와 방법이 갖는 일반론적인 성격이 시민성이라고 하는 특수 개념에 정합성을 가지고 있지 못하기 때문이다. 전자는 사고가 개입된 경험의 질을 실천적으로는 간과하기 쉽기 때문에 보다 나은 시민성을 만들지 못하게 되는 측면이고, 후자는 의미 없는 결합과잉으로 인해 사고와 방법의 논의에 시민성 개념이 흡수되어버리는 측면을 말해준다.

하지만 시민성 개념 자체에는 내용과 방법의 측면이 내포되어 있고, 듀이 스스로 내용과 방법을 분리해서 생각하지 않고 있다. 시민이 하는 행위와 시민이 하는 사고는 어떤 방식으로든 연결되어 모종의 결과물을 도출한다. 그 과정을 보면 내용과 방법 모두 문제 상황에서 움직인 흔적이 있기 마련이다. 듀이의 경험 이론에서 본 것처럼, 내용과 방법을 구분한다는 것은 시민과 시민이 살아가는 사회를 구분 짓는 것과 같다. 내용과 방법에 대해 듀이가 한 말을 다시 상기해보자.

> 방법은 외적인 것이 아니다. 그것은 바로 내용에 관한 것이며, 내용을 효율적으로 다루는 것을 일컫는 것 이외에 아무것도 아니다. …… 방법은 주제 또는 교과와 대립적인 것이 아니다. 방법은 우리가 바라는 결과를 향하여 교과를 효과적으로 이끌어나가는 것을 의미한다. …… 방법은 내용을 목적으로 의도적으로 이끌어가는 것이다. …… 내용과 방법에는 아무런 구분이 없다.MW9: 172-173

목적과 수단, 혹은 목적과 과정을 동일하게 보는 것도 시민성의 방법적 측면을 배가시킨다. 듀이는 목적과 과정이 동일하다는 것이 언어상으로 볼 때 모순이지만, 오직 언어상으로만 모순임을 지적한다. 단지 하나의 활동 과정으로서 경험이 일정한 시간 동안 진행되면서 뒷부분이 앞부분을 완결시키는 것이다.

일체의 수단은 달성하지 않은 잠정적인 목적이요, 일체의 목적은 달성되는 순간, 이후의 활동을 수행하는 수단이 된다. 그래서 목적을 추구하는 일은 내재적 계속성을 가지고 있는가와 없는가를 맨 먼저 살필 것을 주문한다. 또한 목적을 가지고 행동한다는 것은 '지적으로' 행동하는 것과 동일함을 여러 곳에서 말한다.[같은 글, 84, 107-111, 113] 시민성이라는 목적은 경험의 과정 속에서 파악되고 내용과 방법에 있어서 아무런 구분이 없게 된다.

15. 교육에서 탐구 공동체를 통해 의사소통하라

의사소통과 탐구 공동체

방법론으로서의 사회적 지성은 인간과 사회문제를 해결하는 데 매우 중요한 역할을 한다. 듀이가 말한 '협동적이고 조직적인 지성'으로 시민들은 '의사소통'하고 '탐구 공동체'를 형성하게 된다. 시민 홀로 사고하고 문제 해결을 하는 것이 아니라 협력하면서 공동의 탐구를 추구하며, 개인의 힘들을 모아 집단을 조직하면서 실천하는 시민성의 방법론이 여기에 담겨 있다.

모든 일 가운데서 의사소통이 가장 놀라운 것이다. 사물을 보면, 외적으로 밀고 당기는 단계로부터 인간에게 그들 자신을 드러내 보이는 단계로 나아간다. 더군다나 의사소통을 통해 참여하는 것은 서로에게 가진 것을 나누는 놀라운 일이다. 이런 놀라움은 탈실체화라는 빛을 잃게 만든다. 왜냐하면 의사소통이 일어날 때, 모든 자연의 사건들은 다시 가늠되고 고쳐지지 않으면 안 되기 때문이다. 의사소통이 공적인 담론이든 사고가 붙은 예비적

담론이든 대화에 꼭 필요한 것들이 맞춰지지 않으면 안 되기 때문이다. LW1: 132

사회적 지성으로서의 시민성은 인간의 생활과는 무관한 형이상학적인 진리를 그냥 탐구하는 것이 아니다. 오히려 인간의 삶을 구성하고 있는 경험 안에서 경험을 효과적으로 조직하고 변형시키는 것으로 보아야 한다. 조직과 변형의 과정을 통해 시민들이 함께 의견을 주고받으면서 인간성을 성장시키는 '의사소통'의 과정인 것이다. 여기에서 만들어진 공동체가 '탐구 공동체'가 되고, 이는 뒤에서도 말하겠지만, '민주 공동체'로 나아가게 된다. 이는 시민성 개념이 실제적인 사회문제에 관심을 가지고 현실적인 문제 해결을 위한 방법론에 비중을 두는 실질적인 이유이기도 하다.

시민이 일상적으로 부딪치는 복잡한 사회적·도덕적 사건들은 다른 어떤 형태의 대상보다도 더욱 풍부하고 의미가 깊은 그런 대상이 된다.^{LW4: 190-191} 풍부하고 의미 깊은 상황은 아주 뛰어난 개인이라 하더라도 홀로 만들 수 없다. 이는 스스로 알려지는 것이 아니라 시민들과 대상이 되는 사건들 사이의 상호작용과 반성을 통해 탐구 공동체 속에서 충분히 이루어질 때 가능하기 때문이다.

그러면서 사회적 지성으로서의 시민성은 사회 탐구를 통해 도덕적인 성향이나 태도까지 형성하게 된다. 이렇게 사회적 지성의 과정과 결과에는 합리적인 동정심도 있고, 구체화된 도덕적인 판단도 있고, 여러 관심사들에 대한 균형감각도 가지고 있으며, 불합리한 상황에서 냉정한 마음과 인내심을 갖게 하기도 한다.

의사소통과 탐구 공동체를 통한 사회적 지성으로서의 시민성은 사회문제에 대해 고민하는 것으로부터 시민 행동으로까지 나아가게 된다. 사고 과정이 없는 맹목적 행동은 사회적 지성이 포함된 행동이 아니다. 반대로 사회적 지성이 충분하다면 행동은 지성적인 행동이 된다. 즉, 사회적 지성은 어떤 행동의 성질과 방향을 가지면서 시민성에 역동성을 더해준다. 이는 인간 경험의 능력에 대한 믿음으로 민주주의를 지향하게 된다.

사회적 지성으로서의 시민성교육

반성적 사고와 문제 해결은 이론상 시민성이라는 교육 목적과 가깝게 말했지만, 실제로는 교수학습 방법으로 주로 논의되어왔다.

두 개념 모두 시민성 개념과 결합하더라도 탐구와 거의 구분되지 않으면서 시민성교육을 위한 교수학습 모델로 간주된 것으로 볼 수 있다.

사회적 지성으로서의 시민성은 교수학습의 차원을 넘어 시민성의 본래적 속성에 초점을 맞춘다. 이것은 직접적인 시민의 경험으로부터 탐구의 과정을 거치면서 시민성을 심화시키는 역할이다. 심화는 문제로서 불확정적 상황을 해결하는 과정에서 시민이 갖는 혹은 가져야 할 실험적 지성의 모습을 사회적으로 전환하면서 나타난다. 방법으로서의 탐구, 반성적 사고, 문제 해결이 동일시되고, 내용과 방법이 거의 동시에 함께 이루어진다는 것은 지성이 시민 개인에게 머무르는 것이 아닌 시민과 시민 사이, 그리고 시민이 사는 공동체에서 살아 움직이는 어떤 것임을 말해준다. 그래서 문제와 상황도 변화가 내재된 것으로 사회문제가 되고, 시민과 사회와의 상호작용이 이루어지는 상황이 된다.

교육 활동이 이루어지는 장면을 생각해보자. 학생들은 생활 속에서 벌어지는 대상과 사건을 통해 자신의 생각을 펼쳐나간다. 어떤 방식으로든 탐구는 시작되고, 탐구를 하는 학생들은 시민으로서의 사회적 지성을 점차 발휘하게 된다. 관련된 이야기를 동료 학생들과 나누든지 아니면 교사와 대화를 나누든지 간에, 여기에는 지성의 단계들이 결합된다. 만약 이와 관련된 주제로 수업을 한다면, 학생과 학생, 학생과 교사의 상호작용 속에서 함께 탐구해나가는 과정이 체계화된다면, 사회적 지성이 보다 선명하게 나타날 것이다.

시민성교육에서 사회적 지성은 시민들 사이의 협동적이고 조직적인 모습으로 나타난다. 홀로 탐구하는 것이 아닌 '공동체에서 의사소통을 통한 협동적 탐구'가 된다. 불확정적 상황에 대해 공감하면서 자기 경험을 공유하게 되고, 문제를 설정하고 해결하고 추론하면서 지적인 의사소통을 전개해나간다. 시민성교육을 통해 사회적 지성은 점차 시민의 습관을 변화시키게 된다. 고정되어 있는 습관에 사고가 결합되면서 사회적 지성이 발휘되고, 결국 지적이고 도덕적인 측면을 안고서 주변 사람들과 환경에 대해 적극적인 상호작용을 하게 되는 것이다.

성장과 재구성으로서의 교육도 사회적 지성을 경험으로부터 민주주의로 연결하는 역할을 해주면서 그 속성을 보다 선명하게 한다. 우선, 사회적 지성이 성장을 가능케 하는 미성숙의 기제를 적절히 통제해 문제 해결과 반성적 사고를 가능케 한다. 미성숙한 학생들은 자연스럽게 교사나 동료 학생들에게 의존하게 되고, 탐구의 과정은 보다 협력적이고 조직적으로 변해간다. 이처럼 탐구와 성장과 공동체의 연계는 매우 밀접한 것이다.^{Johnston. 2006: 124} 경험에 대한 학생 개개인의 특수한 적응은 가소성을 통해 점차 사회적 지성을 갖추게 되는 것이다.

'경험의 질의 직접적 변형'의 차원에서 이루어지는 재구성으로서의 교육 또한 사회적 지성을 방법론적인 차원에서 시민성의 속성으로 활용하게 된다. 질적 직접성에 기반한 일차적이고도 즉각적인 개별 경험들은 탐구의 과정을 거치면서 사회적으로 재구성된다. 이는 시민성교육을 실시함에 있어 경험의 의미를 가시화시키는 것으로 학습자가 사회문제 등을 메타적으로 인식하는 직접적인 계기가 된다.

경험과 민주주의 교육의 연결고리

시민성교육에서 사회적 지성은 경험의 '질적 직접성'과 민주주의 이론에서 제시할 '정치적 창조성'을 연결하는 역할을 한다. 직접적인 시민의 경험이 탐구 공동체를 통해 의사소통의 방식으로 교류하면서 민주주의 교육으로 나아가기 때문이다. 사회적 지성이 경험적 방법과 민주주의의 반성적 사고와 직결되어 있기 때문에, 시민성교육은 이전보다 역동적인 것이 된다. 이 관계를 보여주는 대목이 있다.

> 사실상 지성에 대한 프래그머티즘 이론은 마음의 기능을 새롭게 하고, 복잡한 문제들을 계획하는 것이다. 또한 진부하고 변덕스러운 경험으로부터 자유롭게 하는 것을 의미한다. 신체의 메커니즘이나 현존하는 사회 상황 속에서 이미 주어진 목적들을 성취하는 데 사상을 활용하는 것이 아니라 행동을 자유롭게 하고 관대하게 하는 지성의 활용이야말로 프래그머티즘의 교훈이 된다. MW10: 44

즉, 사회적 지성을 통해 시민이 자유롭게 되고, 민주주의의 복잡한 문제를 해결해나갈 수 있음을 알 수 있다. 전체적으로 보면, 사회적 지성은 시민성교육의 흐름을 연결하는 매개 역할을 한다. 개개인의 다양한 경험을 연속선상에서 발전시키고 민주주의로 연결해주고 있기 때문이다. 흔히 시민성이 완숙한 단계에 이르는 수준 높은 시민을 가정해볼 때, 문제의 이면을 깊이 생각하고, 다른 사람과 논의하며, 구체적인 자료와 근거들을 찾아보려는 모습이 떠오르게 된다. 시민성으로서의 사회적 지성을 통해 토대가 되는 질적 직접성 교육이 민주주의를 확대하는 창조성 교육으로 나아가기 때문이다.

시민성교육에서 사회적 지성의 출발점은 일상적인 경험이 마주하는 문제로부터 이루어진다. 즉, 시민의 직접적이고 즉각적인 경험에서 출발하면서, 이 경험에서 당혹스럽고 의심스러운 경험이 문제로 인식되고, 결국 사회적 지성이 작동하게 된다. 특히, 경험이 갖는 질성은 경험을 통해 드러나는 상황 속에서 사고의 국면과 만나게 된다. '불확정적 상황'에서 시민성교육은 사고를 유발하게 되고, 상황은 질성의 본연성을 드러내면서 사회적 지성을 점점 발휘하게 된다.

민주주의 이론에서 나타날 정치적 창조성은 사회적 지성을 통해서 실질적으로 이루어진다. 사회적 지성이 발휘되지 않은 민주주의는 '단순한 동원'이나 '참여 과잉'으로 흐를 수밖에 없다. 비유컨대, 사회적 지성으로서의 시민성교육은 민주주의를 민주주의답게 인식하고 실천하게 하는 나무줄기와 같다. 튼튼한 나무줄기에서 꽃과 열매가 맺히듯이, 개성과 인격을 갖춘 창조적 민주주의도 충분한 의사소통과 공동체의 탐구 과정이 있어야만 시민 개개인도 좋은 시민성을 갖추는 것이다. 여기에는 상호작용과 상호 의존성이 윤리적으로 충분히 결합되고 과학적으로 검토되는 과정을 통해 윤리적 이상이나 자연주의 형이상학에 기반한 생활양식으로서의 민주주의가 가능해지는 모습이 들어 있다.

이를 실현하는 가장 중요한 공간은 바로 학교가 된다. 듀이는

《학교와 사회》[1899]에서 다음과 같이 말한다.

사회는 스스로를 위해 성취한 모든 것을 미래 구성원들의 뜻에 따라 학교라는 행위 기관을 통해 나아가게 되어 있다. 사회는 스스로 보다 좋은 사상을 가지고, 미래의 자아를 향해 열려 있는 새로운 가능성을 실현하고 싶어 한다.[MW1: 5]

'사회가 스스로를 위해 성취한 모든 것'을 민주주의라고 바꿔보고, '미래 구성원들의 뜻'을 그들의 경험 속에 등장하는 것이라고 가정해보자. 그렇다면 위에서 말한 대로 '학교라는 행위 기관'은 반성적 사고를 본격적으로 다루는 사회적 지성을 심화시키는 곳이 된다.

반성적 탐구로서 사회과

의사소통과 협동적인 탐구 공동체를 지향하는 사회적 지성으로서의 시민성은 사회과에서도 그대로 적용된다. 일상적으로 접하게 되는 사회문제에 대해 보다 민감하고, 이를 해결하기 위해서 학생들이 공동으로 토론하고 성찰하는 과정은 시민성을 목적으로 하는 사회과 교육의 중요한 방향을 보여준다. 사회과 수업이라면 어떤 문제라도 자유롭게 제기할 수 있고, 다양한 개인과 집단을 통해 그 문제에 대해 논리와 의미를 과학적으로 검토할 수 있다.

사회문제에 대한 강조는 역사 중심의 전통과 대립되는 '쟁점 중심 사회과 교육isuue-centered social studies'과 깊은 관련을 맺고 있다. 쟁점 중심 사회과 교육은 러그Harald Rugg[1939], 그리핀Alan Griffin[1942], 헌트와 메트카프Hunt & Metcalf[1955, 1968], 올리버와 셰이버Oliver & Shaver[1966], 마샬라스와 콕스Massialas & Cox[1966], 뉴먼과 올리버Newmann & Oliver[1970], 그로스와 무이식Gross & Muessig[1971], 뉴먼[1975], 그리고 엥글과 오초아Engle & Ochoa[1988] 등으로 이어져 지금에 이르고 있다.[Evans, Newmann, & Saxe, 1996: 5] 이러한 흐름의 기원이 바로 반성적 탐구를 제시한 듀이였던 것이다.

앞서 제시한 이들은 쟁점 중심과 관련된 사회과 교육과정 혹은 교수학습 이론을 제시하는 수준을 넘어 듀이의 반성적 탐구를 철학적·심리학적으로 넓은 지평을 만들고자 하였다. 사회과 탄생의 계기가 된 〈1916년 사회과 보고서〉의 '지역사회 시민'이나 '민주주의의 문제' 과목에서 채택한 방식도 이러한 지평에서 정립된 문제와 주제 중심의 접근이라 할 수 있다.

사회과의 전통을 세 가지로 나누었던 바·바스·셔미스[1977]의 기본 관점도 사실상 시민성 개념에 두고 있다. 그 가운데 '반성적 탐구로서의 사회과'는 듀이의 탐구 이론 자체가 시민성을 기틀로 해서 사회과의 전통으로 깊게 남아 있음을 뚜렷이 보여주고 있다. 세 가지 전통 모두 시민성을 목적, 방법, 내용으로 나누어 설명하는데, 반성적 탐구로서의 사회과 교육에 나타난 목적, 방법, 내용도 마찬가지이다. 표 8에서 보듯이, 탐구 이론에 나타난 반성적 사고와 문제 해결의 과정이 시민성교육으로 그대로 들어와 있다.

자세히 보면, 여기에는 '문제'가 목적, 방법, 내용 모두에 포함되어 있다. 재구성의 관점에서 보면, 문제는 사회문제이고 시민은 이

목적	시민성은 탐구 과정을 통해 가장 잘 증진시킬 수 있다. 여기에서 탐구 과정이란 시민들이 의사결정과 문제 해결을 위해 알고자 하는 것으로부터 도출된 지식이다.
방법	반성적 탐구: 의사결정은 반성적 탐구의 과정을 통해 구조화되고 훈련된다. 이 과정은 통찰력에 의해 문제를 확인하고 갈등에 답하는 데 그 목적이 있다.
내용	개별적인 시민들의 가치를 분석하는 것은 어떤 문제에 대해 학생들이 자기 선택을 위한 토대를 만들어내려는 요구와 관심을 산출하게 된다. 그러므로 문제는 반성을 위한 내용을 구성하게 된다.

Barr, Barth, & Shermis, 1977: 67

표 8 반성적 탐구로서 사회과의 목적, 방법, 내용

에 대해 개방적인 자세가 필요하다. 개방적이라고 함은 사회과의 금기영역을 포함하여 어떤 문제라도 다룰 수 있어야 한다는 뜻이다. 또한 문제 해결의 과정에 합리적인 근거가 있는 어떠한 방식이라도 가능하다는 뜻이다. 다양한 자원처를 통해 문제를 확인하고 해결해나가며 추론할 수 있다. 즉, 반성을 위한 내용으로서 문제를 확인하고 해결하는 과정이 주가 된다.

실제 듀이주의자들에 의한 반성적 교수 이론은 사회과의 발전에 지대한 영향을 미쳐왔고,[Evans, 2004: 73-74] 시민성교육을 목적으로 하는 사회과에서 반성적 탐구가 교과 전체로 인정되고 있는 모습이다. 이는 탐구의 여러 단계가 시민성교육을 위한 교수학습에 적용될 수 있음을 말해준다.

공동으로 성찰하는 교과

반성적 탐구로서의 사회과와 같은 경우, 수업의 과정은 교사 혼자서 하는 것이 아니라 공동으로 '성찰deliberation'하는 과정으로 전개된다. '공동의 성찰'이 바로 사회적 지성을 보여주는 대목이라 할 수 있다. 듀이가 말하는 성찰의 목적은 주어진 상황에서 문제를 해결할 수 있는 행동의 만족스러운 수단을 찾는 것이다. 그래서 문제를 더욱 명확하게 규정하고, 문제 해결에 상상력을 더하고, 결과를 포괄적이고 정확하게 조망하며, 기대되는 결과에 대한 결정에 반응한다.[MW6: 195-220] 결국 단독 결정보다 공동의 지혜를 모으는 성찰의 과정을 거치게 된다.

실험학교에서 이루어진 문제 해결 학습을 보면, 중등 단계에서 지성의 심리학을 통한 탐구식 학습을 전개하고 있다. 예컨대, 8학년에서는 초기 식민지 시대의 생활을 주제로 하여 개인별 주제 심화학습으로 이루어진다. 먼저 학생들은 초기 식민지 시대의 다양한 사회생활에 대한 주제들을 제안한다. 그리고 제안된 주제들 가운데 하나를 선택하여 보고서를 만드는 활동을 한다. 교사는 다양한 도서 목록을 제공하고, 학생들은 책을 읽으면서 관련된 자료를 찾고 정리해나간다.[이흥렬, 2008: 143에서 재인용]

탐구 이론으로부터 제시된 사회적 지성이 없다면, 시민성교육을 지향하는 사회과 교육도 목적과 방법과 내용이 따로따로 작동했을 것이다. 교육을 통해 정립된 탐구는 성장, 공동체, 민주주의를 이끌기도 하고, 혹은 묶어주는 역할을 하기도 한다. 이들은 해체시킬 수 없도록 연결되어 있고, 이들 각각은 다른 것들의 수단과 결과가 되는 것이다.^{Johnston, 2006: 192} 경험의 질성을 토대로 이루어진 탐구가 민주주의로 나아가려면, 사회적 지성이 사회과 안에서 충분히 이루어져야 한다. 방법을 전면에 내세운 반성적 탐구가 어떻게 사회과로서 시민성교육이 되는지는 사회적 지성에 의해서 가능하다는 말이다. 사회적 지성이 시민성의 내용을 보다 풍부하게 하는 방법론이고, 시민성교육의 활동에 핵심적인 기제라고 할 수 있기 때문이다.

윤리적 이상으로서 민주주의

듀이는 앞서 말한 대로 민주주의에 대해 그 의미를 '생활양식으로서의 민주주의'라고 제시하였다. 사실 이 개념의 출발은 1880년대 말로 거슬러 올라간다. 이 시기는 그의 스승인 모리스George Morris로부터 벗어나 신헤겔주의를 탐구하면서 연구의 중심을 형이상학에서 윤리학으로 옮긴 때이기도 하다. 이때 듀이는 관념론을 스스로 금지시키면서 '모든 것은 사실로부터 출발한다'는 철학적인 마음을 갖게 된다. 그래서 조교인 터프츠James Tufts와 미드 및 로이드Alfred Lloyd와의 연구가 시작되고, 윤리학과 정치철학에 집중하게 된다.

이와 같은 흐름 속에서 듀이는 민주주의 이론을 뒷받침하는 '자아실현에 대한 신헤겔주의 윤리학'을 제시하고,Westbrook, 1991: 33-34 〈민주주의 윤리학〉1888이라는 논문을 발표하게 된다. 이 논문에서 듀이는 《시민정부론Popular Government》을 쓴 메인Henry Maine에 대해 날카로운 비판을 가한다. 메인은 당시 영국에서 정치적으로 보

수주의를 취하면서, '신분에서 계약으로' 진화한다는 인류사회의
진화과정을 주장한 사상가였다.

메인은 그의 저서에서 민주주의에 대해 '중우정치'라고 강하게
주장하였다. 민주주의를 도구적 개념으로 이해하면서, 파편화된
군중들에 의한 불안정하고 파괴적인 정부 형태라고 본 것이다. 그
래서 불가피하게 기괴하고 병적인 군주제나 귀족정을 만들어낼 수
밖에 없다고 보았다. 이것은 19세기 초 이래 사회에 대한 유기적 개
념을 끊어버린 '사회 폭발 이론exploded theory of society'에 기반한 원
자론적 개인주의atomistic individualism에 해당한다.

하지만 듀이는 유기체 이론의 관점에서 이를 비판한다. 즉, 자연
상태에서 인간들은 상호 간에 내재적 연관성을 가지고 있다고 본
것이다. 사람은 사회 조직 속에서 공동 의지에 의해 다른 사람과
함께 살아간다. 국가도 사람들이 서로 유기적으로 연관되어 있고
목적과 관심을 같이 소유하고 있는 한, 시민을 대표할 뿐이다. 이
처럼 사회 안에서 모든 개인들은 권력과 능력의 조화로운 진전을
통해 개인과 사회 모두를 완성해가는 '윤리적 이상으로서의 민주
주의democracy as an ethical ideal'를 지향한다. 듀이는 다음과 같이 말
한다.

한마디로 민주주의는 사회적이면서 윤리적인 개념이다. 민주주의
의 관점에서 정부가 중요한 이유는 윤리적인 중요성을 기반으로
하고 있기 때문이다. 바로 민주주의가 도덕적·정신적 연합의 형
태이기 때문에 정부 형태가 되는 것이다. EW1: 240

민주주의, 인격의 최초이자 최종의 실재

듀이가 말하는 민주주의는 사회 조직의 통일을 보장하고, 목적에 대한 수단이 되면서 시민들의 참여도 가능한 민주주의이다. 그래서 인간의 본성을 진전시키고 정신과 연관된 세계와 완전한 조화를 이룬다. 이에 대해 듀이는 다음과 같이 말한다.

한마디로, 민주주의는 인격이 최초이자 최종의 실재personality is first and final reality이다. 인격이 갖는 충만한 의의는 유일하게 개인에 의해 배울 수 있는데, 이는 사회 안의 개인이 이미 객관적인 형태로 제시되기 때문이다. 그리고 인격의 실현에 대한 주요한 자극과 용기는 사회로부터 나온다. 그럼에도 불구하고 인격은 어떤

스승의 날에 교문에서 감사와 존경을 표시하는 학생들.
"민주주의는 인간성과 도덕성과 연결되어 있다."

하나를 위해서 획득될 수 없다.^{EW1: 244}

이처럼 민주주의는 인간성과 그 행위 또한 궁극적으로는 도덕성과 연결되어 있다. 또한 인간성과 도덕성의 밀접함이 인간 행위에 있다면, 도덕성 그 자체는 이미 사회적인 성격을 강하게 가지고 있다. 도덕이 인간성과 밀접히 연결되어 있다는 사실에서 필연적으로 생기는 결론 가운데 하나가 '도덕은 사회적'이라는 점은 앞서 밝힌 바 있다.

경험 속에서 드러나는 도덕성

이처럼 듀이에게 있어 민주주의는 매우 도덕적인 의미를 지니고 있다. 왜냐하면 듀이의 민주주의는 도덕적인 이상이면서 인간의 본성에 기대고 있기 때문이다. 제도적이고 외형적인 민주주의를 벗어나기 위해서라도 도덕적인 이상으로 민주주의를 상정하지 않을 수 없다. 듀이는 민주주의에 내포된 도덕성과 인간성을 아래와 같이 분명하게 말하고 있다.

민주주의가 주장하는 것은 본질적으로 정의롭고 평등한 윤리가 요구하는 것과 일치한다. …… 민주주의를 신봉하고 있는 사람들의 말은 바 과제는 현존 문화 상태와 완전히 일치하는 양식으로 표명되며, 전력을 다해서 민주주의에 내재한 도덕성에 대해 본래 가졌던 확신을 재생시켜 유지해나가는 것이다. 우리들은 지금 민주주의가 생활양식이라고 말할 정도로 위대한 진보를 거두었다. 그러나 지금도 역시 그것은 인간생활의 양식이며, 인간의 행동에 대해 도덕적 표준을 제공하는 것임을 인식하지 않으면 안 된다.[LW13: 154-155]

민주주의는 인간의 경험, 인간의 성품, 인간의 생활을 그 자체로 풍부하게 해주는 것이다. 웨스트브룩에 따르면, 질적·도덕적 의미에서의 민주주의는 '각 개인의 재산이 곧 모두의 재산이고, 모두의 재산이 각 개인의 재산'인 사회가 아니라 '각 개인의 선이 곧 모두의 선이며, 모두의 선이 바로 각 개인의 선'이라고 하였다.[Westbrook, 1991: 248-249]

결과적으로 말하자면, 듀이의 도덕성은 사회적이면서 인간적인 것이다. "도덕은 사회적이다."라는 언명은 도덕적 명제이면서도 모종의 인간성을 표현하고 있다. 인간의 모든 행위는 사회적이므로 사회적인 성격은 도덕적 성격이고, 도덕적 성격은 지성의 개념으로 표현되고 나아가서 민주주의의 개념을 만들어낸다고 할 수 있다.[이군천, 2003: 119]

'자아실현'과 '적극적 자유'라는 윤리적 이상

윤리학과 결합된 민주주의는 시민 개인의 '자아실현self-realization'과 '적극적 자유positive freedom'를 중요한 가치로 갖게 된다. 자아실현과 적극적 자유는 개인과 공동체의 변증법적인 관계 속에 있다.^{Westbrook, 1991: 44} 듀이가 의존한 헤겔의 '윤리적 생활 Sittlichkeit'²⁸은 칸트에 의한 추상과 순수의 형식명령이라기보다 실천이 확산된 공동체 속에서 '해야 한다_{ought}'는 명제이다. 여기에서 인격을 통한 창조성이 등장한다.

먼저 인격을 통한 '자아실현'의 윤리적 이상은 개인의 능력과 환경 사이의 적극적인 관계에서 등장한다. 개인이 사회 속에서 가장 적합한 입지를 찾았을 때, 자신의 '기능_{function}'이 발휘된다. 이것은 개인의 능력을 극대화하기 위해 사회가 어느 수준에 맞춰야 하느냐 하는 일종의 규범의 문제이다. "도덕적 목적은 한 개인의 특수한 기능을 수행하는 것으로, 이 기능은 특수한 환경과 관련하여 욕구와 권력을 실현하려는 행동으로 이루어져 있다."^{EW3: 304} 자아실현은 곧 사회개혁으로 나아가는 모종의 길이 된다.

'적극적 자유'²⁹ 역시 기능적이면서 사회적이다. '자유'는 사회적 존재로서 개인을 최선의 상태로 만들 수 있는 기회를 부여한다.^{EW1: 243} 자유에서의 '기능'은 자기 노예 상태_{self-enslavement}가 아닌 개성_{individuality}이 실현되었을 때의 기능이다. 이러한 기능을 수

---

28 Sittlichkeit은 헤겔이 《법철학강요》에서 강조한 개념으로서 '윤리적 질서' 혹은 '윤리적 실체'라고 번역되지만, 보통은 '윤리적 생활'이라고 말한다. 하지만 형용사 sittlich가 '습관적인'이라는 뜻이고, 그 어원인 sitte가 '습관' 혹은 '관습'의 의미를 가지고 있어서 '관습적인 실천_{conventional practices}'이라고 해야 옳다. 헤겔에 따르면, 관습적인 실천은 생활 유형에 있어 구체적인 본질이고, 개인은 문화의 변화과정에서 이를 내면화하며, 공유할 수 있는 삶의 형태를 구성하게 된다. http://plato.stanford.edu/entries/hegel

29 관념론상으로 '적극적 자유'와 정반대의 이데올로기를 가진 개념이 '소극적 자유_{negative liberals}'이다. 이는 스펜서가 주장한 것으로, 1880~90년대 듀이와 가장 대립한 인물이기도 하다. 그는 다른 사람에 의한 외적인 강압이나 통제가 없어야 한다고 주장한다. 그는 듀이의 '시민적 효율성'과는 달리 '산업적 효율성'을 강조한 바 있다.

행하면, 창조성, 영속성, 나아가 환경의 진전과 타인의 의지와의 관계에서 진전이 일어나게 된다.[EW3: 314]

이 두 가지 모티브는 민주주의에서 '도덕적 인간'을 상정한다. 도덕적 인간은 다른 사람의 '복지'에 관심을 가지면서 '창조'를 위한 개인의 통찰과 선택을 포함하고 있다. 도덕적 인간의 생활양식에 대해 듀이는 다음과 같이 말한다.

도덕적 인간으로서 우리는 우리 자신과 다른 사람들에게 가능한 가장 충만한 생활을 바란다. 가장 충만한 생활이란 지식과 생산에 있어 우리의 능력이 완전하고 자유로운 진전을 갖는다는 말이다. 여기에서의 생산은 미와 습관의 생산이다.[EW3: 318]

17. 생활양식으로서의 민주주의

관심사, 상호작용, 그리고 사회적 습관의 변화

듀이의 민주주의 이론은 시민성 개념을 직접 보여주는 이론적인 지평에 해당한다. 잘 알려진 '생활양식으로서의 민주주의'는 내용과 방법상 포괄적이면서 역동적이라는 특징을 가지고 있다. 그렇다면 생활양식으로서의 민주주의가 어떻게 이루어지고, 무엇으로 이어지는지 생각할 필요가 있다. 전자는 민주주의에 '윤리학과 철학의 결합'이, 후자는 새로운 개인주의와 민주적 사회주의를 통한 '창조적 민주주의'가 그 대답이다. 이를 차례로 살펴보기로 하자.

《민주주의와 교육》[1916a]에서 제시된 '생활양식으로서의 민주주의'는 민주주의가 단순한 정부 형태가 아님을 말하고 있다. 즉, 민주주의는 근본적으로 공동생활의 양식이요, 경험을 전달하고 공유하는 방식임을 말해주고 있다. 각 개인이 하나의 인간으로서 일상생활을 살아가면서 충분하게 자아를 발전시키고 실현시킬 수 있는 하나의 생활양식으로 본다.

앞서 언급했지만, 생활양식으로서의 민주주의에는 두 가지 요소

경청하면서 듣고 있는 학급 반장 선거.
"민주주의는 공동생활의 양식이요, 경험을 전달하고 공유하는 방식이다."

가 들어 있다.^{MW9: 92} 첫째, 사회 구성원이 공유하는 공동의 관심사의 수가 많고, 그 종류가 다양해야 하며, 상호 관심사의 인정을 사회 통제의 방법으로서 더욱 중요하게 여겨야 한다. 둘째, 여러 사회 집단 사이의 상호작용이 더욱 자유로워야 할 뿐만 아니라 사회적 습관이 변화해야 한다. 요소 속에 등장하는 생활양식으로서의 민주주의의 핵심은 '관심사'와 '상호작용'이다.

관심사의 양과 질 혹은 자유로운 상호작용과 사회적 습관의 변화로 민주주의를 본다는 것은 듀이의 민주주의 개념이 광의적이고 역동적임을 말해준다. 오코너[1999]는 생활양식으로서의 민주주의가 인간과 사회의 관계, 제도, 이데올로기 신념 체계를 평가하고 있으며, 언제든지 변화하고 진행 중인 프로젝트라고 말한다.[1-2] 나아가 사고와 실천 모두를 안내하고, 공동체 생활 그 자체가 된다고 본다. 아래와 같은 요아스Hans Joas[1996]의 평가는 듀이의 민주주의를 철학적인 수준에서 받아들이고 있음을 알 수 있다.

> 프래그머티즘 철학 속에서 민주주의는 그 자체로 철학적인 지위를 획득한 것으로 보인다. 단지 개별 사상가들의 정치적 관점과 행동 차원이 아니라, 민주주의의 이상에 따른 세계관과 인간관이 프래그머티즘 철학 속에 체계화되어 있다. …… 이러한 출발점 상의 모티브는 민주화에 이르는 과정을 이해하고, 근대화를 민주적인 방식으로 이룰 수 있다는 가능성을 타진하고 있다.[Joas, 신진욱 역, 2002: 25-27]

철학과 민주주의의 관계

이제 생활양식으로서의 민주주의는 새로운 형이상학을 필요로 한다. 1910년대 후반과 1920년대에 듀이는 민주주의 이론에 대해 포괄적인 철학적 조명을 새롭게 하게 된다. 《공중과 그 문제》[1927]에서는 사회사상과 정치 차원에서 공동체 자체가 민주주의임을 천명한다.[148] 《경험과 자연》[1925a], 《확실성의 탐구》[1929] 등에서도 도덕적 이상을 강조하기 위해 형이상학적인 보증과 철학적인 입장을 제시하기에 이른다.[Westbrook, 1991: 320-321]

1918년에 등장한 〈철학과 민주주의〉라는 논문은 듀이의 민주주의 개념을 철학과 접목시킨 연구에 속한다. 여기에서 그는 제일 먼저 민주주의와 봉건주의를 구별하여 사회 질서 차원의 철학에 어떤 것이 있는지 제시한다. 그러면서, 철학과 민주주의의 관계를 밝혀나간다.[MW11: 41-43] '철학의 지혜'와 '과학의 지식' 사이의 구분은 그 시작에 속한다.

사실 과학적 지식이라는 것도 사색과 결심을 필요로 하고, 미래라는 시간의 맥락에서 보면, 부분적이고 불완전할 수밖에 없다. 민주주의의 미래도 같은 상태라고 한다면, 민주주의 역시 보다 더 사색하고 결심해야 한다. 민주주의와 관련하여 듀이는 다음과 같은 철학적인 질문을 쏟아낸다.

민주주의는 우리 시대 최고의 지식으로 이해되고, 민주적인 희망과 기대를 지속시키는 것으로 보는데, 이는 피상적인 인간들의 수단이기 때문인가, 사소한 속임수인가, 아니면 자연 그 자체이기 때문인가? 만약 우리가 마음대로 다른 목적을 선택한다면, 그리고 그 선택이 민주주의의 제도를 목적으로 세운 것이라면, 과학이 부여하는 합리적인 설득과 노력에 대한 지적인 보증을 획득하기 위해 인간성을 둘러싼 자연환경과 자연의 일을 어떻게 추론하고 해석할 것인가? 가장 깊게 정치적·사회적 문제를 검증하기 위해, 사물의 본질이 갖는 합리적인 범위에서 우리의 현실reality을 어떻게 읽어야 하는가? 지식의 목표로서 세계는 우리의 목적과 노력 사이에 갈등하고 있는가? 단순히 중립적이고 무관심한 것인가? 말하자면, 사소하고 일시적인 희망과 계획을 가진 열정과 성실을 조롱하면서, 그 어떤 것도 내주지 않거나 무관심하다가 사회적 이상 그 자체를 모두 내준 것인가? 혹은 반대한다고 말하지 않지만 최소한 협력하려는 본성이 있는 것은 아닌가?[MW11: 48]

듀이에 따르면, 위와 같은 질문들은 근대 과학과 민주주의가 동시에 일어나 발전한 것이기 때문에 성립할 수 있다고 본다. 차이가 있다면, 민주주의가 일종의 욕구와 노력의 형태를 가졌다는 것이고, 이것이 철학의 형태와 만난다는 것이다. 철학은 욕구의 형태이자 사랑이나 지혜와 같은 행위에 대한 노력의 한 형태이기 때문이다.^{MW11: 42. 49} 그동안 민주적인 삶의 실천은 지적으로 크게 불리한 처지에 있었고, 기존의 확산되어 있던 철학은 무의식적으로 이러한 민주주의를 승인하지 않았던 것이 사실이다.

경험론적 자연주의와 민주주의

민주주의와 철학의 관계를 정립하기 위해, 듀이는 '급진적 경험주의radical empiricism'를 통해 '경험론적 자연주의empirical naturalism'를 도입한다. 제임스가 말했던 '급진적 경험주의'는 친숙하고도 보편적인 민주주의의 강력한 비전을 함축하고 있었다. 듀이는 《경험과 자연》^{1925a}에서 제시한 경험론적 자연주의를 토대로 경험을 기반으로 한 생활양식으로서의 민주주의에 대해 철학적인 토대를 마련한다. 직접성과 질성을 기반으로 한 '일차적 경험'이 '심미적 경험'으로 이어지면서 민주주의의 형이상학을 이루는 상태까지 이르게 된다.^{LW1: 69. 87} 이것은 '신아리스토텔레스주의 형이상학'[30]에 기반하여 이원론을 근원적으로 해결하고자 하는 시도에 속한다.

경험론적 자연주의에 결합된 민주주의에서는 방법적인 측면도 부각된다. 자연은 안정성과 예측 가능성도 있지만, 불확실성과 우연성, 혹은 변화와 일시성도 가지고 있기에, 이것이 민주주의와 만나면 '반성적 사고'와도 연결된다. 민주주의와 관련해서 《확실성의 탐구》[1929]에서는 철학 비판에 내재해 있는 지식과 실천의 문제를 프래그머티즘으로 수렴해나간다. 민주주의가 존재하는 세계가 지식과 실천을 경험한 시민들에 의해 이루어지기 때문이다. 윤리학으로 민주주의를 바라보던 도덕의 문제가 여기에 와서는 탐구 과정으로서 지성의 문제로 이어진다.

민주주의의 이념인 자유, 평등, 박애도 철학적 입장에서 재구성된다. 먼저 '자유'는 불확실성과 우연성을 넘어 사회적 교호작용에 의해 더 넓고 깊은 자유가 된다.[Westbrook, 1991: 363] 사회 질서에 대해 적극적이고 건설적인 변화가 자유를 통해 행동하는 권력을 품음으로써 가능하게 된다.[LW3: 99-101] 따라서 진정한 자유란 "하나의 관념이나 추상적인 원리가 아니라 어떤 특정한 활동을 할 수 있는 적극적인 능력이 된다".[LW11: 360]

'평등' 또한 고정된 질서가 아닌 자연주의에서 말하는 질적인 특이성을 갖게 된다. 개성을 가지면서 독특성을 마음껏 발휘하는 평등의 개념인 것이다. 즉, 평등은 "각 개인이 공헌할 수 있는 것이 무엇이든지 간에 공헌할 기회를 가져야 한다는 믿음이다".[LW11: 220]

마지막으로 '박애'는 제한 없는 상호작용이 아닌 질적으로 독립된 존재들 사이의 사회적 교호작용을 통해 이루어지는 것이 된다.

---

30 신아리스토텔레스 형이상학은 아리스토텔레스의 주장과 비교해 유사점과 차이점이 있다. 유사점은 '과학적 탐구에 대한 모든 혹은 어떤 대상에 대해서도 환원 불가능한 특징을 갖는다'는 것이고, 차이점은 '이러한 특징들이 궁극의 출발점과 종착점, 즉 창조와 종말의 혼돈으로부터 자유롭다'는 것이다.[Westbrook, 1991: 321-322]

이들끼리 의사소통하고 의미를 만들고 경험을 공유하면서 박애가 이루어지는 것이다.

자유주의의 변신, '새로운 개인주의'

듀이는 1920년대 말부터 급변하는 미국 상황과 맞물려 생활양식으로서의 민주주의 개념을 역동적으로 전개해나간다. 당시 듀이의 관심사는 사회주의가 자유주의의 가치를 잃어버려서는 안된다는 것이었다. 그래서 1930년대 들어서면서 자유주의의 재구성을 통한 '새로운 개인주의new individualism'와 '민주적 사회주의democratic socialist'를 주장한다.

듀이의 자유주의에 대한 관심은 다음과 같은 연구들로 나타난다. 《개인주의, 낡음과 새로움》[1930a], 〈자유주의와 사회행위〉[1935b], 〈자유주의의 미래〉[1935c], 〈자유와 사회 통제〉[1935d], 〈자유주의와 평등〉[1936] 등이 그것이다. 듀이는 당시의 자유주의에 대해 다음과 같이 말한다.

자유주의는 이럴까 저럴까 망설이다가 추락하고 있다. 사회적인 갈등 속에서 마지못해 입장을 결정하는 일종의 피난처 정도로 여겨지고 있다. 이것은 솔직하지도 직접적이지도 않고 몹시 감상적인 학설에 머무르는 것이다. 그럼에도 불구하고, 나는 한 사람이 계속적으로 정직하고도 지적으로 자유주의자가 될 수 있는지 모색하고자 한다. 그리고 만약 그 대답이 긍정적이라면, 오늘

날 어떤 종류의 자유주의 신념이 옹호되어야 하는지 찾을 것이다. LW11: 5-6

자유주의에 대한 듀이의 이러한 비판과 지지는 '새로운 개인주의new individualism'를 등장시키는 계기가 된다. 본래 개인주의는 중세 이후 서양 문화의 전통 속에서 자유와 평등을 강조하는 인권 사상으로 대두된 것이었다. 하지만 근세 초 산업혁명을 계기로 탄생한 '자유방임주의'는 모든 인간관계로부터 개인을 고립시키는 그런 개인주의가 되어버렸다. LW2: 289 자유롭게 내버려두면 개인의 능력이 최대한으로 발휘되고, 국가나 사회도 자연히 부강해질 것으로 믿었지만, 오히려 반대였다. 기계의 급속한 발달과 맞물려 실업자가 대량으로 양산되었고, 극심한 빈부의 격차를 가져왔다. 이와 같이 개인의 금전적 이윤의 관념을 가지고 공업과 상업을 규정해 온 개인주의를 듀이는 '낡은 개인주의old individualism'라고 부르게 된다. LW4: 9

듀이는 이와는 다른 '새로운 개인주의'를 제시한다. 먼저, 이것은 개인에 대해 외부의 압력이나 통제를 가하지 않고, 개인들이 자발적으로 결합하도록 하는 개인주의라고 할 수 있다. 같은 글. 187 자유주의의 핵심 가치를 급진적으로 재구성하면서도 민주주의에 새로운 활력을 불어넣고자 하는 계획이다. 자유주의 철학을 발전시키면서도 역사적인 상황에 대해 방심하지 않도록 하는 듀이의 노력으로 볼 수 있다. LW11: 291

첫째, 자유주의의 가치로서 '개성'을 사회생활의 본질에 대한 척도로 본다. 왜냐하면 개성이라는 게 인간과 환경과의 상호작용 속에서 나오기 때문이다. "개인은 연합된 생활의 본질과 운동에 대해 최종의 결정적인 요인이다."라고 선언하면서, 개성을 연합된 생활의 형태인 생활양식으로서의 민주주의와 결합시킨다. 민주주의의 연합된 생활이 개성을 진전시키는 본질이기에, 개인은 삶 속에서 공유와 참여의 기회를 갖게 된다.

> 사회제도에 의해 영향을 받는 모든 사람들은 사회제도를 만들고 운영하는 데 있어 다음과 같은 점을 공유해야 한다. 하나는 제도에 의해 무언가를 하고 즐기고 이룬 것들이 모든 사람에게 영향을 준다는 것이다. 다른 하나는 민주주의 안에서 적극적이든 소극적이든 사회제도를 만들고자 목소리를 낼 수 있다는 것이다.LW11: 217-218

이는 민주주의가 윤리학과의 관계에서 개성을 통한 개인의 자아실현과 동시에 공동체의 사회복지 구현에도 일조하는 모습이다. 개성은 개인을 창조하는 수단이면서 위대한 공동체great community도 가능케 하고 있다.Westbrook, 1991: 434

둘째, 자유주의의 핵심 가치로서 '자유liberty'를 추상적인 원리가 아닌 구체적인 사물에 작용하는 일종의 '권력'으로 간주한다. 자유는 이미 소유한 권력을 유지하거나 새로운 권력을 소유하기 위해 또 다른 권력을 요구한다. 따라서 민주적으로 자유를 분배하는 사회 체제가 되어야 한다. 그러기 위해서는 현존하는 것과는 다른 사회 통제의 방식일 때 자유를 증대시킬 수 있다.LW11: 362-363 평등도 자유의 민주적인 분배로서 사회 안의 모든 사람들이 개성을 충분히 발휘할 수 있도록 이바지하는 자유가 된다. 그러면 자유와 평등이 창조적 행동의 형태로 개발될 수 있도록 모든 개인들에게 기회를 최대한 부여하는 사회 통제 체제가 요구된다.[LW11: 370]

셋째, 자유주의의 가치로서 '탐구, 토론, 표현'의 자유는 민주적인 공동체 속에서 지식의 평등한 분배로 간주된다. 공동체가 민주적이기 위해서 '사회화된 지성socialized intelligence'을 통해 정치적 창조성이 살아날 수 있도록 해야 한다. 탐구, 토론, 표현의 자유는 개성을 발휘하면서 과학적인 지성이 넘치며 민주주의가 확산되도록 만든다.

자유주의의 재구성을 통한 새로운 개인주의는 민주주의와 밀접한 관계가 있음을 알 수 있다. 구조의 측면에서, 민주주의는 종교, 교육, 가족, 직장 등 수 많은 사회제도의 통합을 요구하게 되고, 물질적인 요소와 이데올로기적인 요소가 함축된 포괄적인 문화의 재구성을 요청하게 된다. 행위의 측면에서는 지성의 방법으로서 민주적인 수단과 목적을 통한 긍정적인 집합 행위를 강조하게 된다.[○]

Connor, 1999: 39-47: 신진욱, 2002: 13-14

사회주의의 변신, '민주적 사회주의'

듀이는 1930년대 자유주의의 재구성과 더불어 '민주적 사회주의'를 강조하게 된다. 민주주의가 생산수단의 정점을 지배하는 사적인 통제의 종말을 요구한다고 확신하면서 스스로 사회주의자임을 인정하는 데까지 나아간다.[Westbrook, 1991: 429] 많은 논란에 대해 그는 직접적으로는 '사회주의socialism'라는 용어를 피하고, 자신이 만든 '사회주의자socialist'로서의 비전을 제시한다. 이는 '자유주의적', '민주적' 사회주의, 권위주의나 관료주의, 혹은 '국가' 사회주의를 구별한 것이다. 혼란이 깊어지자 1940년대에 이르러 자신의 입장을 '민주적 사회주의자democratic socialist'[31]라고 부르게 된다.

실제 '민주적 사회주의'는 사회주의에 대한 비판과 지지를 담고 있다. 그러면서 1930년대 들어서 다양한 사회주의적 가치들을 지향할 것을 적극적으로 제안한다.[이주한, 2000: 154] 〈새로운 정당의 필요성〉[1931], 〈절실한 요구: 새로운 급진 정당〉[1933b] 등에서 사회주의에 대한 듀이의 관점을 엿볼 수 있다.

> 나는 새로운 정당이 오늘날 사회주의적이라고 이름 붙여진 곳에서 말하는 많은 조처들을 채택해야 한다고 믿는다. 물론 이 조처들이 사회주의적이라는 꼬리표로 인해 평가절하되고 비난받는 점도 있다. …… 사회주의자들socialists이 겪는 가장 큰 어려움은 그 조처들이 사회주의socialism로서의 사회주의 정당socialist party에 의해 추진되고 있다는 사실에 있다. 그 명칭에 대한 편견은 유감스러운 일이다.[LW6: 170]

---

31 '민주적 사회주의자'도 다시 '민주적 사회주의democratic socialism'와 '민주적 사회주의자democratic socialist'와의 구분을 요청받게 된다. 이에 듀이는 전자에 대해 사회주의라는 용어 앞에 민주주의를 형용사로 쓴 것으로 '사회주의로 가는 과정에 적용할 수 있는 민주주의'라고 말한다. 그가 추구하고자 한 '생활양식으로서의 민주주의'는 후자에 가깝다고 설명한다. 그럼에도 불구하고 사회주의에 근접해 있다는 주위의 평가는 그를 '민주적 사회주의자democratic socialist'보다는 '사회주의자의 민주주의socialist democrat'로 받아들이게 하였다.

사회주의에 대한 듀이의 이러한 입장에는 민주주의 국가들이 자본가와 정치 권력가들에 의해 '부르주아 민주주의'를 만든다는 판단이 깔려 있다. 또한 편견과 왜곡으로 인해 사회에서 필요하고 수용할 만한 중요한 사회주의의 가치들이 배제된다고 본다. 특히, 고도화된 자본주의 사회의 계급구조가 종국에 가서는 비참한 결과를 낳을 것이고, 이를 막기 위해서 듀이가 민주주의와 공동체를 위해 필요조건으로서 어느 정도 사유재산을 억제해야 한다고 본 점Ryder, 1992: 338-340은 마르크스의 주장과 맥락을 같이한다. 이는 자본주의 메커니즘에 의해 형성된 계급 관계가 개인과 공동체에 대해 민주적 통제를 불가능하게 하고, 개인 삶의 윤리적·심리적 황폐화를 가져온다고 본 것이다.

듀이가 사회주의 경향을 갖고 있다고 해서 마르크스주의에서 말하는 '사회주의'와 동일한 의미라고 보기는 어렵다. 기존의 사회주의자들이 갖고 있는 독단주의에 대해 그는 단호하게 거부한다. 사회 운동과 발전의 법칙에 대한 정형화된 유형은 단선적인 역사변화만을 상정한 비과학적인 것이고, 사회 혁명이라는 이론의 적용에 있어서 폭력이 수반된다고 간주한다. 결국, 경제결정론이 인간의 창조적인 가치를 도외시할 수 있다고 본 것이다.

마르크스에게 경제 운동이란 늘 헤겔 체계의 논리적 범주 안에서 이루어지는 운동으로서 궁극적인 목적을 지향하는 자기결정적인 것이다. 그러므로 마르크스는 헤겔 체계의 관념론적 합리주의를 버리고서 이를 격렬하게 비난할 뿐만 아니라 과학의 이름으로 인간의 가치를 움직이는 힘을 부정해버렸다.LW13: 80

듀이는 오히려 '길드 사회주의guild socialism'라는 모델을 통해 '국가 사회주의state socialism가 아닌 사회주의'를 지향한다.Westbrook, 1991: 457 생산자의 대표기관인 길드와 소비자의 대표기관인 국가가 대항하고 균형을 이루어 상호 간의 폐단을 방지하면서 직접 민주주의를 실현하고자 한다. 스스로 참여하고 의사결정하는 자발성을 토대로 한 민주주의, 그러면서도 개인과 국가가 민주적 관계를 맺는 민주주의를 생각하게 된다.

듀이의 민주주의 실천

1930년대 초반 듀이는 자신의 생각을 실천하기에 이른다. 제3의 급진 정당과 시민참여연대People's Lobby나 독립정치참여연대League for Independent Political Action 같은 시민단체를 만들기 시작한다.[32] 다음은 당시 '사회당' 지도자인 토마스Norman Thomas에게 쓴 편지의 내용이다.

나는 사회주의 정당과 새로운 권력의 전략에 관한 어려운 난제들에 대해 대화하기를 간청합니다. 우리는 사회주의라는 이름으로 혹은 사회주의의 영향력 없이 권력을 획득할 수 있는지 알지 못합니다. …… 나는 힐퀴트Morris Hillquit[33]와 같은 독단주의를 제외하고는 모든 면에서 사회주의자이고, 앞으로 비슷하게 임무를 수행할 수 있는 더 큰 실체가 나오기 전까지 사회주의 정당에 투표할 것입니다.LW6: 170

대중들을 위한 정치적 민주주의를 회복하는 방안이 있다고 한
다면, 듀이는 이념과 정파에 관계없이 개방적인 태도로 이를 실천
에 옮겼다. 인간의 가치가 제대로 평가되고 사회가 개혁되기 위해
서는 정치적 창조성이 발휘되는 개인의 자유와 개성이 있어야 한
다는 점을 몸으로, 자유주의나 민주주의를 통해 반드시 실행되어
야 함을 실천으로 역설한 것이다.

32 듀이는 1929년에 '시민참여연대' 회장에 취임하여 8년간 역임하고, '독립정
치참여연대'의 초대 회장으로 추대된다.Westbrook. 1992: 445-449 이 단체는 노동자, 농
민, 중산층의 연합조직 형태를 띠고 있었고, 사회주의자와 자유주의자들을 동참
시켜 급진 정당으로 발전시키려고 노력한다. 하지만 초기부터 서로 다른 경향성
때문에 갈등하다 해체되고, '농민노동자정치연맹'과 '전미정치연맹'으로 대체된
다. 이후 듀이는 '독립정치참여연대'를 통해 실업, 노인문제, 건강보험, 시민의
자유 보장, 소비자와 생산자의 협력, 기업의 민주적 통제, 소득 재분배, 그리고
전쟁 금지 등과 같은 문제 해결을 위해 헌신할 제3의 정당 조직에 실천적인 노력
을 기울인다. 선거에서는 루즈벨트Franklin Roosevelt의 승리로 인해 실패하게 된다.
33 힐퀴트는 1899년 사회주의노동당에서 나와 시카고를 기반으로 한 베르거
Victor Berger와 뎁스Eugene V. Debs 등의 사회민주당과 합쳐 1901년에 미국사회당을
만든 지도자이다.http://en.wikipedia.org/wiki/Morris_Hillquit

18. 창조적 민주주의로 가는 길

개성과 인격을 통한 정치적 창조성

앞서 살펴본 '생활양식으로서의 민주주의'는 1930년대 후반에 이르러 '창조적 민주주의'라는 표현으로 재등장한다. 창조적 민주주의는 앞서 본 윤리학과 철학, 그리고 새로운 개인주의와 민주적 사회주의라는 흐름을 수렴하는 모양새를 띠고 있다. 창조적 민주주의에서 밝힌 생활양식으로서의 민주주의는 다음과 같다.

민주주의는 여전히 충분하지 못하기 때문에, 민주주의가 생활양식이라는 점에 더욱더 귀 기울여야 한다. …… 우리는 민주주의가 개인 생활의 인격적 양식democracy is a personal way of individual life이라고 사고하고 행동하기 때문에, 어떤 경우라도 사고에 대한 외적인 방식으로부터 탈출할 수 있다. 이것은 모든 생활 속에서 성격을 형성하고, 요구나 의도를 결정하는 태도를 소유하며, 이를 지속적으로 활용한다는 의미를 갖는다. 어떤 제도를 조정하면서 우리 자신의 성향과 습관에 대해 생각하는 대신, 우리는 습관적으로 지배하고 있는 인격적인 태도의 표현, 투영, 확장에 대해 생각하는 바를 익혀야 한다.^{LW14: 226}

여기에서 주목할 점은 '생활양식으로서의 민주주의'에 결합된 형용사들이다. '개인' 생활의 '인격적' 양식으로서의 민주주의 democracy as a personal way of individual life 라는 말은 기존 개념에서 상당히 구체화되어 나타난 것이다. 게다가 개성과 더불어 '인격적'이라는 표현은 새롭게 상기된 부분이다.

'인격적 양식'은 넓은 배경을 갖는 한 국가의 탄생과 관련된다. 왜냐하면 "가장 경험 많고 지혜로운 사람들이 자치가 가능한 사회의 조건을 구성하고, 정치 구조를 창조하기 때문이다".^{LW14: 340} 현재도 사용하지 않은 원천을 찾자면 물질이 아닌 인간이라 할 수 있다. 민주주의를 재창조해야 한다면, 인간과 환경의 상호작용과 조화에 토대를 두어야 한다. 인격을 가진 인간을 통해 민주주의를 창조해야 진정한 국가를 만들 수 있다.

인격과 개성이 발휘되지 않으면서 창조성이 사라진 민주주의는 정치인들만의 민주주의이고, 선거 때만 이루어지는 민주주의가 된다. 만약 그러한 모습이 지속된다면, 어떻게 되는지 듀이는 다음과 같이 진술하고 있다.

만약 창의적인 노력inventive effort 과 창조적인 행동creative activity으로 임무가 완수될 수 있다고만 강조한다면, 이는 현재 나타나고 있는 깊은 위기는 상당 부분 끝난 것으로 간주한다는 말이 된다. 그 위기는 바로 민주주의가 자동적으로 영속될 것처럼 행동하는

것을 가리킨다. …… 우리는 마치 일 년에 한 번 투표하러 가면
서 민주주의가 일어나는 것처럼, 그리고 워싱턴과 알바니, 혹은
다른 나라의 수도에서 이런 모습이 이루어지는 것처럼 행동한다.
극단적으로 말하면, 이것은 민주주의를 시민이 정치적 의무를
성실히 수행하는 일종의 정치 메커니즘으로 생각하는 습관일 뿐
이다. LW14: 225

민주주의 안에 창조성이 없다면……

만약 민주주의 안에 창조성이 없다면, 정치는 의무가 되어버려
일종의 메커니즘 속에서 민주주의가 지속된다는 환상을 가질 수
밖에 없을 것이다. 바로 이것이 생활양식으로서의 민주주의를 새
삼 강조하게 되는 이유이다. 듀이가 말하고자 한 '민주주의를 통
한 정치적 창조성'이란 결국 '생활 속 경험'으로부터 출발할 수밖
에 없다.

민주주의는 목적과 수단이라는 경험의 과정 안에서 성심 성의껏
믿고 있는 유일한 생활양식이다. …… 민주주의의 실패는 모든
생활양식에서 경험이 확대되고 풍요롭게 만드는 접촉, 교환, 의사
소통, 상호작용을 제한하는 데 있다. …… 민주주의의 임무는 모
두와 공유하고 모두에게 기여하는 보다 자유로우면서도 끝없는
인간 경험의 창조라고 할 수 있다. LW14: 229-230

민주주의 안에서 창조성은 어떻게 발휘되어야 하는가?

민주주의 안에서 창조성이 어떻게 발휘되어야 하는지에 대해 듀이는 몇 가지로 나누어 설명한다.

첫째, 민주주의를 생활양식으로 바라보면서, 낡은 아이디어를 '새롭고도 실천적인 의미'로 적용하라는 것이다. 민주주의는 낡음과 새로움을 별개로 하는 것이 아니라 개인의 잠재 가능성에 기대어 양자 사이를 연결한다. 그렇게 한다면 현존하는 민주주의의 강력한 적인 개별적인 인간 존재 안의 인격적 태도personal attitudes 속에서 창조성과 마주하게 된다.^{같은 글, 226} 이것이 바로 민주주의가 실제 실행되는 차원에서 창조성이 갖는 의의일 것이다.

둘째, 민주주의를 '인간 본성의 가능성 안에 움직이는 신념faith'에 의해 조정되는 생활양식으로 바꾸라는 것이다.^{LW14: 226} 민주주의에서 정치적 창조성은 인간의 신념이 만들어내는 것이고, 그 신념이 민주주의를 지탱하게 된다. 인간들이 공통적으로 지니고 있는 신념은 민주주의의 신조 안에서 친숙한 것일 수밖에 없다. 성, 인종, 출신, 가문에 상관없이, 그리고 물질적이거나 문화적인 부와 상관없이, 모든 인간은 인간성의 잠재성 안에서 민주주의의 신념을 갖고 있다. 결국 이것은 인간이 평등하다는 민주적인 신념으로 이어지고, 주어진 재능이 무엇이건 간에 성장을 위해 모든 인간이 다른 사람과 함께 평등한 기회를 누릴 권리를 갖게 된다는 것을 의미한다.

셋째, 민주주의를 '지적인 판단과 행동'을 하는 인간 능력capacity of human beings 안에 있는 신념에 의해 조정될 수 있도록 '인격적인 생활양식'을 취하라는 것이다. 바로 이 부분이 지성과 창조성이 만나는 지점이다. 자유로운 탐구, 집회, 의사소통을 통해 자유롭게 모이고 연구하고 대화와 토론을 하면서 장기간에 걸친 자기조정을 통해 여론을 만들어낼 수 있다. 이것은 민주주의의 고유한 방법 안에 매우 깊숙이 각인되어 있는 것으로 볼 수 있다.

넷째, 다른 사람과 함께 '개인의 일상적인 활동'을 하면서 민주주의를 인격적인 신념에 의해 통제되는 생활양식으로 만들어나가라는 것이다.[LW14: 228] 개인마다 요구하는 것과 그 목적 혹은 결과가 다르다 하더라도, 민주주의에는 우호적으로 서로 협력하는 습관 자체가 삶 속에 내재되어 있다. 개인마다 차이가 나타나는 표현이 다른 개인의 권리가 될 뿐만 아니라 자신의 생활 경험도 풍부하게 만든다. 그렇기 때문에 차이를 기회로 만들기 위해 협력하는 것은 인격적 생활양식으로서의 민주주의인 것이다. 민주주의가 살아 있는 평범한 일로서 그리고 하나의 현실로서 실현되는 셈이다.

이와 같이 개성과 인격을 통한 민주주의의 창조성은 '경험'이라는 전제를 두고 있다. "민주주의는 질서 정연한 풍요로움 속에서 경험이 한층 성장하면서 목표와 방법을 이루기 위한 인간 경험의 능력 안에 있는 어떤 것이다."[LW14: 229]라는 듀이의 말이 다시 상기된다. 《민주주의와 교육》[1916a]에서 밝힌 것처럼, 경험의 과정이 교육적인 것이기 때문에, 민주주의 안에 있는 신념은 경험과 교육 안에 있는 신념과 함께하는 것으로 볼 수 있다.

사회변혁을 위한 정치적 창조성

듀이가 말하기를, 사회적 생활세계에서 철학자의 역할은 두 가지가 있다고 한다.[O'connor, 1999: 15-16] 첫째, 철학자는 사회적 생활세계의 구조를 구성하는 요소인 아이디어, 가치, 신념, 정치·경제·사회의 관계를 이해할 수 있도록 제시해야 한다. 둘째, 철학자는 변화하는 사회적 생활세계에 필요한 사회적 행위 유형이 의미 있게 고려될 수 있도록 관련 준거를 공식화해야 한다.

이는 듀이 스스로가 생활양식으로부터 창조적 민주주의까지 변화하면서, 민주주의가 과연 어떤 시민성을 추구해야 하는지를 암시해주고 있다. 듀이가 말하는 민주주의의 윤리학과 철학은 시민의 생활양식에 기대어 하루하루를 살아가는 시민의 입장에서 정치와 사회를 바꾸려는 정치적 창조성의 속성을 보여준다. 또한 경험을 공유하면서 경험 속에서 다른 시민들과 의사소통이라는 사회적 행위 유형을 제시하면서, 신념을 가지고 낡은 아이디어들을 새롭게 발산하고자 한다.

> 공유된 경험은 인간의 가장 위대한 산물이다. 의사소통은 결과에 대한 과도한 억압으로부터 자유롭게 해주고, 사물의 의미를 만들어 세계 속에서 살아갈 수 있게 한다.[LW1: 159-160]

정치적 창조성은 '자유주의'와 '사회주의'의 비판과 지지 속에서 등장한다. 사회주의는 자유주의의 가치를 잃어버리지 않고, 자유주의는 원자화된 개인으로 개별화되지 않아야 한다. 공동체 속에서 인격과 개성이 살아 있는 시민은 결국 정치적 창조성을 갖게 된다. 자유주의의 재구성을 통한 '새로운 개인주의'나 사회주의의 가치를 민주적으로 실현하려는 '민주적 사회주의'에서도 마찬가지이다. 이들은 개성이 생활 속에서 발휘되면서 공동체의 제도를 스스로 탐구하는 시민성을, 그리고 넓은 범위의 시민에게 자본주의를 민주적으로 통제할 수 있는 힘을 가진 진정한 시민들의 시민성을 보여준다.

듀이가 '윤리적 이상으로서의 민주주의'를 말할 때도, 시민의 '인격'을 강조한 이유가 바로 여기에 있다. 인격이야말로 인간으로서 살아가는 세계에서 최초이자 최종의 실재이기 때문이다. 이는 나 홀로 인격이 아닌 모두가 함께 어우러지는 공동체 속의 인격이기 때문에, 사회변혁과 함께 갈 수 있다. 새로 탄생한 영아들이 어떤 인격으로 자라는지, 죽음에 가까운 노인들이 어떤 인격으로 인생을 마무리하는지 공동체의 관점에서 정밀하게 바라보아야 한다. 아무런 사회변혁이 없는 공동체에서는 이런저런 인격의 모습이 그대로 이어지거나 더 나빠질 수도 있다. 그렇기 때문에 더욱 경험과 자연의 긴밀한 관계 속에서 민주주의의 형이상학이 뿌리내리려는 정치적 시민성을 살펴보아야 한다.

인격에서 발전한 시민의 '개성'이야말로 사실상 민주주의에서 나타나는 사회변혁의 원동력이라 할 수 있다. 시민의 개성을 개발시키는 것은 그 시민의 창조적 상상력을 개발하는 것과 같다. 특히, 개성은 주체와 객체의 상호작용에 의해 창조성이 발휘되면서 자아는 물론 사회와 문화의 변화도 가져온다. 공동체로부터 고립된 개인주의와 달리, 개성은 공동체와 통합될 때 독특한 관점과 기여를 하게 되는 것이다.^{Savage, 2002: 62-63}

정치적 창조성의 모티브, 자아실현과 적극적 자유

정치적 창조성의 모티브로서 '자아실현'과 '적극적 자유'는 민주주의 이론에서 사회변혁을 위한 정치성을 다음과 같은 모습으로 보여준다.

첫 번째는 창조성의 모티브로서, '자아실현'은 민주주의가 아니면 할 수 없는 인격과 개성을 통한 사회변혁을 이끈다. 자아실현이 기능적으로 발휘될 때, 시민성도 '개인의 더 나은 행복을 위해 특수한 개인의 능력과 특수한 환경 사이의 적극적인 관계'를 상정하게 된다. 그렇지 않은 상황이라 하더라도, 시민들은 서로 의견을 주고받으면서 그 관계를 예의 주시하게 된다. 이때의 인격과 개성은 사회 변화를 기대하고, 민주주의를 향한 창조성으로 이어진다. 결국 사회 속에서 개인의 능력을 극대화하는 데 초점을 맞추면서 자아실현을 도모하게 된다.

두 번째로 제시된 창조성의 모티브로서, '적극적 자유'는 기능적이면서 사회적인 측면을 통해 사회변혁을 이끈다. 시민성으로서 정치적 창조성은 민주주의라는 틀 안에서 더욱더 적극적이고 자유롭다고 할 수 있다. 인격이 사회에 대해 시민이 발휘할 수 있는 최대한의 능력이라면, 자유는 여기에 더해 시민을 최선의 상태로 만들 수 있는 기회를 부여한다. 자유에 대해 듀이는 다음과 같이 말한다.

민주적인 것을 선호하는 이유는 그것이 어떠한 것이든 간에 예
외 없이 비민주적이거나 반민주적인 사회 형태보다는 민주적인
사회 제도에 좀 더 많은 사람들이 자유롭게 접근할 수 있기 때
문이 아닌가? 이는 향유할 수 있는 바람직한 인간 경험의 특질
을 형성해간다는 믿음에 근거하고 있는 것이 아닌가?[LW13: 18]

민주주의에 의해 시민이 자유로워진다는 것은 '사회변혁에 맞
는 사회적 교호작용'이 있기 때문이다. 이런 사회적 교호작용은
시민들의 정치적 창조성을 통해 형성되기 마련이다. 그런 차원에
서 정치적 창조성은 시민의 자질 가운데 가장 중요하다고 할 수
있다. 자연과의 관계 속에서 질적인 평등이 자유와 양립하게 되면
서 정치적 창조성도 시민의 질적인 특성에 따라 이루어지게 된다.
박애라는 민주주의 신념도 시민의 적극적인 자유를 통해서 이루
어진다.

자아실현과 적극적 자유가 정치적 창조성의 내용이라면 '민주
주의의 형이상학'은 시민성의 방법론을 제시한다. 경험과 자연과
의 관계 속에서 인간에게 잠재 가능성이 내재해 있다는 점은 민주
주의하에서 시민들의 반성적 사고를 가능케 한다. 즉, 다양한 경험
과 문제 상황에 대해 민주적으로 사고하는 원천이 된다. 여기가 시
민성의 속성으로서 정치적 창조성과 사회적 지성이 만나는 지점이
된다. 즉, 정치적 창조성으로서의 시민성은 자기나 다른 사람, 나아
가 공동체의 민주적인 경험에 대해 반추하고, 부족한 부분을 생

각하면서 행동으로 옮기게끔 한다. 불확실하고 복잡하고 끊임없이 변화하는 세계에서 민주주의의 관점을 생활양식 속에 두도록 한다.

19. 입체적이고 역동적인 교육 구상

시민성교육의 구조적 조망과 방향

지금까지 살펴본 바, 듀이가 제시한 시민성 개념의 한계에도 불구하고, 재구성의 가능성은 사상 전반에 흩어져 있다. 그가 말하고자 한 시민성 개념을 재구성할 수 있는 주요 맥락은 배경 이론과 속성이 있다는 말이다.

배경 이론은 앞서 본대로, '경험 이론', '탐구 이론', '민주주의 이론'이고, 속성은 '질적 직접성', '사회적 지성', '정치적 창조성'이다. 비록 이 이론들이 중첩되거나 위상을 달리하는 부분이 있다 하더라도, 시민성 개념의 속성을 담고 있는 배경 이론으로서 이론적인 포괄성이나 사상적인 완숙성을 고려할 때, 역사적인 유의미성을 갖기에 충분하다고 말할 수 있다.

듀이의 배경 이론과 이로부터 도출된 속성 또한 시민성을 재구성할 수 있는 기반을 마련해주고, 나아가 시민성교육의 방향을 구체화할 수 있다고 본다. 문제는 시민성 개념으로 이것들을 어떻게 입체화할 것인가이다. 또한 삼중으로 중첩된 시민성이 어떻게 시민성교육으로 다시 입체화되는가이다. 이를 위해 세 가지 배경 이론과 속성을 결합해보고자 한다.

배경 이론의 결합

시민성 개념의 배경 이론과 도출된 속성을 교육적으로 전환하기 위해서는 이들 사이의 유기적 관계를 살펴보아야 한다. 물론 배경 이론들 사이의 결합과 입체화가 가능하려면 조건과 원리가 정합적이어야 하고, 이와 더불어 공유되는 넓은 배경이 있어야 한다. 여기에서는 듀이 사상 가운데 '유기적 상호작용'이라는 철학적인 배경이 있어 그 가능성을 높여준다고 보고 있다. 이렇게 이론과 이론이 어느 정도 연계 가능성을 갖는 상황에서 그 내부의 속성들끼리의 결합, 특성의 결합, 정신과 가치의 결합이 이루어진다면, 입체화의 내적 완성 또한 가능할 것이라 믿는다.

가장 상식적인 접근을 해보면, 시민성 개념의 배경 이론들을 가지고 일련의 합성어를 만들어보는 것이다. '시민 경험의 탐구', '시민의 민주주의 경험', '탐구적 민주주의' 등 다양한 어구들이 등장한다는 것을 금세 알 수 있다. 속 내용이 부재하더라도 자연스러운 연결은 일단의 결합 가능성을 보여준다.

또한 시간 개념으로 배경 이론들을 결합시켜 보자. 경험 이론은 시민의 경험이라는 과거 개념으로, 탐구 이론은 시민의 반성적 사고와 문제 해결이라는 현재 개념으로, 마지막으로 민주주의 이론은 생활양식과 창조의 미래 개념으로도 볼 수 있다. 물론 시간 개넘으로 분명한 구분선을 긋는 것은 무리겠지만, 이렇게 봄으로써 입체화를 위한 이해에 조금이나마 유익한 면도 있을 것이다.

칸트식 논법을 빌리자면, 실천과 이론과 판단의 흐름도 있을 수 있다. 경험 이론은 경험과 행위를 통한 시민성의 실천 차원을, 탐구 이론은 이성(혹은 지성)을 발휘하는 이론 차원을, 민주주의 이론은 문제나 갈등에 대한 판단 차원으로 볼 수 있다. 하지만 무엇보다 각 이론 내부의 내용을 통한 내적인 연결이 우선되어야 한다.

이론의 입체화, 경험-탐구-민주주의 이론

가장 주목해서 볼 점은 경험 이론의 포괄성이다. 사실 듀이의 주요한 철학적인 흐름은 자연과의 상호작용 속에서 '인간의 경험이 무엇인지 그리고 어떻게 변화되는지'에 초점이 맞추어져 있다. 이를 중심으로 다양한 이론적인 갈래가 형성되었다고 보아야 정확할 것이다.

그렇다면 경험 이론과 탐구 이론은 우선적으로 결합 가능하다. 양 이론들 사이의 유기적인 조건은 다음과 같은 명제로부터 이루어진다. "사고라고 부르는 경험의 전개에 있어서 맨 첫 단계는 경험이다."[MW9: 160] 앞서 여러 경험의 유형을 평범하고 일상적이며 구체화된 '일차적 경험'과 이론적이고 지성적이고 추상화된 '이차적 경험'으로 나누었다. 직접적이고 질성이 가득한 일차적 경험이 '지성'이라고 부르는 '반성적 사고의 과정'을 거쳐 이차적 경험으로 나아가는 것이다. 경험 이론 안에서 탐구 과정이 이루어지는 셈이다. 주저로 《경험과 자연》[1925a]과 《확실성의 탐구》[1929]를 들고 있는 점과,[Campbell, 1995: 67] 그 머리말에서 듀이가 소개한 내용을 살펴보면 이를 잘 알 수 있다.

《경험과 자연》 '1장 경험과 철학적 방법'은 방법의 문제, 특히 경험과 자연 사이에 존재하는 양자의 관계를 다룬다. 이는 자연의 실재를 해명하는 수단이 지성적으로 활용될 때, 경험 안에 있는 신념이 어떻게 이루어지는지에 초점을 맞춘 것이다.[LW1: X]

《불확실성의 탐구》 '8장 지성의 자연화'에서 지성은 자연에, 즉 판단에 관계하고, 결과를 가져오는 수단의 선택과 정리에 관계하며, 목적에 관계한다. 이를 논하고 있다. 지성의 힘에 의하여 우리는 사태의 가능성을 평가하고 이 평가에 따라 행위하고 있다.[LW4: 4-5]

이러한 방향성은 사회적 지성을 속성으로 하는 탐구 이론이 경험 이론의 역동성을 부여하는 방법적 원리임을 알 수 있는 대목이다. 지성이라는 탐구 과정을 통해 일차적 경험이 이차적 경험이 되면서 '반성적 경험reflective experience'이라는 명칭을 획득한다. "일차적 경험과 이차적 경험의 구분은 최소한의 즉각적인 반성의 결과로 경험된 것과 지속적이고 조절된 반성적 탐구의 결과로 경험된 것 사이의 구분"인 것이다.[Campbell, 1995: 72에서 재인용]

탐구 이론과 민주주의 이론 사이에는 몇 개의 주요 개념들이 자리하고 있다. 그것은 '인간의 본성'과 '공동체', 그리고 '의사소통'이다. 그리고 이를 포괄하고 있는 개념이 '생활양식'과 '참여'라고 볼 수 있다. 생활양식으로서의 민주주의는 도덕적·윤리적인 인간 정신의 연합 형태로서 한 사회의 경험을 공동체에서 의사소통을 통해 공유하고 있다. 그렇다면 인간의 경험과 행위는 탐구 공동체 속에서 의사소통과 참여로 나타나기 마련이다.

반대로 탐구 이론으로부터 경험 이론을 생각해보자. "사고가 오직 사고에 그친다면 그것은 불완전한 것이다."[MW9: 168] 경험의 성장 혹은 재구성을 위해 활용되었던 반성적 사고 혹은 탐구의 과정은 공동체에서 의사소통의 과정을 통해 문제 해결로 나아간다. 문제 해결의 과정을 통해 인간은 개인으로부터 사회로, 주관으로부터 객관으로 나아가는데, 이때 필요한 것이 의사소통이고, 필연적으로 이루어지는 탐구 공간이 공동체가 된다. 어떤 의사소통인가, 어떤 공동체인가의 문제는 민주주의의 맥락으로 이어진다.

경험 이론과 탐구 이론 사이의 관계를 비판하는 사람들은 결합 정도가 약하다고 평가할 수도 있다. 즉, 이에 대해 역사적인 선례가 별로 없고, 전쟁과 같은 특수한 상황에서 양자가 결합 가능한 형태로 등장하겠느냐는 지적이다. 이것이야말로 가장 프래그머티즘적이라고 비아냥거릴 수도 있다.[Johnston, 2006: 174-175]

하지만 민주주의 이론에서 바라본 경험 이론과 탐구 이론은 명확한 연속선상에서 결합을 하고 있다. 민주주의를 달성했다고 하더라도, 그 과정에 임하는 시민들에게 생활로 다가오지 않는다면, 아무런 의미가 없다. "민주적인 사회가 되려면 외적인 권위를 거부하고, 자발적인 성향과 관심이 있어야 한다."[MW9: 93] 이것이 바로 공동체 속에서의 의사소통이고, 과학적으로 이를 탐구해가는 방법이기도 하다. 듀이는 이를 '민주주의의 방법론'이라고 하였고, 이 지점에서 교육의 중요성이 부각된다. "듀이에게 사고는 항상 정치적이다."O'Connor, 1999: 4에서 재인용라는 말처럼, 민주주의 교육에서 탐구 이론을 나무의 줄기처럼 받아들이고 있다. 듀이를 두고 '민주적인 사회적 지성'이나 '정치적 탐구자'라는 호칭을 붙이는 이유가 여기에 있다.Eldridge, 1998: 87-88

'생활양식으로서의 민주주의'라는 말에는 민주주의 이론에 경험 이론이 그대로 결합되어 있다고 볼 수 있다. 정치체제로서의 민주주의와 다른 생활양식으로서의 민주주의는 국가에서 보여줄 수 있는 것보다 훨씬 넓고 충만한 아이디어다.Westbrook, 1991: 319 정치적 창조성을 말할 때 밝힌 바대로, 생활양식만을 말하면 개인에게만 초점이 모아지기 마련이다. 하지만 듀이가 생각한 민주주의는 인간 존재로서 모든 방면으로의 민주주의 확대를 전제로 하고 있다. 민주주의에서 경험이란 인간으로서 겪은 혹은 당한 사회적 행위 혹은 사회문제 전반을 말하는 것이다.

사실상 시민성 관점에서 생활양식으로서의 민주주의라는 민주주의 이론의 토대인 경험 이론이, 심화하는 역할로서 탐구 이론이 결합되고 있다. 생활양식으로서의 민주주의는 이론 내에서 창조적 민주주의로 확대되고 있고, 이는 듀이가 사회적 생활세계를 만드는 데 자신만의 정치 철학이 작동되고 있음을 말해준다.같은 글, 15 듀이가 전개하고자 했던 '철학과 민주주의' 과정도 실질적으로 이에 대한 서술이다. 어찌 보면 경험 이론으로부터 탐구 이론이 등장하고 탐구 이론을 통해 경험 이론이 민주주의 이론으로 확장되어가는 모습이다.

속성의 입체화, 질적 직접성-사회적 지성-정치적 창조성

배경 이론 사이의 관련성을 속성의 관점에서 보면, 시민성 개념이 보다 더 세부적으로 입체화된다. 배경 이론 사이의 결합이 이론의 형식과 내용에 그 의미가 있다면, 속성의 연관성은 실질적인 내적 논리에 그 의미가 있다. 이를 통해서 시민성의 속성들은 시민성 개념으로 자리 잡는다.

반덴버그[2000]는 귀속성, 내적 복잡성 및 개방성, 원형성을 시민성의 세 가지 속성으로 밝힌 바 있다. 그렇다면 지금까지 말한 질적 직접성, 사회적 지성, 정치적 창조성이라는 시민성은 하나의 유기체 덩어리로서 귀속성, 내적 복잡성 및 개방성, 원형성을 동시에 갖는다고 할 수 있다. 아래와 같은 듀이의 인용문은 시민성의 세 가지 속성을 동시에 보여준다.

> 민주주의를 보장하는 핵심적이고도 최종적인 것은 통제되지 않은 그날의 뉴스를 주변의 이웃들이 자유롭게 거리에 모여 토론을 주고받는 것이다. 또한 집이나 아파트 거실에서 친구들이 자유롭게 모여 서로 담화를 나누는 것이다. 인종, 피부색, 부, 혹은 문화 수준의 차이뿐만 아니라 종교, 정치, 직업에 대해 의견의 차이로 인해 관용하지 못하고, 인신공격하고 욕설하는 것은 민주적인 생활양식에 대한 배신이다.[LW14: 227]

일상생활에서 상상해보자. 단순히 토론과 담화로 끝나는 게 아니라 그날의 뉴스를 가지고 주변에 있는 이웃들이 자유롭게 모인다. 문화의 차이나 의견의 차이를 넘어 허심탄회한 대화를 나눈다. 이런 장면에는 많은 것들이 내포되어 있다.

구체적으로 말해보면, 먼저 각 시민들은 뉴스를 통해 자신만의 경험을 갖게 된다. 시민성으로서 생동적인 경험의 질적 직접성이 작동하는 것이다. 그 경험을 직접 겪었든지 아니면 텔레비전이나 신문을 통해 보았든지 간에 경험의 대상에 대해 활동하고 인식하고 판단하면서 경험을 출발시킨다.

여기에서 중요한 것이 그때의 상황이다. 거리에서 혼자 뉴스를 보면서 스쳐 지나가는 시민도 있을 수 있고, 여럿이 함께 주의 깊게 본 사람도 있을 것이다. 그렇다면 이에 대해 서로 공감한다거나 생각이 다르다거나 하는 여러 반응들이 나타날 것이고, 점점 생각이 넓어지고 깊어질 수 있는 기회가 만들어질 것이다.

관심은 자연스럽게 다른 사람과 이야기를 나누거나 새로운 자료를 통해 확인해보는 과정으로 이어진다. 장기적으로 보았을 때, 어떤 시민들은 자신만의 의견이나 주장을 만들기도 하고, 관련 행동, 예를 들면 글을 쓰거나 단체 활동을 할 수도 있다. 물론 그러면서 기존의 생각이 바뀌거나 심화될 수도 있다. 이즈음이 의사소통과 탐구 공동체가 강조되는 사회적 지성이 등장하는 계기이기도 하다.

이는 자연스럽게 인격적인 태도를 정립하는 데까지 나아가게 된다. 자신만의 신념이 생기고 지적인 판단과 창조적인 활동을 할 수 있게 된다. 이를 위해서는 생활 속에서 자유를 느끼고 시민으로서 자아실현을 해나가야 한다. 더불어 뉴스에서 지적한 문제와 관련하여 새로운 의견을 내거나 집회 등에 동참하는 계기를 마련할 수 있다. 이는 홀로 느끼는 자유보다 함께 느끼는 적극적인 의미의 자유로움이다. 생활의 자유와 사회변혁의 창조 능력을 발휘하는 정치적 창조성이 엿보이는 대목이다.

하나의 장면으로 가상해서 말한 것이지만, 이런 상황에서도 시민성의 속성이 여러 갈래로 나뉘고 또 이어져 있음을 알 수 있다. 질적 직접성은 '가능성을 가진 경험과 그 대상'을 통해 경험을 출발시킴과 동시에 '질적인 사고와 통합'된다. 비록 일차적 경험으로서 상황에 의거한 외적인 측면이 강하지만, 이 순간이 경험의 사회적인 측면으로 인해 '사회적 지성'이 작동되는 순간이다. 질적 직접성은 이렇게 여러 조건으로 기초적인 토대를 만들고 상황을 지배하면서 다양한 환경과 상호작용과 상호 침투를 하게 된다.

시행착오를 거치겠지만, 실험적 견지에서 사회적 지성이 본격적으로 등장하게 된다. 시민과 주어진 사회 환경 사이에서 상호작용과 교호작용이 계속되는 한 사회적 지성으로서의 반성적 사고와 문제 해결의 과정은 지속된다. 시민이 겪는 일상생활의 당혹스러운 문제에 대해 다른 사람과 협동적 능력을 발휘해 여러 조건들을 고려하면서 문제 해결에 임하게 된다. 간혹 실수나 미확인 등으로 수정할 수도 있고, 객관적인 근거에 따라 확신이 생기면 이는 더욱 심화될 것이다. 이는 상호작용으로 경험을 변화시키고, 계속성을 통해 경험의 질을 변형시킴으로써 창조적이고 실용적으로 사회적 지성을 사용하는 모습이라 할 수 있다.

민주주의와 관련해서는 이러한 지적인 판단과 행동이 시민의 창조성과 결합된다. 생활양식으로서의 민주주의로 인해 개별적인 시민들이 보다 인격적이고 개성 넘치는 생활양식을 갖추게 된다면,

실제 실행에 있어서는 정치적 창조성을 갖게 될 것이다. 자유로운 토론과 담화의 상황이라면, 시민들은 사회적 지성과 정치적 창조성을 발휘하여 대화를 나누고, 이것을 통해 여론을 만들며 생활양식으로서의 민주주의를 성장시킬 것이다.

이와 같이 '자아실현'과 '적극적 자유'라는 시민의 창조성은 질적 직접성을 내재하고 있는 작고 소소한 경험으로부터 시작된다. 이는 사고와 탐구의 과정을 거쳐 사회적 지성으로 심화된다. 듀이가 말한 대로, 민주주의가 이미 달성한 다른 어떤 특별한 결과보다 경험의 과정이 하나의 중요한 신념이 되는 모습이라 할 수 있다.

생활 시민성

이상에서 언급된 시민성의 속성들이 서로 결합되어 입체화된 특징을 정리해보자. 내적 복잡성과 개방성의 문제는 위에서 전개한 흐름으로 가름하기로 하고, 세 가지 속성들이 보여주는 귀속성의 측면을 생각해보자. 귀속되는 대표적인 용어가 바로 '생활'이다.

'생활'이라는 용어는 세 가지 속성을 수렴하고 있다. 질적 직접성으로서의 경험은 일상 '생활'에서 이루어지고, 사회적 지성은 '생활' 속 사회적 경험의 과정에서 전개되며, 창조성은 시민 개인의 '생활' 양식으로서의 민주주의에서 확대된다. 소위 '생활 시민성life citizenship'이라는 개념이 가능해 보인다.

특히 '생활 속 문제'라는 측면에서 보면, 이러한 관점은 더욱 명료화된다. 시민이 직접 겪은 문제에는 질적인 사고가 내포되어 있고, 사회적 문제를 해결해가는 과정에서 사회적 지성을 적극적으로 발휘하게 된다. 생활과 밀착된 사회적 문제를 해결해가는 과정은 민주 시민의 정치적 창조성이 발휘되는 국면이라 할 수 있다.

듀이가 말하고자 하는 시민성의 '원형'이 어떤 것인지 살펴보자. 물론 이에 대해서는 지속적인 연구가 요구된다. 그럼에도 불구하고, 앞서 살펴보았던 개념들 가운데 '사회적 효율성', '시민적 효율성', '좋은 시민성' 등은 듀이 시민성의 원형으로 볼 수 있다. 이 개념들이 가지고 있는 이중성과 광의성을 여기에서 제시한 시민성의 세 가지 속성과 결합시켜 본다면 보다 많은 논거와 해석으로 구체화될 수 있을 것이다.

속성들의 내적 결합은 질적 직접성과 사회적 지성과 창조성이라는 용어를 결합하여 몇 개의 합성어로 만들어도 매우 자연스럽게 나타난다. '질적인 지성', '창조적 지성', '질적인 창조성' 등이 그것이다. 비록 충분하지 않더라도 배경 이론과의 맥락에서 보면 이해될 수 있는 용어들이다. 전개되는 방향은 먼저 경험 이론에서 포괄되어 내용과 방법이 등장하고, 탐구 이론을 통해 방법으로 제시되며, 민주주의 이론에서 내용과 방법 모두 성장한 형태로 나타난다. 물론 이러한 순서대로 전개되는 것은 아니며, 오히려 순환적이면서도 동시적이다.

이론과 속성의 입체화

배경 이론과 속성의 입체화에 대한 전반적인 이해를 위해서, 이를 그림으로 표현하자면 **그림 5**와 같다.

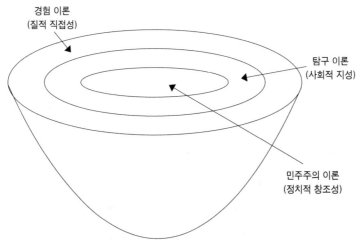

그림 5 듀이 시민성 개념의 배경 이론과 속성의 입체화

위 그림은 시민성 개념의 토대가 되는 경험 이론을 바탕으로 탐구 이론이 심화되고 민주주의 이론이 확대되는 것을 보여준다. 또한 질적 직접성이라는 작지만 좋은 시민의 경험이 점점 발달하여 성장해가는 모습도 보여준다. 변화하면서 성장하고 있으므로 이론과 속성의 경계 속에서 역동적인 상호작용을 생각해볼 수 있고, 팽이 모양은 작게 시작해서 아래로부터 점점 커지는 모습을 상정해볼 수 있다.

시민성교육의 토대로서 '경험'

시민성 개념으로부터 시민성교육으로의 교육적인 전환은 중첩된 교육 층위에서 이루어진다. 교육적인 전환 논리는 배경 이론과 속성을 통해 재구성된 시민성 개념이 어떤 모습으로 결합하고 입체화되는지, 그리고 이것이 성장과 재구성으로서의 교육과 어떻게 결합되는지를 동시에 살펴야 한다. 여기에서는 그 입체화된 상황이 교육 층위에서 어떻게 연속적으로 이루어지는지 살펴보기 전에, 각 이론과 속성의 지점에서 어떤 교육적인 의미를 갖는지 고찰해 보자.

경험 이론과 질적 직접성이 '성장으로서의 교육'과 결합하면, 이는 성장의 토대로 작동하면서 동시에 그 자체가 재구성해나가는 교육의 출발점이 된다. 왜냐하면 시민성이 권리나 의무이든 성향이나 자질이든 시민들의 경험을 충분히 수렴해야 시민성교육의 토대로서 튼튼하게 전개될 수 있기 때문이다. 또한 이것이 성장으로서의 시민성교육으로 가는 첫 단계이자, 재구성으로서의 시민성교육에 해당하기 때문이다. 일상생활에서 접하게 되는 구체적인 경험과 경험의 즉각적인 지각 자체가 교육으로서 성장의 토대요, 재구성의 출발이 되는 것이다. 《경험과 교육》[1938b]에서 듀이는 교육의 수단이자 목적으로서의 경험에 대해 다음과 같이 말한다.

학생 개인을 위한 것이든 사회를 위한 것이든, 교육이 그 목적을 실현하려면, 경험에 토대를 두어야만 한다는 원리를 올바른 것으로 당연시해왔다. …… 일상적인 경험 속에 내재해 있는 가능성을 지적으로intelligently 지도하여 개발하는 것으로 교육을 다룰 때, 나는 교육의 잠재력을 확신하게 된다.LW13: 89

'기초' 혹은 '토대'라는 표현은 시민이 교육을 통해 유능해지고 책임감이 확고해지며 나아가 민주적인 가치와 절차를 잘 이해하고 실천하기 전의 일종의 '저수지' 역할이라 할 수 있다. 교육적인 가치의 측면에서 보면 경험의 단일성과 통합성은 하나의 저수지로만 생각되지만, 다르게 보면 넓은 저수지 속에 있는 다양성도 된다. "어떻게 하면 (시민의) 경험이 충만하고 다양하면서도 그 단일한 정신을 잃지 않을 수 있는가?, 어떻게 하면 경험이 하나이면서도 동시에 좁고 단조롭지 않게 되는가?"MW9: 257 이런 질문이 시민성교육의 상황에서도 그대로 나타난다.

경험의 유형에서 보았듯이, 시민의 경험은 매우 다양하다. 내용이든 방법이든 차원과 형식을 달리하면서 온갖 경험들이 쏟아져 나온다. 같은 시민의 경험이라도 다양한 해석이 이루어지고, 매우 다른 경험이라도 지각과 사고의 공유로 상호 연결된다. 질적 직접성은 다양하고 즉각적인 지식으로부터 상황에 따른 사고의 일차성으로 접어들게 하면서 통합을 이루어나가도록 한다. 기초적이고 침투적인 즉각적인 의미와 가치들을 통합적인 관계로 연결시키면서 시민성교육의 맹아로서 자라나게 한다.

아동의 사회생활은 훈련 또는 성장을 집중시키고 서로 관련짓는데 기초가 된다고 나는 믿는다. 사회생활은 아동에게 무의식적인 단일체가 되도록 하고, 그가 한 모든 노력과 성취의 배경을 이룬다. 학교 교육과정의 교과내용subject-matter은 사회생활에 대한 원초적인 무의식적 단일성으로부터 점차 분화되는 특징을 가져야 한다.EW5: 89

시민성교육은 점차 질적인 다양성과 현실에 기반한 미래지향적인 모습을 갖게 된다. 소비생활이든 직장생활이든 혹은 언론에 등장한 정치에 대한 이야기든 정돈된 논의가 아니더라도, 다양한 시민들의 경험과 경험을 기반으로 한 대화나 이야기가 시민성교육의 제재가 되고 내용과 방법이 되어야 한다. 다분히 일상생활의 현실을 담고 있으면서도 그 속의 아이디어나 의견은 미래에 언제라도 교육적으로 활용 가능한 것이다. 시민의 경험 속에 들어있는 질성을 통해 상황과 사고가 계속해서 재구성되도록 해야 한다.

경험 이론을 토대로 질적 직접성이 시민성의 속성이 된다면, 교육기관에서도 시민성교육을 보다 유연하면서 안정된 제도로 운영할 수 있게 된다. 시민으로서 학생들의 경험을 충분히 수렴하여 교육과정과 교육내용이 구성되고, 지속적으로 발생하는 사회 현상과 사회문제들과의 관계 속에서 시민성교육은 안정적인 교수학습의 내용과 방법을 제공받게 된다. 자유롭고 보편적이고 기초적인 시민성교육에 대한 인식이 부족한 현재의 학교에 활동의 기반을 제공하고, 민주 공화국 안에서 참여를 위해 합리적이면서 인간적인 시민을 준비하는 데 생기를 불어넣을 것이다.Reische, 1987: 12

시민성교육의 심화로서 '탐구'

탐구 이론과 그 속성인 사회적 지성은 시민성교육에서 성장의 '심화' 혹은 재구성의 '심화'로 작동하게 된다. 탐구 이론은 경험 속에 발생하는 불확정적 상황에서 반성적 사고와 문제 해결의 과정으로 나타난다. 사고를 일으키는 첫 단계인 구체적인 경험 사태는 이미 경험과 교육을 통해 교육적인 의미를 가지고 있다. 그렇다면 경험 속에서 문제를 정확히 인식하고 반성적으로 해결해나가는 것은 시민을 교육적으로 성장하도록 하고, 본격적인 교육의 재구성 과정으로 나아가게 한다. 다음과 같은 듀이의 언명은 인간으로서 자연스러운 사고의 시작과 동시에 시민성교육과의 관계를 암시해주고 있다.

> 모든 교육은 종족의 사회적 의식 속에 개인이 참여함으로써 전개된다고 나는 믿는다. 이러한 과정은 출생과 동시에 무의식적으로 시작되고, 지속적으로 개인의 능력을 형성하고, 의식에 스며들고, 습관을 형성하고, 사고를 훈련하며, 감정과 정서를 일깨운다.[EW5: 84]

태어나면서부터 사회적 의식에의 참여는 바로 사고를 통해 이루어진다. 사고하면서 만나게 되는 탐구 내용과 방법이 실제로는 사회생활 속에 이미 깃들어 있다. 이것은 듀이가 교육에서 말하고자 한 중요한 대목이기도 하다. 교육 목적은 사고를 확대시켜 더 많은 결과를 고려하도록 자극하는 것이기 때문이다.[MW9: 135] 교육을 통해서 생각하는 사람으로 길러내는 것, 그런 과정은 자연스럽게 사회적 지성과 만나게 된다.

> 지적인 측면에서 교육은 반성적 사고의 태도를 길러주고, 그 태도를 이미 가지고 있을 때는 그 태도를 유지하게 한다. 치밀하지 못한 사고 방법을 가능한 한 엄밀하게 변화시키는 일과 절대적으로 관련되어 있다는 것은 분명하다.^{MW6: 78}

이는 반성적 사고가 교육을 통해 이루어지고, 반성적 사고의 태도를 가지면서 성장한다는 것을 보여준다. 시민성으로서의 사회적 지성도 교육을 통해 반성적 사고를 태도로서 내면화하고, 사회적 지성을 통해 점점 사고 방법도 치밀해질 것이다. '학습은 사고하는 것learning is to think'^{LW8: 176}이라고 말한 바는 바로 이런 차원에서 제시한 것이다. 학교에서의 사고의 실제 과정과 지적인 산물이 내적으로 반드시 연결되어야 한다.^{같은 글. 177} 그래야 '반성적 경험'이 '반성적 사고'를 통해 '반성적 실천'으로 나아가는 것이다.

주어진 사회 환경 속에서 사회적 지성을 발휘하는 학습자는 공간적으로 자기의 행동을 통해서 사회적 관계에 초점을 맞추게 된다. 또한 시간적으로도 자신의 사회적인 후속 행동에 대해 순서를 고려하여 자신에게 직면해 있는 사회문제를 효율적으로 해결할 수 있도록 능력을 기르게 된다.^{박준영, 1995: 54-55} 사회적 관계와 사회문제에 대한 사회적 지성의 활용은 시민성교육을 통해서 이루어지고, 이는 교육내용과 방법 모두에서 적용된다. 어떤 사회적 관계인가 혹은 어떻게 사회적 관계를 맺고 있느냐는 시민성교육에서 거의 동시에 등장하게 된다.

시민성교육의 확대로서 '민주주의'

마지막으로 민주주의 이론과 정치적 창조성이 성장으로서의 교육과 결합하면, 생활 속 민주주의의 '확대'로 작동하게 된다. 또한 재구성으로서의 교육과 결합하면, 시민 개인의 능력을 최대한 발휘하면서 공동체로서의 민주주의를 '심화'시키게 된다. 듀이가 〈나의 교육 신조〉[1896]에 밝힌 대목에서 그 의미를 읽을 수 있다.

> 단 하나의 참된 교육은 자신을 찾는 것인데, 이는 사회적인 상황의 요구에 의해 아동의 힘을 자극하는 데서 온다. 이러한 요구를 통하여 아동은 한 단위체의 구성원으로서 행동하도록, 원래 자기가 가지고 있던 좁은 행위와 정서에서 벗어나 그가 속해 있는 집단의 복지라는 관점에서 자신을 파악하도록 자극받는다.[EW5: 84]

만약 아동을 시민으로 치환한다면, "참된 교육은 시민이 자신을 찾는 것인데, 사회적 상황의 요구에 의해 시민의 힘을 자극하는 데서 온다."로 바꿀 수 있다. 아동의 힘, 그리고 시민의 힘은 자연스럽게 민주주의 상황에서 이루어진다는 것을 알 수 있다. 시민성교육은 이 지점에서 민주주의 교육이 되고, 정치적 창조성은 시민의 힘을 발휘하는 교육으로 이어진다.

진보적인 사회는 개인의 특이성을 자신이 성장하는 수단으로 발견해내기 때문에, 이를 매우 소중히 여긴다. 그러므로 민주 사회는 이러한 이상에 맞게 지적인 자유와 더불어 다양한 재능과 관심의 발현을 교육적인 방안 안에서 인정해야 한다.[MW9: 314]

민주주의 이론이 교육적으로 어떻게 어디까지 확대되느냐는 민주주의와 관련된 철학과 윤리학, 그리고 정치적 창조성으로서의 시민성교육 여하에 달려 있다. 윤리학과 철학은 민주주의를 경험과 탐구와 연결시켜 개인의 생활양식을 교육내용으로 삼는다. 나아가 민주주의의 반성적 방법을 교육방법으로 채택한다. 그렇게 이루어지는 시민성교육은 두 요소, 즉 '공동의 관심사'와 '상호작용'에 지대한 영향을 미치게 된다. 교육을 하면 할수록 시민들의 관심사는 많아지고, 그 종류 또한 다양해진다. 지역적으로 작은 규모에 머무르던 인식의 범위는 점점 국제적인 관점으로까지 나아가게 된다. 같은 사안이라 하더라도 민주주의 이론 속에서 시민성교육은 다양한 실천의 공유 지점을 넓혀간다.

정치적 창조성으로서의 시민성교육은 교육을 통해 시민으로서 자아실현을 가능케 하고, 시민의 자유를 적극적으로 발휘하게 한다. 이것이 성장으로서의 시민성교육이 되고, 지속적인 재구성으로서의 시민성교육과도 연결된다. 사실 《민주주의와 교육》[1916a]에서, 듀이는 정형화되고 체계화된 철학을 실제 인간 경험의 요구로부터 등장하는 윤리적·정서적 자각을 통해 헤쳐 나가고자 하고 있다.[Hansen, 2006: 3] 시민성교육을 통해 일상생활에서 민주적인 경험을 하고, 시민으로서의 정체성을 깨달으며, 새로운 개인주의를 통해 자발적인 결사체를 만들면서 점점 사회적 자아와 공동체를 형성하게 된다. 또한 일상 속에서 시민들이 탐구하고 토론하고 표현하는 자유를 교육 상황에서 만끽하도록 한다. 교육을 통해 생활의 자유와 자치적인 사회의 조건과 정치 구조를 변혁해나가게 된다.

토대, 심화, 확대의 교육적 연속성

앞서 살펴본 각각의 교육적인 의미는 연속선상에서 이루어진다. 성장과 재구성으로서의 시민성교육도 이런 연속선상에서 순환되는 것이다. 교육적인 전환 논리에 따른 시민성교육은 끊이지 아니하고 지속되는 성질 혹은 상태를 띤다. 시민성 개념 그 자체가 처음부터 끝까지 하나의 의미 있고 종합된 시민성교육의 연속선을 이루고 있는 셈이다.

경험 개념과 경험을 중심으로 하는 교육 차원에서 보면, 시민성교육은 내재적인 연속성을 갖는다. 생활, 경험, 민주주의, 교육의 연속성은 바로 듀이가 《민주주의와 교육》[1916a]에서 중심에 두고자 했던 논의이다. 여기에서 경험과 생활을 연결하고 생활의 본질을 사회생활로 두면서 생활양식으로 민주주의를 제시한 것이다. 결국 '생활의 교육적 조망the pedagogue's view of life'을 하고 있다고 볼 수 있다.[Minnich, 2006: 150-156]

생활철학으로서 교육이 경험과 맞물려 있어서 시민성교육을 보다 풍요롭게 만든다. 설령 시민성교육에서 사회적 지성과 창조성이 발휘되지 않더라도, 경험의 질적 직접성은 언제라도 다시 시작할 수 있는 원동력이 된다. 이미 그 안에는 시민의 경험이 내용과 방법으로 결합되어 행위로 나타나고, 사고의 출발이 되어 있다.

반성적 사고 개념과 사회적 지성은 경험과 맞물려 있으면서 시민성교육의 중추로서 내재적 연속성을 가지고 있다. "사고의 자료는 '생각'이 아니라 행위요, 사실이요, 사건이요, 사물들 사이의 관계이다."[MW9: 163-164]라는 말은 사고가 단순히 생각하는 것에만 머무르는 것이 아님을 말해준다. 경험의 시작부터 민주주의를 확대해나가는 그 지평에서도 사고는 모든 사물과 사건과 행위에 방법론적으로 머무른다. 이미 사고와 사고에 해당되는 대상으로부터 도출된 결과 사이에는 연속적인 것이 되려는 의도적인 노력이 담겨있다. 사회적 지성의 행위를 제도화하는 수단으로서의 교육의 상태가 질서 있는 사회 개조의 관건이 되는 것도 이 때문이다.[LW4: 240] 이처럼 경험이든 민주주의든, 사고는 사회적 지성의 형태로 시민성 개념과 연관되면서 시민성교육을 지탱해준다. 이러한 연속성이 시민성교육을 보다 역동성 있게 만드는 요인이기도 하다.

민주주의와 정치적 창조성은 기존의 경험과 사고를 재구성하면서 시민성교육에 나타난다. 또한 새로운 경험과 사고를 창출하여 새로운 지평의 민주주의로 확대해나간다. 토론하고 표현한다는 것은 시민들 각자의 경험을 토대로 언어와 사고가 지속적으로 등장하고, 상호작용한다는 것을 말해주고 있다. 그 가운데서 도출되는 새로운 의미들은 시민으로서 학습자가 정치적 창조성에 의거하여 만들어낸 민주주의가 된다. 그런 차원에서 본 창조적인 개인으로서 시민 혹은 학생의 중요성은 다음과 같다.

교육이 존재하는 목적은 학생 때문이다. 민주주의가 창조적인 개인으로부터 그 추진력을 받기에, 사회에 대한 교육의 기여라고 하는 것은 자유롭게 상상하며 창조해나가는 개인의 발달에 있다. 비유컨대, 교육의 과정은 학생의 욕구, 관심, 목적으로부터 나오는 추진력에 의해 고무되고 지탱된다.^{Fenstermacher, 2006: 111에서 재인용}

이와 같은 연속성은 듀이의 실제 실천에서도 나타나고 있다. 사회적 지성과 창조성이 결합된 '창조적 지성'을 교육에 적용하여 그 연속성이 얼마나 활발하게 일어나는지는 그의 실험학교를 보면 알 수 있다. 예를 들면, 실험학교 과학 시간에 사용한 가설과 실험은 일정하게 보장된 언명 가능성을 갖게 하고, 이는 사회개혁의 방식에 적용된다. 그가 추진했던 사회 운동과 사회 비평뿐만 아니라 정당 활동 등 모든 분야에서, 듀이는 이와 같은 교육적인 적용을 실천에 옮기고자 했다.^{김동식, 1996: 138} 이처럼 정치적으로 창조적인 속성을 지니고 있는 듀이의 지성 개념에는 세계를 바람직한 방향으로 변혁하고자 하는 의도가 깊숙이 들어 있다.

20. 교육은 어떻게 창조적 민주주의로 나아가는가?

민주주의 교육의 범위와 방법

사회적 지성으로서의 시민성이 시민성교육을 완성하기 위해 방법론적으로 심화시켜 간다면, 민주주의에서 도출된 정치적 창조성은 시민성교육을 직접적으로 구현해나간다. 시민성교육이 민주주의 개념과 직접적으로 연동되기 때문이다. 실제로 바람직한 시민의 자질은 민주적인 인식과 행동양식을 얼마만큼 가졌느냐에 그 기준을 두게 된다. 그래서 시민성교육은 민주시민교육으로 일컬어지면서, 대부분의 내용도 민주주의 사회에서의 시민의 권리와 의무, 덕목과 합리성 등으로 제시된다.[Butts, 1988: Nie, Junn, & Stehlik-Barry, 1996: Bridges, 1997]

여기에는 두 가지 문제가 있다. 이는 '어떤 민주주의를 상정하는가?'와 '민주주의는 어떤 맥락과 연결되어 있는가?'이다. 듀이의 말처럼, 교육적인 의미를 갖는 민주주의는 국가 수준에서 정치체제로 언급되는 민주주의일 수 없다. 만약 시민성교육이 정부론과 헌법 교육에 머무른다면, 민주주의를 통한 시민성교육이 지닌 보다 넓은 범위와 역동적인 방법을 도외시하는 것밖에 안 된다. 이미 그 자체로 시민의 생활세계가 반영되지 않고 수동적인 모습으로 머무르는 것이 되어버린다.

다른 한 가지는 민주주의의 논의가 교육 장면으로 들어오려면 '실질적인 배경 맥락'이 연결되어야 한다는 것이다. 민주주의라는 용어 앞에 붙는 형용사가 너무 많다. 이 모든 민주주의를 나열식으로 시민성교육에 담아낼 수 없을뿐더러 의미도 없다. 민주주의와의 외형적인 결합은 교육의 실질적인 면을 간과하기 쉽다는 말이다. 듀이 철학을 통해 제시된 경험 이론과 탐구 이론을 민주주의와 결합하는 것, '생활양식으로서의 민주주의'의 이면의 의미를 교육적으로 연결하는 것, 바로 그것이 중요한 점이다.

앞서 밝힌 대로, 생활양식으로서의 민주주의는 두 가지 요소가 있는데, 하나는 사회 구성원의 '공동 관심사의 수와 양'이고, 다른 하나는 '사회집단 사이의 역동적인 상호작용'이다. 시민 개인의 관심사 혹은 이해관계가 형성되는 과정은 지극히 개인적이며 자유로운 가운데 이루어지고, 이는 교육 장면에서도 그대로 적용되어야 한다.

민주주의와 대립 지점에 놓여 있는 '전체주의'를 생각한다면, 개인의 관심사나 이해관계는 도외시될 뿐만 아니라 침해를 받게 될 것이다. 이데올로기로 훈련된 경찰과 군인에 의해 지배되면서 비밀스런 사회가 된다면,[Arendt, 1968: 436] 시민의 창조성은 어디에서도 찾을 수 없다.《전체주의의 기원》[1968]을 쓴 정치철학자 아렌트와 사상적 교류를 나누면서, 듀이는 민주주의를 굳게 지키기 위해 이전에 가졌던 생각보다 개인의 창의와 선택이 더욱 중요하다는 점을 인

식한다.^{Schutz, 2001: 100}

민주주의의 요소로서 사회집단 사이의 역동적 상호작용은 사회적 지성의 협동적·조직적인 측면을 잘 보여준다. 또한 지성이 발휘되는 탐구의 과정은 연합된 생활의 이상으로서 민주주의를 지향하고, 이것은 다시 개성과 공동체성 모두를 지향하게 된다. 학생들 개개인의 관심사는 누가 어떻게 관심을 써주느냐에 따라 공동의 관심사가 되고, 지속성과 상호작용이 존재하는 사회 집단으로서 의미를 갖는다. 인간의 본성을 공유하면서 공동체를 형성하고 의사소통을 통해 민주주의로 나아가는 것이 교육의 본질에 가장 가깝게 다가서는 일이다. 이와 같은 과정이 충분해야 자유로운 상태에서 더 넓게 권력을 공유하고 참여하게 되는 것이다.^{Festenstein, 81-82}

변혁적 창조 능력의 육성

결국 듀이의 시민성교육은 '시민 개개인의 창조성이 발휘되어 민주주의를 확대시켜나가는 교육'이라 할 수 있다. 시민의 직접적인 경험으로부터 탐구의 과정으로 심화된 민주주의 교육인 셈이다. '생활양식으로서의 민주주의'로부터 '창조적 민주주의'로 변화되어 온 듀이의 민주주의 안에는 윤리학과 철학이 결합되어 있고, 자유주의의 재구성과 민주적 사회주의를 주장하고 있는 그런 시민성교육을 표방한 것이다.

정치적 창조성으로서의 시민성은 시민성교육을 통해 '생활과 사회를 변혁하는 교육'을 지향하게 된다. 최종적으로 표방한 창조적 민주주의는 바로 '개인 생활의 인격적 양식'을 끊임없이 갖추어가면서 '생활의 변화'와 더불어 '공동체의 변화'를 추구하고 있다. 교육실천의 차원에서 학생 개인의 잠재 가능성을 '생활 속 작은 경험'에서 찾고, 창조적인 아이디어와 의견을 가지고 기존의 정치생활을 바라볼 수 있게 하는 것이다.

그렇다면 학생 개인의 인격 속에 정치적 창조성을 담는 것, 그 자체가 민주주의이고 교육이 된다. 인격에는 이미 습관, 충동, 지성의 상호작용이 전제되어 있기 때문에, 정치적 습관이나 정치적 충동은 사회적 지성을 통해 통제된다.

시민성교육을 통해 정치적 창조성을 갖춰나가는 시민들은 무조건 어떤 하나의 분위기에 휩쓸리지 않고, 신념에 따라 지적인 판단과 행동을 하게 된다. 생활과 사회 변혁을 지향하기 때문에, 다른

축제 설문조사를 하고 있는 학생자치위원회 활동.
"창조적 민주주의는 생활의 변화와 더불어 공동체의 변화를 가져온다."

시민들과의 공유와 연대가 이루어진다. 공동의 생활양식과 생활세계가 공유되어 있기 때문에, 의사소통이 이루어지는 상시적인 모임과 소집단 활동이 중요해진다. 수업 장면으로 보면, 일상생활 속에서 나타난 자신만의 민주주의와 관련된 생활 경험을 나누고, 문제를 확인하며, 다른 학생들의 다양한 경험을 공유하면서 탐구하는 과정을 거쳐 새로운 창조적인 대안을 제시하게 된다.

민주주의의 창조성, 교육의 성장과 재구성

성장과 재구성으로서의 시민성교육은 시민들이 가져야 할 창조성을 통해 민주주의를 심화·확대해나간다. 먼저 창조성의 모티브로서 '자아실현'은 시민과 사회 사이의 균형과 변화를 추구하기 때문에, 교육을 통해 시민 스스로의 생활을 변화시키고 사회를 변혁하는 결과를 가져온다. 이는 성장을 완성해가는 것으로 경험 속에서 이루어진 생각과 행동이 지적인 면모로 나타나고, 문제 상황을 창조적으로 해결하고자 한다.

또 하나의 모티브인 '적극적 자유'는 교호작용을 통해 재구성을 역동적으로 전개한다. 이는 양자가 상호작용하여 변형된다는 것을 뜻하는데, 시민성교육을 통해 창조적 시민은 환경과 끊임없는 상호 의존과 상호작용을 함으로써 자신은 물론 다른 사람과 나아가 환경의 변화까지 이끌어낸다. 이렇게 자아실현이나 적극적 자유는 민주주의에 대한 메타 인지를 통한 창조적인 변화와 노력으로, 교육의 장면에서 학생들은 정치와 나의 관계, 그리고 공동체 구성원 모두의 자유를 늘 염두에 두어야 한다.

정치적 창조성으로서의 시민성교육은 경험과 탐구로부터 '역동적인 힘'을 얻는다. 질적 직접성에 기반한 시민들의 경험은 민주 사회에서 겪는 다양한 문제를 내포하고 있다. 또한 이러한 경험이 단순 처리되는 것이 아니라 사회적 지성이 발휘되는 탐구의 과정을 교육적으로 거치게 된다. 그래서 히터Derek Heater가 말하기를, 듀이가 바라던 시민성교육은 이러한 과정을 거쳐 민주적 목적을 위해 사회 재건에 참여할 지성을 지닌 자유인을 길러내기 위한 것이라고 하였다.Heater, 김해성 역, 2007: 234에서 재인용 이러한 시민성교육은 시민들의 일상생활과 동떨어지지 않은 민주주의를 기반으로 끊임없이 경험하고 사고하면서 계속해서 민주주의를 창조해나가게 된다.

생활의 자유와 사회변혁을 위한 사회과 교육

듀이가 보여주고자 하는 정치적 창조성으로서의 시민성은 '생활과 사회의 변화'를 모두 가져오는 시민성교육의 방향을 알려준다. 사회과 교육을 보면, 교과교육 차원에서도 시민의 자아실현과 적극적인 자유를 통해 생활의 자유를 얻고, 사회를 변혁시키려는 방향을 갖게 된다. 학생을 중심으로 하면서도 학생의 생활과 사회가 함께 개선되고 변화되는 과정을 사회과 교육을 통해 배울 수 있게 되는 것이다.

사회과 교육의 쟁점 가운데 하나가 '교육의 사회적 목적이 무엇인가?'에 대한 것이다. 사회과 교육은 교육의 사회적 목적에 초점을 맞추면서도 교육과 노동과 시민성 사이에서 어디에 위치해야 하는지 논란이 되어왔다.^{Hursh & Ross, 2000: 2-6} 듀이는 이에 대해 "기존의 산업 체제에 적응하는 것이 아니라 바꾸기 위한 것이고, 궁극적으로는 변형시키는 것"^{같은 글, 3에서 재인용}이라고 말하면서, 사회과 교육 가운데 시민성에 주안점을 둔다. 듀이는 1930년대 카운츠George Counts 비어드Charles Beard, 러그 등과 더불어 '세계의 개조'를 주장한 사회재건주의의 노선도 분명히 있었다. 사회재건주의는 사회 변화를 만들어낼 학교와 교사의 등장을 주장했고, 이와 더불어 '사회과의 부활revitalized social studies'이나 사회과 교사의 선도적 역할을 강조하였던 것이다.^{Evans, 2004: 51}

사회변혁과 가장 가까운 정치적 논의는 민주주의이고, 듀이는 민주주의를 생활양식으로서의 민주주의로 이해한다. 민주주의 교육으로서 사회과 또한 윤리적 이상이면서 자연주의적 형이상학에 기반한 생활양식으로 민주주의를 통해 자연스럽게 사회변혁을 생활세계와 연결시킨다. 앞서 본 사회 재건 속에서 사회과의 부활도 교육 목적상 시민 개인의 생활과 사회의 변화를 동시에 이끌고자 하는 데 있다.

이를 위해서는 사회과 교육을 통해 사회변혁을 추구하더라도 생활세계에서 자아가 실현되는 개성과 인격의 적극적인 자유가 충분히 보장되어야 한다. 철학자로서 그리고 사회활동가로서 맹활약한 듀이의 모습에는 윤리적 이상으로서의 민주주의를 통해 시민들이 생활 속에서 함께하는 공동체를 만들고자 하는 노력이 담겨 있다. 공동체 속에서 모든 개인들이 정치적·사회적·문화적 생활을 통해 그들의 특별한 능력과 힘을 실현하는 데 필요한 기회와 자원을 활

용할 수 있도록 하려는 것이다.^{Westbrook, 2005: 230}

사회적 지성을 통한 사회문제 해결

민주주의는 공동체 속에서 사회문제의 해결을 위해 사회적 지성을 충분히 발휘하면서 정치적 창조성으로 이어지게 된다. 사회과 교육에 대한 듀이의 정당성 가운데 하나도 민주 사회에서 학생들이 충분히 기능을 발휘할 수 있도록 학습하는 것을 학교가 도와주는 데 있다. 이 학습은 윤리적인 의사결정에 지성적으로 참여하는 학습을 포함한다.^{Shaver, 350} 사회적 지성으로서의 시민성과 정치적 창조성으로서의 민주주의가 즉각적으로 연결되어 있는 것이다.

마토렐라Peter Martorella¹⁹⁹⁶는 바·바스·셔미스의 사회과 교육의 세 가지 전통을 확대해서 분류하였는데, 듀이의 시민성과 관련하여 주목되는 부분이 있다. '시민성 전달', '사회과학', '반성적 탐구', '합리적 사회 비판', '개인 발달'이라는 분류 중 뒤의 세 개는 정치적 창조성에 모두 걸쳐 있다. 이 분류에서는 듀이가 주로 사회 인지 심리학을 기반으로 사고와 학습을 시민성의 핵심으로 하는 '반성적 탐구'와 관련된 사회과로 이해되고 있다. 하지만 듀이가 사회 재건주의와 아동 중심 진보주의 교육운동 모두에 강력한 영향을 미친 점을 상기해볼 필요가 있다.

'합리적 사회 비판' 모형은 정치적 창조성에 내포된 사회 변혁을, '개인 발달' 모형은 생활 속에서 정치적 창조성이 살아 움직일 수 있는 긍정적인 자아실현과 개인 선택의 자유를 강조한다. 사회

변혁을 강조했던 스탠리와 넬슨Stanley & Nelson[1986]은 "(사회과는) 사회문제에 대한 비판과 윤리적 의사결정을 통하여 사회적 조건을 향상시키고, 정의와 평등의 원리로써 사회적 변화를 추구하는 것이다."[530]라고 말한다. 개인의 발달에 대해서는 "(사회과가) 학생들에게 긍정적인 자아개념과 강한 개인적 자신감을 심어주도록 구성되어야 한다."[Martorella, 1996: 20]라고 말한다. 그런데 실제 듀이의 시민성은 경험의 질적 직접성을 토대로 반성적 탐구의 사회적 지성을 심화시키면서 시민 개인 생활의 적극적 자유와 사회변혁을 지향하고 있다.

만약 듀이가 말한 생활양식으로서의 민주주의와 창조적 민주주의가 한 사회 안에 충만하다면, 사회과에서 시민성교육은 의미가 없어질 것이다. 그것이 현실적으로 이루어지지 못하기 때문에 민주주의를 위해서 공동의 학교교육common schooling이 필요하고, 강한 민주주의를 위해서 잠재 가능성을 가진 강한 시민을 창조하는 사회과 교육과정이 필요한 것이다.[Ocha-Becker, 2007: 3] 이것이야말로 시민들의 생활을 바꾸고 사회를 변혁시키는 교과이자 교육적인 방식이라 할 수 있다. 듀이가 시민성교육에 대해 상대적으로 덜 언급했다 하더라도, 교과교육은 물론 여타의 다른 교육활동에서는 경험과 연관된 근본적인 탐구의 방법을 다시 채택하고, 상호 교섭과 의사소통의 도구로서 임해야 하는 이유이기도 하다.

마지막으로 정리하면서, 머리말에서 언급했던 그 여학생을 상기해본다. 비록 수업에 적극적으로 참여하지 않고, 공부는 대체로 못하며, 학교에 오면 화장만 하는 학생이었지만, 그 여학생이 가지고 있는 가능성을 다시 한 번 생각해본다. 그 여학생도 짧지만 십여

년의 삶을 살았고, 자기의 삶과 함께한 가족과 친구들이 있으며, 삶의 배경이 된 지역사회와 함께 지내왔다. 학교에서도 적잖은 경험을 했을 것이다.

어찌하든 이 여학생도 학교교육을 받고 있는 한 이러저러한 모습의 한 사람의 시민으로 성장할 것이다. "엄마가 그러시는데, 장례식장에서는 우는 거 아니래!"라고 말했던 그 순간은 수업이라는 학교교육을 통해 시민성이 경험 속에서 등장하는 순간이었다고 말할 수 있다. 여기에는 지극히 생활 속에서 경험한 문제 상황이 고스란히 녹아 있기 때문이다. 교사나 같은 모둠의 친구들이 이 질문을 잘 연결시켜준다면, 이 질문은 탐구의 과정으로 이어질 것이고, 사회적 지성이 도출될 여지가 있다. 계속적으로 상호작용하면서 안락사를 함께 논의하고 토론하고 발표하는 시간에 합류하였을 때의 모습을 상상해보라. 아니, 성인이 되어 단순 시민권 차원의 시민성이 아닌 창조적 정치성을 품고 있는 한 시민이라고 상상해보라.

참고문헌

약 호

EW The Early Works, 1882-1898, five volumes, edited by Jo Ann Boydston
    (Carbondale and Edwardville: The Southern Illinois University Press)
MW The Middle Works, 1899-1924, fifteen volumes.
LW The Later Works, 1925-1953, seventeen volumes.

존 듀이의 저작

Dewey, J. (1888). *The Ethics of Democracy, EW1: 227-249.*
_____(1891). *Outlines of a Critical Theory of Ethics, EW3: 237-338.*
_____(1894). *The Study of Ethics: A Syllabus, EW4: 219-362.*
_____(1896a). *My Pedagogic Creed, EW5: 84-95.*
_____(1896b). "The Reflex Arc Concept in Psychology." In *EW5*, 96-110.
_____(1899). *The School and Society, MW1: 1-112.*
_____(1900). "Some Stages of Logical Thought." In *MW1*, 151-174,
_____(1902). *The Child and the Curriculum, MW2: 271-292.*
_____(1905a). "The Postulate of Immediate Empiricism." In *MW3*, 158-
    167.
_____(1905b). "Immediate Empiricism." In *MW3*, 168-170.
_____(1909). "The Influence of Darwinism on Philosophy." In *MW4*,
    3-14.
_____(1910). *How we think, MW6: 177-356.*
_____(1915). *Schools of Tomorrow, MW8: 205-404.*
_____(1916a). *Democracy and Education, MW9: 1-370.*
_____(1916b). "Introduction to Essays in Experimental Logic." In *MW10*,
    320-365.
_____(1917). "The Need for a Recovery of Philosophy." In *MW10*, 1-48,
_____(1918). "Philosophy and Democracy." In *MW11*, 41-53.
_____(1920). *Reconstruction in Philosophy, MW12: 77-204.*
_____(1922). *Human Nature and Conduct: An Instruction to Social
    Psychology, MW14.*
_____(1925a). *Experience and Nature, LW1.*
_____(1925b). "The Development of American Pragmatism." In *LW2*,
    3-21.

_____(1927). *The Public and Its Problems, LW2: 235-372.*
_____(1928). "Philosophies of Freedom." In *LW3*, 92-114.
_____(1929). *The Quest for Certainty, LW4.*
_____(1930a). *Individualism; Old and New, LW5:41-143.*
_____(1930c). "Qualitative Thought." In *LW5*, 243-262.
_____(1931). "A Need for New Party." In *LW6*, 156-181.
_____(1933a). *How we think: A Restatement of the Relation of Reflective Thinking to the Educative Process, LW6: 105-352.*
_____(1933b). "Imperative Need: A New Radical Party." In *LW9*, 76-80,
_____(1934). *Art as Experience, LW10.*
_____(1935a). "Needed-A New Politics." In *LW11*, 274-281.
_____(1935b). *Liberalism and Social Action, LW11.*
_____(1935c). "The Future of Liberalism." In *LW11*, 289-295.
_____(1935d). "Liberty and Social Control." In *LW11*, 360-363.
_____(1936). "Liberalism and Equality." In *LW11*, 368-371.
_____(1937a). "Democracy is Radical." In *LW11*, 296-300.
_____(1937b). "The Challenge of Democracy to Education." In *LW11*, 181-190.
_____(1937c). "Education and Social Change." In *LW11*, 408-418.
_____(1937d). "Democracy and Educational Adminstration." In *LW11*, 217-225.
_____(1938a). *Logic: The Theory of Inquiry, LW12.*
_____(1938b). *Experience and Education, LW13: 1-62.*
_____(1938c). *Freedom and Culture, LW13: 63-188.*
_____(1938d). "What Is Social Studies?" In *LW13*, 338-341.
_____(1940). "Creative Democracy-The Task Before Us." In *LW14*, 224-230.
_____(1946). *Problems of Men.* New York: Philosophical Library.

다른 저작

권선영(1998). 〈J. Dewey의 경험의 재구성에 관한 연구〉. 《초등교육연구》 13, 1-22.
김대호(1975). 〈John Dewey의 논리학에 관한 탐구의 이론〉. 《교육학 연구》 13(3), 61-82.
김동식(1996). 《로티의 신실용주의》. 서울: 철학과현실사
_____(2005). 《듀이: 경험과 자연》. 울산: 울산대학교 출판부.
김무길(2005). 《존 듀이의 교호작용과 교육론》. 서울: 원미사.
김성수(1993). 〈인간성과 행위에 대한 듀이 사상의 연구〉. 《고신대학교 논문집》 20, 93-117.
김태길(1990). 《존 듀이의 사회철학》. 서울: 명문당.
노양진(2007). 《상대주의의 두 얼굴》. 서울: 서광사.

노진호(1996).《존 듀이의 교육이론: 반성적 사고와 교육》. 서울: 문음사.
류명걸(2004).《미국의 실용주의 철학》. 서울: 용성출판사.
박영만(1992).〈존 듀이 실험학교의 교육이론과 실제에 관한 연구〉. 성균관대학교 대학원 박사학위논문.
박준영(1995).《John Dewey의 지성중심 교육철학》. 부산: 경성대학교 출판부.
송도선(1998).〈John Dewey의 경험 중심 교육론〉. 경상대학교 대학원 박사학위논문.
신진욱(2002).〈행위의 창조성과 근대화의 행위동학〉. in Hans Joas. (1996). Die Kreativität des Handelns. Frankfurt: Suhrkamp., 신진욱 역(2002).《행위의 창조성》. 서울: 한울아카데미.
_____(2008).《시민》. 서울: 책세상.
양은주(1999).〈듀이의 '교육적 경험'의 해방적 통합적 성격〉.《교육과학연구》 29, 19-34.
_____(2007).〈프래그머티즘 미학에 기초한 '예술적 교사' 이해〉.《교육철학》 40, 109-137.
이군천(2003).〈J. Dewey의 교육철학에서 지성의 의미와 인간성에 대한 연구〉. 건국대학교 대학원 박사학위논문.
이유선(2006).《듀이와 로티: 미국의 철학적 유산, 프래그머티즘》. 서울: 김영사.
_____(2003).《리처드 로티》, 누구나 철학총서 1. 서울: 이룸.
이주한(2000).《존 듀이의 사회개혁론》. 서울: 문음사.
이홍우(1987).〈《민주주의와 교육》역자 해설〉. 서울: 교육과학사
이흥렬(2001).〈1916년 NEA 사회과 보고서에 관한 논쟁〉.《사회과교육연구》 9, 17-44.
_____(2008).〈미국 사회과 교육계의 Dewey 교육이론 해석에 대한 비판적 검토: 쟁점 진영과 역사 진영의 대립을 넘어〉. 한국교원대학교 대학원 박사학위논문.
임태평(2005).《존 듀이: 철학적 탐구와 교육》. 서울: 교육출판사.
정건영(1978).〈존 듀이 교육이론의 계속성의 원리에 대한 연구〉.《춘천교대 논문집》 18, 57-76.
정기영(1984).〈Dewey 사상의 정합적 체계 구축을 위한 시론: 그의 '경험' 개념의 분석을 통하여〉.《철학논총》 1, 145-170.
정덕희(1997).《듀이의 교육철학》. 서울: 문음사.
정순복(1990).〈존 듀이(John Dewey)의 철학에 있어서 '질성'과 예술의 문제〉.《미학》 15, 113-148.
정해창(2009).《프래그머티즘: 제임스의 미완성 세계》. 파주: 청계.
조영태(1900).〈듀이 교육사상에서의 인간성과 자유〉.《여성문제연구》 9, 101-120.
최석민(2004).〈듀이의 문제 해결과 비판적 사고의 관계〉.《교육철학》 25, 163-178.

Aboulafia, M. (2002). Introduction. In M. Aboulafia, M. Bookman, & C. Kemp (eds.), *Habermas and Pragmatism*. London: Routledge.
Alexander, T. (1987). *John Dewey's Theory of Art, Experience, and Nature: The Horizons of Feeling*. New York: State University of New York Press.
Almond, G., & Verba, S. (1963). *The Civic Culture: Political Attitudes and Democracy in Five Nations*. Boston: Little, Brown & Company.

Arendt, H. (1958). *Human Condition*. Chicago: The University of Chicago Press.

_____(1968). *The Origins of Totalitarianism*. San Diego: A Harvest Book, Harcourt, Inc.

Arthur, J., Davison, J., & Stow, W. (2000). *Social Literacy, Citizenship Education and the National Curriculum*. London: Routledge Falmer.

Barr, R., Barth, J., & Shermis, S. (1977). *Defining the Social Studies*. Bulletin 51. National Council for the Social Studies.

Barber, B. (1998). *A Place for Us: How to Make Society Civil and Democracy Strong*. 이선향 역(2006).《강한 시민사회 강한 민주주의》. 서울: 일신사.

Bernstein, R. (1966). *John Dewey*. Ridgeview Publishing Company. 정순복 역 (1995).《존 듀이 철학 입문》. 서울: 예전사.

_____(2004). John Dewey and the Pragmatism Century. In E. Khalil(ed.), *Dewey, Pragmatism, and Economic Methodology*. London: Routledge.

Bookman, M. (2002). Forming Competence: Habermas on Reconstruction Worlds and Context-transcendent Reason. In M. Aboulafia, M. Bookman, & C. Kemp(eds.), *Habermas and Pragmatism*. London: Routledg.

Boyte, H. (2003). *A Different Kind of Politics: John Dewey and the Meaning of Citizenship in the 21st Century*. PEGS: The Good Society. 12:2, pp.3-15.

Bridges, D. (ed.), (1997). *Education, Autonomy and Democratic Citizenship: Philosophy in a Changing World*. London: Routledge.

Butts, F. (1980). *The Revival of Civic Learning: A Rationale for Citizenship Education in American Schools*. Phi Delta Kappa Educational Foundation.

_____(1988). *The Morality of Democratic Citizenship: Goals for Civic Education in the Republic's Third Century*. California: Center for Civic Education.

Campbell, J. (1995). *Understanding John Dewey: Nature and Cooperative Intelligence*. Chicago: Open Court.

_____(1998). Dewey's Conception of Community. In L. Hickman(ed.), *Reading Dewey: Interpretation for a Postmodern Generation*. Bloomington: Indiana University Press.

_____(1999). Community Without Fusion: Dewey, Mead, Tufts. In R. Hollinger, & D. Depew(eds.), *Pragmatism: From Progressivism and Postmodernism*. Westport: Praeger.

Canivez, P. (1995). *duquer le citoyen*. Paris: Hatier. 박주원 역(2005).《시민교육》. 서울: 동문선.

Clark, M. (2002). *Paradoxes from A to Z*. Routledge.

Cotkin, G. (1999). William James and Richard Rorty: Context and Conversation. In R. Hollinger, & D. Depew(eds.), *Pragmatism: From Progressivism and Postmodernism*. Westport: Praeger.

Damico, A. (1978). *Individuality and Community: The Social and Political*

Thought of John Dewey. Gainesville: University of Presses of Florida.

Dower, N. (2003). *An Introduction to Global Citizenship*. Edinburgh: Edinburgh University Press.

Dunn, W. (1916). *The Social Studies in Secondary Education*. Report of the Committee on Social Studies of the Commission on the Reorganization of Secondary Education, National Education Association. United States Bureau of Education, Bulletin, no. 28. Washington, D.C: GPO.

Egan, K. (1980). John Dewey and the Social Studies Curriculum. *Theory and Research in Social Education*, 8(2), pp.37-55.

Eldridge, M. (1998). *Transforming Experience: John Dewey's Cultual Instrumentalism*. Nashville: Vanderbilt University Press.

Evans, W. (2004). *The Social Studies Wars: What Should We Teach the Children?*. New York: Teachers College Press, Columbia University.

Evans, W., Newmann, F., & Saxe, D. (1996). Defining Issues-Centered Education. In Ronald Evans, & David Saxe(eds.), *Handbook On Teaching Social Issues*. Washington, DC: National Council for the Social Studies, pp.2-5.

Fenstermacher, G. (2006). Rediscovering the Student in Democracy and Education, In D. Hansen(ed.), *John Dewey and Our Educational Prospect*. New York: State University of New York Press.

Festenstein, M. (1997). *Pragmatism and Political Theory: From Dewey to Rorty*. Chicago: The University of Chicago Press.

Frazer, E. (2000). Citizenship Education: Anti-political Culture and Political Education in Great Britain, Political Studies, vol. 48, pp.88-103.

Fraser, N. & Gordon, L. (1994). Civil Citizenship against Social Citizenship?. In B. van Steenbergen(ed.), *The Condition of Citizenship*. London: SAGE Publications, pp.90-107.

Geltner, P. M., 정순복 역(1998).《존 듀이 미학입문》. 서울: 예전사.

Gunsteren, H. (1994). Four Conceptions of Citizenship. In B. van Steenbergen (ed.), *The Condition of Citizenship*. London: SAGE Publications, pp.36-48.

Gunn, G. (1999). Pragmatism, Democracy, and the Imagination: Rethinking the Deweyan Legacy. In R. Hollinger, & D. Depew(eds.), *Pragmatism: From Progressivism and Postmodernism*. Westport: Praeger.

Habermas, J. (1971). trans. J. Viertel. (1973). *Theory and Practice* by Jürgen Habermas. Boston: Beacon Press.

_____(1973). trans. T. McCarthy. (1975). *Legitimation Crisis*. Boston: Beacon Press.

_____(1981a). trans. T. McCarthy. (1984). *The Theory of Communicative Action: Reason and the Rationalization of Society*. Volume 1. Boston: Beacon Press.

_____(1981b). trans. T. McCarthy. (1984). *The Theory of Communicative Action: Lifeworld and System-A Critique of Functionalist Reason*. Volume 2.

Boston: Beacon Press.

_____(1992). trans. W. Rehg. (1996). *Between Facts and Norms: Contributions to a Discourse Theory of Law and Democracy*. Cambridge: the MIT press.

_____(2002). Some Concluding Remarks. In M. Aboulafia, M. Bookman, & C. Kemp(eds.), *Habermas and Pragmatism*. London: Routledg.

Hansen, D. (2006). Reading Democracy and Education. (ed.), *John Dewey and Our Educational Prospect*. New York: State University of New York Press.

Heater, D. (1990). *Citizenship: The Civic Ideal in World History, Politics and Education*. London: Longman.

_____(2007). *A History of Education of Citizenship*. Routledge. 김해성 역 (2007).《시민교육의 역사》. 파주: 한울아카데미.

Held, D.(1987). *Models of Democracy*. Polity Press. 이정식 역(1988).《민주주의의 모델》. 서울: 인간사랑.

Hertzberg, H. W. (1981). *Social Studies Reform 1880-1980*. A Project SPAN Report. Colorado: Social Science Education Consortium.

Hickman, L. (2007). *Pragmatism as Post-Postmodernism: Lessons from John Dewey*. New York: Fordham University Press.

Hildreth, W. (2005). Living Citizenship: John Dewey, Political Theory, and Civic Engagement. Unpublished Doctoral Dissertation. University of Minnesota.

Honneth, A. (1992). *Kampf Um Anerkennung*. Suhrkamp Verlag. 문성훈·이현재 역(1998).《인정 투쟁: 사회적 갈등의 도덕적 형식론》. 서울: 동녘.

_____(2000). *Das Andere der Gerechtigkeit. Aufsätze zur praktischen Philosophie*. Suhrkamp Verlag. 문성훈 외 역(2009).《정의의 타자: 실천 철학 논문집》. 파주: 나남.

_____(2005). *Verdinglichung. Eine anerkennungstheoretische Studie*. Suhrkamp Verlag. 강병호 역(2006).《물화: 인정 이론적 탐구》. 파주: 나남.

Hook, S. (1939). John Dewey: Intellectual Portrait. New York: John Day.

Hursh, D., & Ross, W. (2000). *Democratic Social Education: Social Studies for Social Change*. New York: Falmer Press.

Ichilov, O. (1998). Patterns of Citizenship in a Changing World. (ed.), *Citizenship and Citizenship Education in a Changing World*. London: The Woburn Press.

Ingram, D. (1987). *Habermas and the Dialectic of Reason*. New Haven: Yale University Press.

James, W. (1890). *The Principles of Psychology*, vol 1. New York: Cosimo. 정양은 역(2005).《심리학의 원리 1》. 서울: 아카넷.

_____(1896). The Will to Believe. In L. Menand (1977). *Pragmatism: A Reader*. 김동식·박우석·이유선 역(2001).《프래그머티즘의 길잡이》. 서울: 철학과현실사.

_____(1902). *The Varieties of Religious Experience*. 김재영 역(1999).《종교적 경험의 다양성》. 서울: 한길사.

_____(1907). *Pragmatism*. New York: Prometheus Books.

Joas, H. (1996). *Die Kreativität des Handelns*. Frankfurt: Suhrkamp. 신진욱 역 (2002).《행위의 창조성》. 서울: 한울아카데미.

Johnston, J. S. (2006). *Inquiry and Education: John Dewey and the Quest for Democracy*. New York: State University of New York Press.

Kadlec, A. (2007). *Dewey's Critical Pragmatism*. Lanham: Lexington Books.

Kelly, A. (1995). Who Needs a Theory of Citizenship?. In R. Beiner(ed.), *Theorizing Citizenship*. New York: State University of New York Press.

Kliebard, H. (1995). *The Struggle for the American Curriculum 1893-1958*. New York: Routledge.

Kohli, W. (2000). Teaching in the Danger Zone. In David Hursh, & Wayne Ross (eds.), *Democratic Social Education*. New York: Falmer Press.

Langsdorf, L. (2002). A Deweyan Critique of Habermas's Conception of Communicative Action. In Mitchell Aboulafia, Myra Bookman, & Catherine Kemp (eds.), *Habermas and Pragmatism*. London: Routledge.

MacIntyre, A. (1984). *After Virtue*. 이진우 역(1997).《덕의 상실》. 서울: 문예출판사.

Mack, R. (1945). *The Appeal to Immediate Experience: Philosophic Method in Bradley, Whitehead, and Dewey*. New York: Book for Libraries Press.

Magnus, B. (1999). Postmodern Pragmatism: Nietzsche, Heidegger, and Rorty, (eds.), Robert Hollinger., & David Depew. *Pragmatism: From Progressivism and Postmodernism*. Westport: Praeger.

Marker, G., & Mehlinger, H. (1992). Social Studies. In P. Jackson(ed.), *Handbook on Research on Curriculum*. New York: Macmillan, pp.830-851.

Marshall, T. (1994). Citizenship and Social Class, In B. Turner & P. Hamilton, (eds.), *Citizenship: Critical Concepts*. Vol II. London & New York: Routledge, pp.5-44.

Martorella, P. (1996). *Teaching Social Studies in Middle and Secondary Schools* (2nd). New Jersey: Merrill/Prentice-Hall.

McAfee, N. (2000). *Habermas, Kristeva, and Citizenship*. Ithaca: Cornell University Press.

Metcalf, E. (1989). An Overview of the Deweyan Influence on Social Studies Education. *The International Journal of Social Education*, 3(3), Winter.

Mead, G. (1912). The Mechanism of Social Consciousness. In L. Menand (1977). *Pragmatism: A Reader*. 김동식·박우석·이유선 역(2001). 〈사회적 의식의 메커니즘〉.《프래그머티즘의 길잡이》. 서울: 철학과현실사.

_____(1934). *Mind, Self and Society from the Standpoint of a Social Behaviorist*. Chicago: University of Chicago Press.

Menand, L. (1977). *Pragmatism: A Reader*. 김동식·박우석·이유선 역(2001).《프래그머티즘의 길잡이》. 서울: 철학과현실사.

Minnich, E. (2006). Dewey's Philosophy of Life. In D. Hansen(ed.), *John Dewey and Our Educational Prospect*. New York: State University of New

York Press.

Nevo, I. (1999). Richard Rorty's Romantic Pragmatism. In R. Hollinger, & D. Depew(eds.), *Pragmatism: From Progressivism and Postmodernism*. Westport: Praeger.

Nie, N., Junn, J., & Stehlik-Barry, K. (1996). *Education and Democratic Citizenship in America*. Chicago: The University of Chicago Press.

Nisbet, R. (1994). Citizenship: Two Traditions. In B. Turner, & P. Hamilton. (eds.), *Citizenship: Critical Concepts*. Vol 1. London & New York: Routledge, pp.7-23.

Ocha-Becker, A. (2007). *Democratic Education for Social Studies: An Issues-Centered Decision Making Curriculum*, (second edition). Greenwich: Information Age Publishing.

O'Connor, D. (1999). Democracy As a Way of Life: Deweyan Pragmatism and the Challenge of Capitalism for Liberalism in Thought and Practice. Unpublished Doctoral Dissertation, University of California, Los Angeles.

Parker, W. (1996). "Advanced" Ideas about Democracy: Toward a Pluralist Conception of Citizen Education. *Teachers College Record*, 98(1), pp.104-125.

_____(2002). The Deliberative Approach to Democratic Education: Problems and Possibilities. Paper presented at the annual meeting of the American Educational Research Association, New Orleans, LA.

_____(2003). *Teaching Democracy: Unity and Diversity in Public Life*. New York: Columbia University Teachers College Press.

Peirce, C. (1878). How to Make Our Ideas Clear. In L. Menand (1977). *Pragmatism: A Reader*. 김동식·박우석·이유선 역(2001).《프래그머티즘의 길잡이》. 서울: 철학과현실사.

_____(1877). The Fixation of Belief. in L. Menand (1977). *Pragmatism: A Reader*. 김동식·박우석·이유선 역(2001).《프래그머티즘의 길잡이》. 서울: 철학과현실사.

_____(ed.), Hoopes, J. (1992). *Perice on SIGNS*. University of North Carolina Press. 김동식·이유선 역(2008).《퍼스의 기호학》. 파주: 나남.

Peters, R. (1981). Dewey's Philosophy of Education, In *Essays on Educators*. London: George Allen & Urwin, pp.72-88.

Plummer, K. (2003). *Intimate Citizenship: Private Decisions and Public Dialogue*. Seattle: University of Washington Press.

Reische, D. (1987). *Citizenship Goal of Education*. Virginia: American Association of School Administrators.

Richardson, A. (1983). *Concepts in Social Policy One: Participation*. London: Routledge & Kegan Paul.

Rodges, C. (2002). Defining Reflection: Another Look at John Dewey and Reflective Thinking. *Teachers College Record*. 104(4), pp.842-866.

Rorty, R. (1979). *Philosophy and the Mirror of Nature*. Princeton: Princeton

University Press.

_____(1982). *Consequences of Pragmatism*. Minneapolis: University of Minnesota Press. 김동식 역(1996).《실용주의의 결과》. 서울: 민음사.

_____(1989). *Contingency, Irony, and Solidarity*. Cambridge: Cambridge University Press.

Rosenthal S. (2002). Habermas, Dewey, and the Democratic Self. In M. Aboulafia, M. Bookman, & C. Kemp(eds.), *Habermas and Pragmatism*. London: Routledge.

Ryan, F. (2004). Five Milestones of Pragmatism. In E. Khalil(ed.), *Dewey, Pragmatism, and Economic Methodology*. London: Routledge.

Ryder, J. (1999). Community, Struggle and Democracy: Marxism and Pragmatism. In J. Tiles(ed.), *John Dewey: Critical Assessments*. Vol II, Political Theory and Social Practice. London: Routledge.

Saltmarsh, J. (1996) Education for Critical Citizenship: John Dewey's Contribution to the Pedagogy of Community Service Learning. *Michigan Journal of Community Service Learning*, 2(3), pp.13-21.

Savage, D. (2002). *John Dewey's Liberalism: Individual, Community, and Self-Development*. Carbondale and Edwardsville: Southern Illinois University Press.

Saxe, W. (1991). *Social Studies in Schools: A History of The Early Years*. New York: Sate University of New York Press.

Schutz, A. (2001). Contesting Utopianism: *Hannah Arendt and the Tensions of Democratic Education*, In M. Gordon(ed.), *Hannah Arendt and Education: Renewing Our Common World*. Boulder: Westview.

Shaver, J. (1988). Needed: A Deweyan Rationale for Social Studies. The High School Journal, 60(2), pp.345-352.

Sleeper, L. (1986). *The Necessity of Pragmatism: John Dewy's Conception of Philosophy*. Urbana: University of Illinois Press.

Spiegel, M. (1971). *Transactions: The Interplay Between Individual, Family, and Society*. New York: Science House.

Stanley, W., & Nelson, J. (1986). Social Education for Social Transformation. *Social Education*, 50, pp.528-533.

_____(2001). Social Studies: Problems and Possibilities(ed.), *Critical Issues in Social Studies Research for the 21st Century*. Connecticut: Information Age Publishing.

Stevenson, N. (2004). Cultural Citizenship. In J. Demaine(ed.), *Citizenship and Political Education Today*. New York: Palgrave Macmillan.

Stuhr, J. (1998). Dewey's Social and Political Philosophy. In L. Hickman(ed.), *Reading Dewey: Interpretation for a Postmodern Generation*. Bloomington: Indiana University Press.

Turner, B. (2000). Liberal Citizenship and Cosmopolitan Virtue. In A. Vandenberg(ed.), *Citizenship and Democracy in a Global Era*. New York:

St. Martin's Press.

Vandenberg, A. (2000). Contesting Citizenship and Democracy in a Global Era.(ed.), *Citizenship and Democracy in a Global Era*. New York: St. Martin's Press.

van Gunsteren, H. (1994). Four Conceptions of Citizenship. In B. van Steenbergen(ed.), *The Condition of Citizenship*. London: SAGE Publications.

Vannini, P. (2008). *Critical Pragmatism*. The SAGE Encyclopedia of Qualitative Research Methods. California: Sage Publications., http://www.markfoster.net/struc/criticalpragmatism.html.

Westheimer, J., & Kahne, J. (2003). What Kind of Citizen? The Politics of Educating for Democracy. Paper presented at the annual meeting of the American Educational Research Association, New Orleans, LA.

Westbrook, R. (1991). *John Dewey and American Democracy*. Ithaca: Cornell University Press.

Yang, E. (1998). Continuity and Interaction as the Principles of Nature, Experience and Inquiry In John Dewey's Philosophy. Doctoral Dissertation. University of New York at Buffalo.

Young, R. (1989). *A Critical Theory of Education: Habermas and Our Children's Future*. New York: Harvester Wheatsheaf.

http://plato.stanford.edu/entries/hegel

http://en.wikipedia.org/wiki/Morris_Hillquit

288

삶의 행복을 꿈꾸는 교육은 어디에서 오는가?

● **교육혁명을 앞당기는 배움책 이야기** 혁신교육의 철학과 잉걸진 미래를 만나다!

● **비고츠키 선집 시리즈** 발달과 협력의 교육학 어떻게 읽을 것인가?

 생각과 말
레프 세묘노비치 비고츠키 지음
배희철·김용호·D. 켈로그 옮김 | 690쪽 | 값 33,000원

 성장과 분화
L.S. 비고츠키 지음 | 비고츠키 연구회 옮김
308쪽 | 값 15,000원

 도구와 기호
비고츠키·루리야 지음 | 비고츠키 연구회 옮김
336쪽 | 값 16,000원

 연령과 위기
L.S. 비고츠키 지음 | 비고츠키 연구회 옮김
336쪽 | 값 17,000원

 어린이 자기행동숙달의 역사와 발달 I
L.S. 비고츠키 지음 | 비고츠키 연구회 옮김
564쪽 | 값 28,000원

 의식과 숙달
L.S 비고츠키 | 비고츠키 연구회 옮김
348쪽 | 값 17,000원

 어린이 자기행동숙달의 역사와 발달 II
L.S. 비고츠키 지음 | 비고츠키 연구회 옮김
552쪽 | 값 28,000원

 분열과 사랑
L.S. 비고츠키 지음 | 비고츠키 연구회 옮김
260쪽 | 값 16,000원

 어린이의 상상과 창조
L.S. 비고츠키 지음 | 비고츠키 연구회 옮김
280쪽 | 값 15,000원

 성애와 갈등
L.S. 비고츠키 지음 | 비고츠키 연구회 옮김
268쪽 | 값 17,000원

 비고츠키와 인지 발달의 비밀
A.R. 루리야 지음 | 배희철 옮김 | 280쪽 | 값 15,000원

 흥미와 개념
L.S. 비고츠키 지음 | 비고츠키 연구회 옮김
408쪽 | 값 21,000원

 정서학설 I
L.S. 비고츠키 지음 | 비고츠키 연구회 옮김
584쪽 | 값 35,000원

 관계의 교육학, 비고츠키
진보교육연구소 비고츠키교육학실천연구모임 지음
300쪽 | 값 15,000원

 수업과 수업 사이
비고츠키 연구회 지음 | 196쪽 | 값 12,000원

 비고츠키 생각과 말 쉽게 읽기
진보교육연구소 비고츠키교육학실천연구모임 지음
316쪽 | 값 15,000원

 비고츠키의 발달교육이란 무엇인가?
비고츠키교육학실천연구모임 지음 | 412쪽 | 값 21,000원

 교사와 부모를 위한 비고츠키 교육학
카르포프 지음 | 실천교사번역팀 옮김
308쪽 | 값 15,000원

 비고츠키 철학으로 본 핀란드 교육과정
배희철 지음 | 456쪽 | 값 23,000원

 혁신교육, 철학을 만나다
브렌트 데이비스·데니스 수마라 지음
현인철·서용선 옮김 | 304쪽 | 값 15,000원

 경쟁을 넘어 발달 교육으로
현광일 지음 | 288쪽 | 값 14,000원

 혁신교육 존 듀이에게 묻다
서용선 지음 | 292쪽 | 값 14,000원

 핀란드 교육의 기적
한넬레 니에미 외 엮음 | 장수명 외 옮김
456쪽 | 값 23,000원

 다시 읽는 조선 교육사
이만규 지음 | 750쪽 | 값 33,000원

 한국 교육의 현실과 전망
심성보 지음 | 724쪽 | 값 35,000원

 대한민국 교육혁명
교육혁명공동행동 연구위원회 지음
224쪽 | 값 12,000원

독일의 학교교육
정기섭 지음 | 536쪽 | 값 29,000원

● 교과서 밖에서 만나는 역사 교실 상식이 통하는 살아 있는 역사를 만나다

전봉준과 동학농민혁명
조광환 지음 | 336쪽 | 값 15,000원

남도의 기억을 걷다
노성태 지음 | 344쪽 | 값 14,000원

응답하라 한국사 1·2
김은석 지음 | 356쪽·368쪽 | 각권 값 15,000원

즐거운 국사수업 32강
김남선 지음 | 280쪽 | 값 11,000원

즐거운 세계사 수업
김은석 지음 | 328쪽 | 값 13,000원

강화도의 기억을 걷다
최보길 지음 | 276쪽 | 값 14,000원

광주의 기억을 걷다
노성태 지음 | 348쪽 | 값 15,000원

선생님도 궁금해하는
한국사의 비밀 20가지
김은석 지음 | 312쪽 | 값 15,000원

걸림돌
키르스텐 세룹-빌펠트 지음 | 문봉애 옮김
248쪽 | 값 13,000원

역사수업을 부탁해
열 사람의 한 걸음 지음 | 388쪽 | 값 18,000원

진실과 거짓, 인물 한국사
하성환 지음 | 400쪽 | 값 18,000원

우리 역사에서 사라진
근현대 인물 한국사
하성환 지음 | 296쪽 | 값 18,000원

꼬물꼬물 거꾸로 역사수업
역모자들 지음 | 436쪽 | 값 23,000원

즐거운 동아시아사 수업
김은석 지음 | 240쪽 | 값 15,000원

노성태, 역사의 길을 걷다
노성태 지음 | 324쪽 | 값 17,000원

혁신학교
역사과 교육과정과 수업 이야기
황현정 지음 | 240쪽 | 값 15,000원

교과서 밖에서 배우는 역사 공부
정은교 지음 | 292쪽 | 값 14,000원

팔만대장경도 모르면 빨래판이다
전병철 지음 | 360쪽 | 값 16,000원

빨래판도 잘 보면 팔만대장경이다
전병철 지음 | 360쪽 | 값 16,000원

영화는 역사다
강성률 지음 | 288쪽 | 값 13,000원

친일 영화의 해부학
강성률 지음 | 264쪽 | 값 15,000원

한국 고대사의 비밀
김은석 지음 | 304쪽 | 값 13,000원

조선족 근현대 교육사
정미량 지음 | 320쪽 | 값 15,000원

다시 읽는 조선근대 교육의 사상과 운동
윤건차 지음 | 이명실·심성보 옮김 | 516쪽 | 값 25,000원

음악과 함께 떠나는 세계의 혁명 이야기
조광환 지음 | 292쪽 | 값 15,000원

논쟁으로 보는 일본 근대 교육의 역사
이명실 지음 | 324쪽 | 값 17,000원

다시, 독립의 기억을 걷다
노성태 지음 | 320쪽 | 값 16,000원

한국사 리뷰
김은석 지음 | 244쪽 | 값 15,000원

경남의 기억을 걷다
류형진 외 지음 | 564쪽 | 값 28,000원

어제와 오늘이 만나는 교실
학생과 교사의 역사수업 에세이
정진경 외 지음 | 328쪽 | 값 17,000원

우리 역사에서 왜곡되고 사라진
근현대 인물 한국사
하성환 지음 | 348쪽 | 값 18,000원

프레이리의 사상과 실천
사람대사람 지음 | 352쪽 | 값 18,000원
2018 세종도서 학술부문

혁신학교, 한국 교육의 미래를 열다
송순재 외 지음 | 608쪽 | 값 30,000원

페다고지를 위하여
프레네의 『페다고지 불변요소』 읽기
박찬영 지음 | 296쪽 | 값 15,000원

노자와 탈현대 문명
홍승표 지음 | 284쪽 | 값 15,000원

선생님, 민주시민교육이 뭐예요?
염경미 지음 | 244쪽 | 값 15,000원

어쩌다 혁신학교
유우석 외 지음 | 380쪽 | 값 17,000원

미래, 교육을 묻다
정광필 지음 | 232쪽 | 값 15,000원

대학, 협동조합으로 교육하라
박주희 외 지음 | 252쪽 | 값 15,000원

입시, 어떻게 바꿀 것인가?
노기원 지음 | 306쪽 | 값 15,000원

촛불시대, 혁신교육을 말하다
이용관 지음 | 240쪽 | 값 15,000원

라운드 스터디
이시이 데루마사 외 엮음 | 224쪽 | 값 15,000원

미래교육을 디자인하는 학교교육과정
박승열 외 지음 | 348쪽 | 값 18,000원

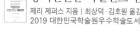
흥미진진한 아일랜드 전환학년 이야기
제리 제퍼스 지음 | 최상덕·김호원 옮김 | 508쪽 | 값 27,000원
2019 대한민국학술원우수학술도서

폭력 교실에 맞서는 용기
따돌림사회연구모임 학급운영팀 지음
272쪽 | 값 15,000원

그래도 혁신학교
박은혜 외 지음 | 248쪽 | 값 15,000원

학교는 어떤 공동체인가?
성열관 외 지음 | 228쪽 | 값 15,000원

교사 전쟁
다나 골드스타인 지음 | 유성상 외 옮김
468쪽 | 값 23,000원

시민, 학교에 가다
최형규 지음 | 260쪽 | 값 15,000원

교육과정, 수업, 평가의 일체화
리사 카터 지음 | 박승열 외 옮김 | 196쪽 | 값 13,000원

학교를 개선하는 교장
지속가능한 학교 혁신을 위한 실천 전략
마이클 폴란 지음 | 서동연·정효준 옮김 | 216쪽 | 값 13,000원

공자뎐, 논어는 이것이다
유문상 지음 | 392쪽 | 값 18,000원

교사와 부모를 위한
발달교육이란 무엇인가?
현광일 지음 | 380쪽 | 값 18,000원

교사, 이오덕에게 길을 묻다
이무완 지음 | 328쪽 | 값 15,000원

낙오자 없는 스웨덴 교육
레이프 스트란드베리 지음 | 변광수 옮김
208쪽 | 값 13,000원

끝나지 않은 마지막 수업
장석웅 지음 | 328쪽 | 값 20,000원

경기꿈의학교
진흥섭 외 지음 | 360쪽 | 값 17,000원

학교를 말한다
이성우 지음 | 292쪽 | 값 15,000원

행복도시 세종,
혁신교육으로 디자인하다
곽순일 외 지음 | 392쪽 | 값 18,000원

나는 거꾸로 교실 거꾸로 교사
류광모·임정훈 지음 | 212쪽 | 값 13,000원

교실 속으로 간 이해중심 교육과정
온정덕 외 지음 | 224쪽 | 값 13,000원

교실, 평화를 말하다
따돌림사회연구모임 초등우정팀 지음
268쪽 | 값 15,000원

학교자율운영 2.0
김용 지음 | 240쪽 | 값 15,000원

학교자치를 부탁해
유우석 외 지음 | 252쪽 | 값 15,000원

국제이해교육 페다고지
강순원 외 지음 | 256쪽 | 값 15,000원

선생님, 페미니즘이 뭐예요?
염경미 지음 | 280쪽 | 값 15,000원

평화의 교육과정 섬김의 리더십
이준원·이형빈 지음 | 292쪽 | 값 16,000원

학교를 살리는 회복적 생활교육
김민자·이순영·정선영 지음 | 256쪽 | 값 15,000원

수포자의 시대
김성수·이형빈 지음 | 252쪽 | 값 15,000원

교사를 위한 교육학 강의
이형빈 지음 | 336쪽 | 값 17,000원

혁신학교와 실천적 교육과정
신은희 지음 | 236쪽 | 값 15,000원

새로운학교 학생을 날게 하다
새로운학교네트워크 총서 02 | 408쪽 | 값 20,000원

삶의 시간을 잇는 문화예술교육
고영직 지음 | 292쪽 | 값 16,000원

세월호가 묻고 교육이 답하다
경기도교육연구원 지음 | 214쪽 | 값 13,000원

혐오, 교실에 들어오다
이혜정 외 지음 | 232쪽 | 값 15,000원

미래교육, 어떻게 만들어갈 것인가?
송기상·김성천 지음 | 300쪽 | 값 16,000원
2019 세종도서 교양부문

혁신교육지구와 마을교육공동체는 어떻게 만들어지는가?
김태정 지음 | 376쪽 | 값 18,000원

교육에 대한 오해
우문영 지음 | 224쪽 | 값 15,000원

선생님, 특성화고 자기소개서 어떻게 써요?
이지영 지음 | 322쪽 | 값 17,000원

혁신교육지구 현장을 가다
이용운 외 4인 지음 | 344쪽 | 값 18,000원

학생과 교사, 수업을 묻다
전용진 지음 | 344쪽 | 값 18,000원

배움의 독립선언, 평생학습
정민승 지음 | 240쪽 | 값 15,000원

혁신학교의 꽃, 교육과정 다시 그리기
안재일 지음 | 344쪽 | 값 18,000원

교육혁신의 시대
배움의 공간을 상상하다
함영기 외 지음 | 264쪽 | 값 17,000원

학습격차 해소를 위한 새로운 도전
보편적 학습설계 수업
조윤정 외 지음 | 225쪽 | 값 15,000원

서울의 마을교육
이용운 외 지음 | 352쪽 | 값 18,000원

물질과의 새로운 만남
베로니차 파치니-케처바우 지음 | 240쪽 | 값 15,000원

평화와 인성을 키우는 자기우정
따돌림사회연구모임 우정팀 지음 | 240쪽 | 값 15,000원

미래교육을 열어가는 배움중심 원격수업
이윤서 외 지음 | 332쪽 | 값 17,000원

● **살림터 참교육 문예 시리즈** 영혼이 있는 삶을 가르치는 온 선생님을 만나다!

꽃보다 귀한 우리 아이는
조재도 지음 | 244쪽 | 값 12,000원

선생님이 먼저 때렸는데요
강병철 지음 | 248쪽 | 값 12,000원

성깔 있는 나무들
최은숙 지음 | 244쪽 | 값 12,000원

서울 여자, 시골 선생님 되다
조경선 지음 | 252쪽 | 값 12,000원

아이들에게 세상을 배웠네
명혜정 지음 | 240쪽 | 값 12,000원

행복한 창의 교육
최창의 지음 | 328쪽 | 값 15,000원

밥상에서 세상으로
김흥숙 지음 | 280쪽 | 값 13,000원

북유럽 교육 기행
정애경 외 14인 지음 | 288쪽 | 값 14,000원

우물쭈물하다 끝난 교사 이야기
유기창 지음 | 380쪽 | 값 17,000원

시험 시간에 웃은 건 처음이에요
조규선 지음 | 252쪽 | 값 15,000원

오천년을 사는 여지
염경미 지음 | 272쪽 | 값 16,000원

다정한 교실에서 20,000시간
강정희 지음 | 296쪽 | 값 16,000원

● 평화샘 프로젝트 매뉴얼 시리즈 학교폭력에 대한 근본적인 예방과 대책을 찾는다

학교폭력 어떻게 만들어지는가
문재현 외 지음 | 300쪽 | 값 14,000원

학교폭력, 멈춰!
문재현 지음 | 348쪽 | 값 15,000원

왕따, 이렇게 해결할 수 있다
문재현 외 지음 | 236쪽 | 값 12,000원

젊은 부모를 위한 백만 년의 육아 슬기
문재현 지음 | 248쪽 | 값 13,000원

우리는 마을에 산다
유양우·신동명·김수동·문재현 지음
312쪽 | 값 15,000원

누가, 학교폭력 해결을 가로막는가?
문재현 외 지음 | 312쪽 | 값 15,000원

아이들을 살리는 동네
문재현·신동명·김수동 지음 | 204쪽 | 값 10,000원

평화! 행복한 학교의 시작
문재현 외 지음 | 252쪽 | 값 12,000원

마을에 배움의 길이 있다
문재현 지음 | 208쪽 | 값 10,000원

별자리, 인류의 이야기 주머니
문재현·문한뫼 지음 | 444쪽 | 값 20,000원

동생아, 우리 뭐 하고 놀까?
문재현 외 지음 | 280쪽 | 값 15,000원

코로나 19가 앞당긴 미래, 마을에서 찾는 배움길
문재현 외 지음 | 308쪽 | 값 16,000원

● 남북이 하나 되는 두물머리 평화교육 분단 극복을 위한 치열한 배움과 실천을 만나다

10년 후 통일
정동영·지승호 지음 | 328쪽 | 값 15,000원

분단시대의 통일교육
성래운 지음 | 428쪽 | 값 18,000원

한반도 평화교육 어떻게 할 것인가
이기범 외 지음 | 252쪽 | 값 15,000원

선생님, 통일이 뭐예요?
정경호 지음 | 252쪽 | 값 13,000원

김창환 교수의 DMZ 지리 이야기
김창환 지음 | 264쪽 | 값 15,000원

포괄적 평화교육
베티 리어든 지음 | 강순원 옮김 | 252쪽 | 값 17,000원

● 창의적인 협력 수업을 지향하는 삶이 있는 국어 교실 우리말 글을 배우며 세상을 배운다

중학교 국어 수업 어떻게 할 것인가?
김미경 지음 | 340쪽 | 값 15,000원

토닥토닥 토론해요
명혜정·이명선·조선미 엮음 | 288쪽 | 값 15,000원

어린이와 시
오인태 지음 | 192쪽 | 값 12,000원

언어던
정은균 지음 | 268쪽 | 값 15,000원
2019 세종도서 교양부문

감각의 갱신, 화장하는 인민
남북문학예술연구회 | 380쪽 | 값 19,000원

토론의 숲에서 나를 만나다
명혜정 엮음 | 312쪽 | 값 15,000원

인문학의 숲을 거니는 토론 수업
순천국어교사모임 엮음 | 308쪽 | 값 15,000원

수업, 슬로리딩과 함께
박경숙 외 지음 | 268쪽 | 값 15,000원

민촌 이기영 평전
이성렬 지음 | 508쪽 | 값 20,000원

참된 삶과 교육에 관한
생각 줍기